1+X 职业技能等级证书配套教材

——"智能制造生产管理与控制"职业技能等级证书

智能制造生产管理与控制

中级

江苏汇博机器人技术股份有限公司　组编

□　主　编　郑丽梅　禹鑫燚　陈　强
　　副主编　陈小艳　蒋立正　高　桥　马进中　向渝华　庞继伟
　　参　编　王红霞　曾　敏　王荣华　谢　承　龙建明　罗　辉
　　　　　　刘　淼　袁振东　杨　建　王　鑫　王小康　李成浩

高等教育出版社·北京

内容简介

本书是"1+X"智能制造生产管理与控制职业技能等级证书(中级)配套教材。教材内容以智能制造生产运行、管理与控制为核心，面向智能制造设备运行与管控、数控设备运行与管控、检测设备运行与管控等岗位，对照《智能制造生产管理与控制职业技能等级标准》中级部分，结合智能制造生产管理与控制在工程中的典型应用，通过项目化、任务化形式编排教学内容，使学生在实际应用中掌握智能制造生产管理与控制技能。

本书内容包括智能制造系统认知、零件设计与加工、工业机器人孪生系统构建、工业机器人上下料程序设计与编制、智能制造系统虚拟调试、智能制造系统交互控制、智能制造系统生产管控7个项目。每个项目内容包括证书技能要求、项目引入、知识目标、能力目标、平台准备、学习任务和项目拓展。每个项目设计了若干个教学任务，整本教材共设计了26个任务，每个任务包括任务提出、知识准备和任务实施。

为了让学习者能够快速且有效地掌握核心知识和技能，同时方便教师采用更有效的传统方式教学，或者更新颖的线上线下的翻转课堂教学模式，本书提供丰富的数字化课程教学资源，包括PPT、微课、仿真源文件等，并配有在线课程，已在"智慧职教"平台(www.icve.com.cn)上线，具体使用方式详见"智慧职教"服务指南。选用本书授课的教师可发送电子邮件至 gzdz@pub.hep.cn 索取部分教学资源。

本书适合作为各类职业院校机械设计与制造、数控技术、机电一体化技术、工业机器人技术、智能控制技术、智能制造工程等智能制造相关专业的教材，也可作为智能制造生产与管理相关工程技术人员的参考资料和培训用书。

图书在版编目（CIP）数据

智能制造生产管理与控制：中级 / 江苏汇博机器人技术股份有限公司组编；郑丽梅，禹鑫燚，陈强主编
.--北京：高等教育出版社，2022.8
ISBN 978-7-04-057601-6

Ⅰ.①智…　Ⅱ.①江…②郑…③禹…④陈…　Ⅲ.
①智能制造系统－制造工业－工业企业管理－生产管理－
高等职业教育－教材　Ⅳ.① F407.406.2

中国版本图书馆CIP数据核字（2022）第004062号

ZHINENG ZHIZAO SHENGCHAN GUANLI YU KONGZHI（ZHONGJI）

策划编辑	曹雪伟	责任编辑	曹雪伟	特约编辑	吕彦莹	封面设计	张雨微
版式设计	杜微言	插图绘制	邓　超	责任校对	王　雨	责任印制	刘思涵

出版发行	高等教育出版社	网　址	http://www.hep.edu.cn
社　址	北京市西城区德外大街4号		http://www.hep.com.cn
邮政编码	100120	网上订购	http://www.hepmall.com.cn
印　刷	中农印务有限公司		http://www.hepmall.com
开　本	787mm×1092mm　1/16		http://www.hepmall.cn
印　张	19.25		
字　数	390千字	版　次	2022年8月第1版
购书热线	010-58581118	印　次	2022年8月第1次印刷
咨询电话	400-810-0598	定　价	49.80元

本书如有缺页、倒页、脱页等质量问题，请到所购图书销售部门联系调换
版权所有　侵权必究
物料号　57601-00

"智慧职教"服务指南

"智慧职教"是由高等教育出版社建设和运营的职业教育数字教学资源共建共享平台和在线课程教学服务平台,包括职业教育数字化学习中心平台(www.icve.com.cn)、职教云平台(zjy2.icve.com.cn)和云课堂智慧职教 App。**用户在以下任一平台注册账号,均可登录并使用各个平台。**

● **职业教育数字化学习中心平台(www.icve.com.cn):为学习者提供本教材配套课程及资源的浏览服务。**

登录中心平台,在首页搜索框中搜索"智能制造生产管理与控制(中级)",找到对应作者主持的课程,加入课程参加学习,即可浏览课程资源。

● **职教云平台(zjy2.icve.com.cn):帮助任课教师对本教材配套课程进行引用、修改,再发布为个性化课程(SPOC)。**

1. 登录职教云平台,在首页单击"申请教材配套课程服务"按钮,在弹出的申请页面填写相关真实信息,申请开通教材配套课程的调用权限。

2. 开通权限后,单击"新增课程"按钮,根据提示设置要构建的个性化课程的基本信息。

3. 进入个性化课程编辑页面,在"课程设计"中"导入"教材配套课程,并根据教学需要进行修改,再发布为个性化课程。

● **云课堂智慧职教 App:帮助任课教师和学生基于新构建的个性化课程开展线上线下混合式、智能化教与学。**

1. 在安卓或苹果应用市场,搜索"云课堂智慧职教"App,下载安装。

2. 登录 App,任课教师指导学生加入个性化课程,并利用 App 提供的各类功能,开展课前、课中、课后的教学互动,构建智慧课堂。

"智慧职教"使用帮助及常见问题解答请访问 help.icve.com.cn。

前　言

　　智能制造是新一轮科技革命和产业变革的核心,其水平关乎我国未来制造业的全球地位。智能制造基于新一代信息技术与先进制造技术的深度融合,贯穿于设计、生产、管理、服务等制造活动各个环节。我国目前从事机器人及智能制造行业的相关企业上万家,相应的人才储备数量缺口数百万,能力也有待提高,从业人员数量与质量已经成为产业转型升级的重要制约因素之一。为了适应产业发展对智能制造专业人才培养的需要,各类院校纷纷开设工业机器人技术、智能制造装备技术、智能控制技术等智能制造相关专业(群)。但是目前智能制造专业人才培养还处在起步阶段,存在人才培养定位不清晰、实训条件不完善、师资水平薄弱等一系列问题。

　　"智能制造生产管理与控制"职业技能等级证书,面向智能制造、系统集成、生产应用、技术服务等各类企业和机构,在对智能制造单元操作编程、安装调试、运行维护、系统集成、CAD/CAM、MES 生产管控以及营销与服务等岗位分析的基础上,对标资历框架对初级、中级、高级技能等级进行了系统设计,以满足各类院校对应层次人才培养及职业技能评价的需要。

　　为了配合"智能制造生产管理与控制"职业技能等级证书试点工作的需要,使各类院校学生、企业在岗职工、社会学习者能更好地掌握相应职业技能要求及评价考核要求,获取相关证书,江苏汇博机器人技术股份有限公司组织了行业企业专家、院校专家等编写了本教材。教材以"智能制造生产管理与控制"职业技能等级证书(中级)要求为开发依据:遵守安全规范,能操作数控机床、对工业机器人系统进行编程与操作,能调试主控 PLC 程序;能应用数字化设计软件设计简单零件、进行 CAM 编程与仿真、实现 MES 排产零件加工和生产任务。可以在相关工作岗位从事数控设备操作、检测设备操作、工业机器人系统操作与编程、智能制造单元系统调试、数字化设计 CAD/CAM、MES 管控系统操作、数字化生产、工艺流程设计等工作。

　　教材编写组从企业的生产实际出发,经过广泛调研,确认证书相关的工作场景及典型案例,依据项目化、模块化的先进开发理念,按照数控加工单元、工业机器人及数控加工单元、智能制造单元三个层次,由简单到复杂设计了智能制造系统认知、零件设计与加工、工业机器人孪生系统构建、工业机器人上下料程序设计与编制、智能制造系统虚拟调试、智能制造系统交互控制和智能制造系统生产管控等 7 个项目,使学习者能够在相关单元的工作任务实施过程中,掌握智能制造生产管理

与控制的核心技术技能,能根据现场给定的工艺要求,自主完成智能制造系统的生产与管控,承担明确的岗位责任。

本教材主要适用于中职、高职、职业本科、应用型本科智能制造相关专业教学需要,也适用于社会学习者、企业内部培训等使用。

本教材在编写过程中,得到了有关专家和技术人员的大力支持,在此一并表示感谢。由于时间仓促,缺乏经验,如有不足之处,恳请各使用单位和个人提出宝贵意见和建议。

"智能制造生产管理与控制"职业技能等级证书配套教材编写组

2022 年 6 月

目　录

项目一　智能制造系统认知

 证书技能要求

产品设计及加工	
2.3.1	能够根据工作任务要求,进行智能制造单元系统运行相关参数的检查、测试和确认
2.4.1	能够根据工作任务要求,给定不同产品工艺流程,完成智能制造单元系统的调整
3.2.1	能够根据工作任务要求,运用 MES 系统实现 MES 生产任务的下发
3.2.4	能够根据工作任务要求,对零件订单加工信息进行统计,并生成生产报告,满足管控要求

 项目引入

　　智能制造系统是一种由智能机器和人类专家共同组成的人机一体化智能系统,它在制造过程中能进行智能活动,如分析、推理、判断、构思和决策等。随着智能制造发展的持续推进,越来越多的制造企业投身到数字化转型升级的时代浪潮当中。智能制造的发展已逐步显现出其特有的发展方向与趋势。

　　本项目包括智能制造概述、智能制造系统构成、数字孪生概述、智能制造关键技术和智能制造生产管控实训系统运行 5 个任务,通过了解智能制造的概念及相关的关键技术,学习典型智能制造系统的运行,为后续的深入学习打下坚实的基础。

 知识目标

1. 了解智能制造的概念;
2. 了解典型智能制造系统的构成及模块功能;
3. 了解数字孪生的概念;
4. 了解智能制造领域关键技术;
5. 掌握典型智能制造系统的运行流程及操作方法。

能力目标

1. 能够使用虚拟仿真软件加载调试环境并运行；
2. 能够加载并运行机器人程序；
3. 能够正确启动数控系统；
4. 能够正确启动 MES 系统；
5. 能够按照作业指导管理 MES 系统的生产流程；

平台准备

汇博 CNC	A 型实训平台模型	汇博 3 kg 机器人	快换主盘
吸盘工具	平口手爪工具	弧口手爪工具	快换工具支架
立体仓库	井式上料模块	输送带模块	相机检测模块

变位机模块	旋转供料模块	基座	电机
减速器	法兰		

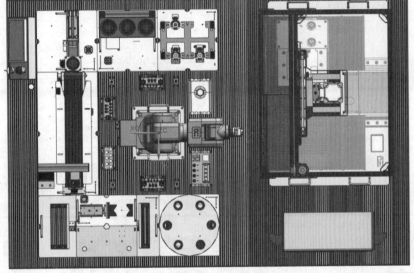

任务 1.1　智能制造概述

　　所谓智能制造(Intelligent Manufacturing,IM),就是面向产品全生命周期,实现泛在感知条件下的信息化制造。智能制造技术是在现代传感技术、网络技术、自动化技术、拟人化智能技术等先进技术的基础上,通过智能化的感知、人机交互、决策和执行技术,实现设计过程、制造过程和制造装备智能化,是信息技术、智能技术与装备制造技术的深度融合与集成。智能制造,是信息化与工业化深度融合的大趋势。

　　智能制造系统(Intelligent Manufacturing System,IMS)是一种由智能机器和人类专家共同组成的人机一体化智能系统,它在制造过程中能以一种高度柔性与集成度高的方式,借助计算机模拟人类专家的智能活动,进行分析、推理、判断、构思和决策等,从而取代或者延伸制造环境中人的部分脑力劳动。同时,收集、存储、完善、共享、集成和发展人类专家的智能。智能制造系统如图 1-1 所示。

图 1-1　智能制造系统

　　随着越来越多的制造企业将智能制造的愿景变为现实。当前众多企业正奔驰在智能制造建设之路上,但智能工厂自动化生产线建设投资大、周期长,自动化控制逻辑复杂,调试维护工作量大,急需在真实智能制造数字化工厂施工之前,在一个软件环境里模拟一种或多种生产线硬件系统的配置性能,实现虚拟世界到真实世界的无缝转化,降低整改成本。因此有必要在生产线正式生产、安装、调试之前利用虚拟环境对生产线进行模拟调试,解决生产线的规划、干涉、PLC 逻辑控制验证等问题,在综合加工设备、物流设备、智能工装、控制系统等各种因素的基础上全面评估生产线建设的可行性。

任务 1.2   汇博智能制造系统构成

教学课件
任务 1.2

微课
汇博智能制造
系统构成

智能制造系统是一种由部分或全部具有一定自主性和合作性的智能制造单元组成的,在制造活动全过程中表现出类人智能行为的制造系统,是先进制造技术、信息技术和智能技术在装备产品上的集成和融合,体现了制造业的智能化、数字化和网络化。其最主要的特征在于工作过程中对知识的获取、表达与使用。根据其知识来源,智能制造系统可分为如下两类。

(1) 以专家系统为代表的非自主式制造系统。该类系统的知识由人类的制造经验和知识总结归纳而来。

(2) 建立在系统自学习、自进化与自组织基础上的自主型制造系统。该类系统可以在工作过程中不断自主学习,完善与进化原有的知识,具有强大的适应性以及高度开放的创新能力。

随着以神经网络、遗传算法等深度学习技术为代表的人工智能技术的发展,智能制造系统正逐步从非自主式制造系统向具有自学习、自进化与自组织的持续发展能力的自主式智能制造系统过渡。

汇博智能制造系统是由江苏汇博机器人技术股份有限公司开发的一种智能制造系统。

1.2.1   汇博智能制造系统硬件

汇博智能制造系统的硬件基础是智能制造虚拟调试与生产管控实训创新开发平台,该平台是集数字化设计、机电概念设计和虚拟调试等先进技术于一体的多功能教学、实训和考核设备,主要由 PLC 控制系统、工业机器人系统、数控系统、虚拟仿真系统、生产管控系统等组成。该平台基于可视化技术开发,能够实现智能制造场景的虚拟化,具备智能制造虚拟场景、机器人、数控系统、MES(制造执行管理系统)和 PLC 的真实数据交互功能。智能制造虚拟调试与生产管控实训创新开发平台采用 TCP/IP 协议采集工业机器人数据,采用 OPC UA 协议采集 PLC 数据,通过数据驱动新模型,实现工业机器人、PLC、HMI 的虚拟调试,以及智能制造系统综合应用的虚拟调试。

智能制造虚拟调试与生产管控实训创新开发平台主要由四个独立的模块组成,基本涵盖了智能制造常用的 PLC 控制、工业机器人控制,数控机床控制和 MES 生产管理等关键典型功能应用,如图 1-2 所示。四个模块依次为:① 数控虚拟调试模块;② 系统虚拟调试模块;③ 综合实训调试模块;④ 智能制造系统生产管控模块。

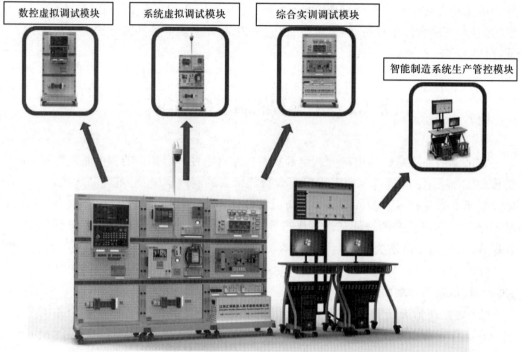

图 1-2　智能制造虚拟调试与生产管控实训创新开发平台

其中,数控虚拟调试模块、系统虚拟调试模块、综合实训调试模块分别采用独立的网孔板柜体结构,便于功能应用扩展和创新开发设计。此外该平台还配有选配模块,选配模块包含扩展执行模块(4 种扩展板)、按钮盒模块、RFID 模块、视觉检测模块,可与其他模块灵活组合,以达到不同的实训效果。

1. 数控虚拟调试模块

数控虚拟调试模块主要包含网孔板控制柜、数控加工中心操作系统(含数控加工中心操作面板与加工中心数控系统、CAD/CAM 数字化设计软件、机电一体化虚拟调试软件、数字化生产线设计与仿真软件)、系统驱动板等。

数控虚拟调试模块配置真实机床系统及操作面板,借助真实的编程操控终端,结合虚拟调试软件创建的虚拟加工场景,通过数字化设计软件完成工件的设计与加工路径规划,生成适用于真实加工系统的加工程序,利用虚实结合的方式模拟实现工件生产加工过程,加深学生对智能制造系统的认知和理解,提高智能加工系统的应用实训效果。并且基于系统虚实结合的实训理念,便于开展多人教学与实训,还可有效降低实训成本与风险,提高安全性和可实施性。

2. 系统虚拟调试模块

系统虚拟调试模块主要包含网孔板控制柜、PLC 控制板、机器人控制板、智慧管理交互终端、智慧管理系统、系统驱动板、设备监控摄像头等。该模块可实现基于 PLC 的虚拟仿真与虚拟调试实训以及机器人应用工作过程的虚拟调试与仿真实训。

3. 综合实训调试模块

综合实训调试模块主要包含网孔板控制柜、综合执行板、丝杆模块、综合驱动板等。

该模块可进行伺服、步进、直流、三相电动机控制和直线模组的实训。通过这些实训项目学生可了解工业中最基本的旋转和直线运动,掌握4种电动机的控制方式以及直线模组的运动原理。除此之外,通过学习学生还可以掌握工业应用中常见传感器的原理与使用方法。

4. 智能制造系统生产管控模块

智能制造系统生产管控模块主要包含两套计算机与桌椅、电子看板、汇博智能制造 MES 软件等。

1.2.2 汇博智能制造系统 MES 软件

汇博智能制造系统 MES 软件界面美观整洁、规范、可操作性强。在整个生产环节中对生产线各设备进行协调和调度,控制着整个智能制造系统生产流程安全有序进行。汇博智能制造系统 MES 软件在智能制造系统中的作用是贯穿始终的:首先通过 MES 软件创建订单任务;然后 MES 软件发出初始化命令,对加工系统进行初始化复位;再次对料库待加工工件情况进行盘点;最后启动加工系统运行。在运行过程中,MES 软件在进行运行状态监控的同时,会对运行数据进行记录与分析,并根据生产情况和设备运行状况适时下达命令,并在系统故障时给出提示与警报。MES 软件可按照"上传程序及创建订单→料库盘点→复位→启动→下发订单→检测及返修"的流程操作运行。汇博智能制造系统 MES 软件如图1-3所示。

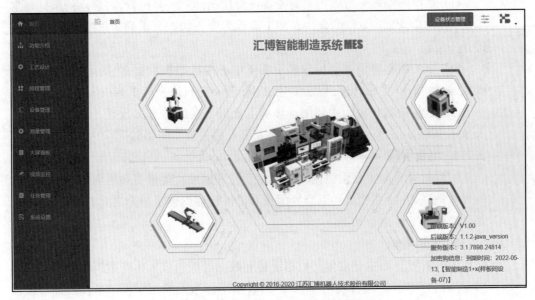

图1-3　汇博智能制造系统 MES 软件

1. 工艺设计

工艺设计界面主要由 EBOM 和 PBOM 组成。

(1) EBOM 是产品设计阶段输出的产品结构清单,包括产品名称、产品结构、明细表等信息,这些信息是工艺、制造等后续部分所需产品数据的基础。在 MES 软件中,可先从 ERP 中下载当前产品的标准图纸信息,再通过读取图纸信息自动生成 EBOM 设计物料清单。MES 软件也允许手动完善相关产品的结构信息。

(2) PBOM 是以 EBOM 中的数据为依据,制订工艺计划、工序信息、生产计划的 BOM 数据。在 MES 软件中定制产品 PBOM 时,需针对不同的配件制订不同的工艺路径,完善自制配件的工艺信息。

2. 排程管理

排程管理界面主要由订单管理、料仓管理、手动排程和自动排程等组成。

(1) 在订单管理中,用户根据实际生产需求,可以对订单进行新增、修改、编辑和删除等操作。

(2) 料仓管理主要负责订单相关各仓库的盘点功能,绑定解绑相关订单的工件毛坯料,从而生成订单,用于后续的订单下发。

(3) 手动排程是将细分的工序,以甘特图的方式推送到排产界面,操作人员可对相关工序进行操作,包括工序的删减、完成的工时、工序的排产顺序的调整。

(4) 自动排程即根据待排产的工单工艺路径、设备产能、运行状态等因素自动寻优,找出最优的排产结果。

3. 设备管理

设备管理界面主要由总控操作、加工中心和工业机器人组成。

(1) 总控操作界面可以用来对设备进行启动、停止、复位操作,启动的条件是加工流程为初始状态,复位的条件是加工流程为停止状态。正确的总控操作流程为:停止—复位—启动。

(2) 加工中心界面主要用于显示加工中心的状态和数据,包括运行状态、工作模式、进给倍率、主轴转速、程序编号、机床坐标 X、机床坐标 Y 和机床坐标 Z 等。

(3) 工业机器人界面主要用于显示工业机器人的状态和数据,包括运行状态、关节 1、关节 2、关节 3、关节 4、关节 5、关节 6 和关节 7 的轴数据。

4. 测量管理

测量管理界面主要由机内测量和测量管理组成。测量管理界面用来设置标准的尺寸信息,方便在检测和返修界面查看工件和理论设定的值之间的关系,来决定是否需要将工件重新加工。

5. 大屏看板

大屏看板界面主要由生产数据统计和数据看板组成。生产数据统计界面可以查看当前订单下的设备利用率、零件的合格率和当天加工零件数量。数据看板可以同时对多个设备的工作状态进行实时监测。

6. 视频监控

视频监控界面主要由视频查看和相机配置组成。视频查看界面可通过摄像头实时监控设备的运行状况,并将视频保存到本地或云端。

7. 任务管理

任务管理界面主要由任务接收和任务提交组成,主要用于考核和比赛。任务接收界面用表格来显示本工位的考题或赛题,可以下载。任务提交界面用来操作选手赛题,选手可以将题目上传到服务器,可以删除和下载题目。

8. 系统设置

系统设置界面主要由网络拓扑、加工工具、加工设备、基础服务、设备测试和日志管理组成。网络拓扑界面用于显示设备之间的通信方式;加工工具界面可以用于定义加工的刀具;加工设备界面用于定义实际智能制造系统的设备;设备测试界面用于测试设备之间的通信状态;日志管理界面用于记录加工系统的运行信息,可通过日志追溯加工过程。

任务 1.3　数字孪生概述

教学课件
任务 1.3

1.3.1　数字孪生的概念

数字孪生是指在数字空间中构建物理对象的数字孪生模型,模拟其在现实环境中的行为特征,实现物理对象和数字对象之间的精准映射,并对物理对象进行仿真和调试,从而实现对物理对象的预测、诊断和决策。数字孪生技术覆盖产品的设计、制造和维护等全生命周期。

微课
数字孪生概述

数字孪生的概念最早来自 1969 年美国国家航空航天局(NASA)的"阿波罗"计划,构建虚拟与真实的两个相同空间飞行器,以反映航天器在执行任务期间的状况。2003 年,Michael Grieves 教授在密歇根大学的产品生命周期管理(PLM)课程上提出了"与物理产品等价的虚拟数字化表达"的概念,并强调物理产品的数字表达应能够抽象地表现物理产品,能够基于数字表达对物理产品进行真实条件或模拟条件下的测试。

数字孪生技术贯穿了产品全生命周期中的不同环节,它与 PLM 的理念是不谋而合的。可以说,数字孪生技术的发展将 PLM 的能力和理念从设计阶段拓展到了全生命周期。数字孪生以产品为主线,并在全生命周期的不同环节引进不同的要素,形成了不同环节的表现形态。

1. 设计阶段的数字孪生

在产品的设计阶段,运用数字孪生可以提升设计的准确性,并检验产品在真实环境中的性能。这个环节的数字孪生,主要涉及以下功能:

（1）数字模型设计：运用 CAD（计算机辅助设计）工具开发出符合技术规格的产品虚拟原型，精确地记录产品的各类物理参数，以可视化的形式呈现出来，并通过一系列的检验方式来检验设计的精确程度。

（2）模拟仿真：通过一系列可重复、可变参数、可加快的仿真实验，来检验产品在不同外部环境因素下的性能和表现，在设计阶段就检验产品的适应能力。

2. 制造环节的数字孪生

在产品的制造环节，运用数字孪生可以加快产品导入的时间，提升产品设计的品质、降低产品的生产成本和提升产品的交付速度。制造环节的数字孪生是一个高度协同的过程，通过数字化方式搭建起来的虚拟生产线，将产品自身的数字孪生同生产设备、生产流程等其他形态的数字孪生高度集成起来，实现以下的功能。

（1）生产流程仿真：在产品生产之前，就可以通过虚拟生产的形式来模拟仿真在不同产品、不同参数、不同外部条件下的生产流程，实现对产能、效率及其可能出现的生产瓶颈等问题的提前预测，加快新产品投入生产的速度。

（2）数字化产线：将生产环节的各类要素，如原材料、设备、工艺配方和工序要求，通过数字化的方式集成在一个紧密协作的生产流程中，并根据既定的规则，自动地完成在不同条件组合下的操作，实现自动化的生产流程；同时记录生产流程中的各类数据，为之后的分析和优化提供重要依据。

3. 服务环节的数字孪生

伴随着物联网技术的完善和传感器成本的下降，从大型装备到消费级产品的许多工业产品，都运用了大量的传感器来收集产品运行环节的环境参数和工作状态，并通过数据分析和优化来规避产品的故障，改善用户对产品的运用体验。服务环节的数字孪生，可以实现以下功能：

（1）优化客户的生产指标：对于许多需要依赖工业装备来实现生产的工业客户，工业装备参数设置的合理性及其在不同生产条件下的适应能力，通常决定了客户产品的品质和交付周期。而工业装备厂商可以通过大量收集的数据，搭建起针对不同应用场景、不同生产流程的经验模型，协助其客户优化参数配置，以改善客户的产品质量和生产效率。

（2）产品使用反馈：通过收集智能化工业产品的实时运作数据，工业产品制造商可以洞察用户对产品的真实需求，不仅可以协助用户加快新产品的导入周期，消除产品错误使用造成的故障，提升产品参数配置的精确性，更可以精确地把握用户的需求，消除研发决策失误。

1.3.2　数字孪生的意义

数字孪生通过设计工具、仿真工具、物联网、虚拟现实等各种数字化的技术手段，将物理设备的各种属性映射到虚拟空间中，生成可拆解、可复制、可转移、可修改、可删除、可重复操作的数字镜像，这极大地加快了操作人员对物理实体的掌握，可以让许多原先由于物理条件限制,依赖真实的物理实体而难以完成的操作,如模拟仿真、批量复制、虚拟装配等,成为触手可及的工具,更能激发人们去探寻新的途径来优化设计、制造和服务。

目前的产品生命周期管理,极少可以实现精确的预测,因此通常难以对隐藏在表象下的问题提前进行预判。而数字孪生可以结合物联网的数据收集、大数据的处理和人工智能的建模分析,实现对当下状态的评估、对以往发生问题的诊断和对未来发展趋势的预测,并给予分析的结果,模拟各种可能性,提供更全面的决策支持。

在传统的工业设计、制造和服务领域,经验通常是一种模糊而难以把握的状态,难以将其作为精确判决的依据。而数字孪生的一大关键性进步,是可以通过数字化的技术手段,将原先无法保存的专家经验进行数字化,并提供了保存、复制、修改和转移的能力。比如说,针对大型设备运作过程中出现的各种故障的特征,可以将传感器的历史数据通过机器学习训练出针对不同故障现象的数字化特征模型,并结合专家处理的记录,生成未来对设备故障状态进行精确判决的依据,并可针对不同的形态的故障进行特征库的丰富和更新,最终生成智能化的诊断和判决。

1.3.3 数字孪生的应用

生产企业的数字孪生包含三个层次:产品、生产流程和生产设备。其信息在统一的数据模型中进行管理,令产品及生产流程的模拟、测试、论证和优化都在全数字化的环境内进行。

NX 软件是西门子新一代数字化产品开发系统,囊括了产品设计、零件装配、模具设计、NC 加工、工程图设计、模流分析和机构仿真等多种功能,是应用广泛的 CAD/CAE/CAM 大型集成软件之一。

NX 软件中的 NX MCD(机电概念设计)将机械自动化与电气和软件结合起来,包括机械、机电、传感器、驱动等多个领域部件的概念设计,可实现机械设计、电气、自动化等专业概念的三维(3D)建模和仿真。将虚拟设备通过数据映射与真实设备或仿真器连接,对产品可靠性进行虚拟调试,加快机械、电气和软件设计的开发速度。

智能制造虚拟调试与生产管控实训创新开发平台使用 NX MCD 搭建智能制造虚拟应用场景,通过 TCP/IP、OPC UA 等通信方式与真实的汇博机器人控制器、FANUC 数控系统、西门子 PLC 连接,在虚拟场景中运行真实的程序,仿真并验证运行过程,其虚拟应用场景如图 1-4 所示。

图 1-4 智能制造虚拟应用场景

任务 1.4 智能制造关键技术

智能制造包含了多个领域的核心技术,工业机器人、数控加工是两大硬件基础,RFID 技术和无线传感器网络是用于互联互通的两大通信手段,物联网、工业大数据和云计算是进行分布式分析和决策的三大基础,而虚拟现实与人工智能是面向未来的两大牵引技术。

1.4.1 工业机器人

高端装备制造业是国家"十二五"规划提出的战略性新兴产业七大领域之一,其中工业机器人、智能制造是高端装备制造业的重点方向,大力推进机器人及成套系统产业化,发展焊接、搬运、装配等工业机器人及其成套系统是重中之重。智能制造是工业机器人产品的延伸,是现代生产中各种高技术产品的集成。而工业机器人是实现智能制造装备升级,提升中国制造业整体实力,真正实现"智能制造"的关键环节。工业机器人在智能化的发展历程中主要需要完善以下核心技术。

1. 高精度的运动和定位技术

通过高精度的传感器及创新的运动机构设计,使工业机器人达到人手级别的触觉感知阵列;通过高精度液压、电气系统,使工业机器人具备在复杂制造环境下的灵活运动的性能;在执行机构的高精度和高效率方面,通过改进机械装置、选择先进材料、安装智能传感器等手段,提高工业机器人的精度、可重复性、分辨率等各项性能;创新工业机器人的外骨骼、智能假肢等机构,使得工业机器人具有较高的负载比、较低排放的执行器、人与机械之间自然的交互机构等。

2. 工业机器人自主导航技术

在由静态障碍物、车辆、行人和动物组成的非结构化环境中实现安全的自主导航,如装配生产线上对原材料进行装卸处理的搬运机器人,对原材料及成品进行高效运输的 AGV 工业机器人,类似于入库存储和调配的后勤操作、采矿和建筑装备的工业机器人均离不开相关的关键技术,需要进一步深入研发和技术攻关。

1.4.2 RFID 技术

射频识别(RFID)技术是一种非接触的自动识别技术,其基本原理是利用射频信号或电磁耦合的传输特性,实现对物体或商品的自动识别。RFID 系统一般由标签、读写器和中央处理单元三个部分组成。标签由天线、射频模块、控制模块、存储器及电池(可选)构成,每个标签具有唯一的电子产品代码(EPC),并附着在标识的物体上。读写器用于读写标签信息,其天线可用于收发射频模块和标签的无线射频信号。中央处理单元包括中间件和数据库等,用于对读写的标签信息进行处理,其系统组成框架如图 1-5 所示。

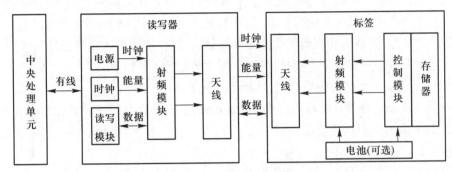

图 1-5　RFID 系统框架

RFID 技术与制造技术相结合,能够实现各种生产数据采集的自动化和实时化,及时掌握生产计划和 MES 的运行状态;能够有效地跟踪、管理和控制生产所需资源和在制品,实现生产过程的可视化管理;能够加强生产现场物料调度的准确性和及时性,加强过程监控,提高 MES 的整体运行效率。

1.4.3　无线传感器网络

无线传感器网络(Wireless Sensor Network,WSN)是由大量静止或移动的传感器以自组织和多跳的方式构成的无线网络,可以协作地感知、采集、处理和传输网络覆盖区域内被感知对象的信息,并最终把这些信息发送给网络的所有者。无线传感器网络具有众多类型的传感器,可探测包括地震、电磁、温度、湿度、噪声、光强度、压力、土壤成分、移动物体的大小、速度和方向等周边环境中多种多样的现象。无线传感器网络具有以下特点。

(1) 大规模。这里大规模包括两方面的含义:一方面是传感器节点分布在很大的地理区域内,如在原始森林采用无线传感器网络进行森林防火和环境监测,需要部署大量的传感器节点;另一方面,传感器节点部署很密集,在面积较小的空间内,密集部署大量的传感器节点。

(2) 自组织。无线传感器网络中的传感器节点具有自组织的能力,能够自动进行配置和管理,通过拓扑控制机制和网络协议自动形成转发监测数据的多跳无线网络系统。

(3) 动态性。无线传感器网络的拓扑结构可能因为下列因素而改变:环境因素或电能耗尽造成的传感器节点故障或失效;环境条件变化造成的无线通信链路带宽变化,甚至时断时通;无线传感器网络中的传感器、感知对象和观察者这三要素都可能具有移动性;新节点的加入。因此,要求无线传感器网络系统要能够适应这些变化,具有动态的系统可重构性。

(4) 集成化。无线传感器节点的功耗低,体积小,价格便宜,实现了集成化。

1.4.4　工业大数据

工业大数据一般指体量特别大、数据类别特别多的工业数据集,在一定时间范围内无法用常规软件工具进行捕捉、管理和处理,需要新的处理模式才能得到具有更强的决策力、洞察力和流程优化能力的海量、高增长率和多样化的信息资产。

工业大数据具有五个主要技术特征,即大数据的5 V特征。

(1) Volume(大量)。数据量大,计量单位从TB级别上升到PB、YB级别及以上。

(2) Velocity(高速)。在数据量非常庞大的情况下,也保持高速的数据实时处理。

(3) Variety(多样)。数据类型丰富多样,包含生产日志、图片、声音、视频、位置信息等多元、多维度信息。

(4) Value(低价值密度)。数据信息海量,但是存在大量的不相关信息,因此需要利用人工智能技术进行数据分析和挖掘。

(5) Veracity(真实性)。在由真实世界向逻辑世界和数据世界进行转换时,基本保持了真实世界原汁原味的信息。

工业大数据的处理结构如图1-6所示。

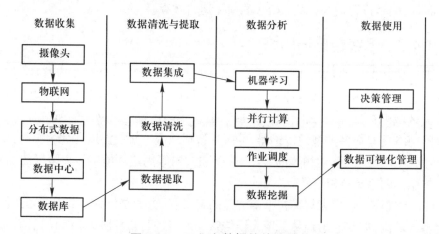

图1-6　工业大数据的处理结构

工业大数据真正为客户服务,需要进行一系列的预处理工作,这个预处理的过程就是通过人工智能技术进行数据分析和挖掘的过程。由于工业大数据技术拥有广阔的应用前景,到目前为止出现了很多较为成熟的大数据云平台。

1.4.5　云计算

云计算用来描述一个系统平台或者一种类型的应用程序。云计算平台能够按需进行动态的部署、配置、重新配置以及取消服务,可以使用物理服务器也可以使用虚拟服务器,也包含了存储区域网络、网络设备、防火墙以及其他安全设备等。云计算也是一种可通过互联网访问的应用程序,是一种基于大规模的数据中心以及功能强劲的服务器运行的网络应用程序或网络服务,允许任何用户通过合适的互联网设备和安全规则访问云计算平台。

云计算是分布式计算（Distributed Computing）、并行计算（Parallel Computing）和网格计算（Grid Computing）的发展，或者说是这些科学概念的商业实现。

相对于传统的集群计算、分布式计算等先进计算模式，云计算具有以下特点。

（1）弹性服务。服务的规模可快速伸缩，以自动适应业务负载的动态变化。用户使用的资源同业务的需求相一致，避免了因为服务器性能过载或冗余而导致的服务质量下降或资源浪费。

（2）资源池化。资源以共享资源池的方式统一管理。利用虚拟化技术，将资源分享给不同用户，资源的放置、管理与分配策略对用户透明。

（3）按需服务。以服务的形式为用户提供应用程序、数据存储、基础设施等资源，并可以根据用户需求，自动分配资源，而不需要系统管理员干预。

（4）服务可计费。监控用户的资源使用量，并根据资源的使用情况对服务计费。

（5）泛在接入。用户可以利用各种终端设备（如个人计算机、智能手机等）随时随地通过互联网访问云计算服务。

1.4.6　虚拟现实技术

虚拟现实（Virtual Reality，VR）采用以计算机技术为核心的先进技术，生成逼真的视觉、听觉、触觉一体化的虚拟环境，用户可以通过必要的输入输出设备与虚拟环境中的物体进行交互，相互影响，进而获得身临其境的感受与体验。虚拟现实技术作为一种高新技术，集计算机仿真技术、计算机辅助设计与图形学、多媒体技术、人工智能、网络技术、传感技术、实时计算技术以及心理行为学研究等多种先进技术于一体，为人们探索宏观世界、微观世界以及由于种种原因不能直接观察的事物变化规律提供了极大的便利。在虚拟现实环境中，参与者借助数据手套、数据服装、三维鼠标方位跟踪器、操纵杆、头盔式显示器、耳机等虚拟现实交互设备，同虚拟环境中的对象相互作用，虚拟现实中的物体能做出实时的反馈，使参与者产生身临其境的交互式视景仿真和信息交流。沉浸感、交互性和实时性是虚拟现实技术最重要的特点。

1. 沉浸感

在虚拟现实环境中，设计者通过具有深度感知的立体显示、精细的三维音效以及触觉反馈等多种感知途径，观察和体验设计过程与设计结果。一方面，虚拟环境中的可视化的功能进一步增强，借助于新的图形显示技术，设计者可以得到实时、高质量、具有深度感知的立体视觉反馈；另一方面，虚拟环境中的三维声音使设计者能更为准确地感受物体所在的方位，触觉反馈支持设计者在虚拟环境中抓取、移动物体时直接感受到物体的反作用力。在多感知形式的综合作用下，用户能够完全"沉浸"在虚拟环境中，多途径、多角度、真实地体验与感知虚拟世界。

2. 交互性

虚拟现实系统中的人机交互是一种近乎自然的交互，使用者通过自身的语言、

身体运动或动作等自然技能,就可以对虚拟环境中的对象进行操作。而计算机根据使用者的肢体动作及语言信息,实时调整系统呈现的图像及声音。用户可以采用不同的交互手段完成同一交互任务。例如,进行零件定位操作时,设计者可以通过语音命令给出零件的定位坐标点,或通过手势将零件拖到定位点来表达零件的定位信息。各种交互手段在信息输入方面各有优势,语音的优势在于不受空间的限制,设计者无须"触及"设计对象,就可对其进行操纵,而手势等直接三维操作的优势在于运动控制的直接性。通过多种交互手段的结合,提高了信息输入带宽,有助于交互意图的有效传达。

3. 实时性

有两种重要指标用于衡量虚拟现实系统的实时性:其一是动态特性,在视觉上,要求每秒生成和显示 30 帧(f)图形画面,否则将会产生不连续和跳动感;在触觉上,要实现虚拟现实的力的感觉,必须以 1 000 f/s 的速度计算和更新接触力。其二是交互延迟特性,对于人产生的交互动作,系统应立即做出反应并生成相应的环境和场景,其时间延迟应小于等于 0.1 s。

1.4.7　人工智能技术

人工智能(Artificial Intelligence,AI)主要研究用人工的方法和技术,模仿、延伸和扩展人的智能,实现机器智能。人工智能研究领域包括知识表示、搜索技术、机器学习、求解数据和知识不确定性问题等。其应用领域包括专家系统、博弈、定理证明、自然语言理解、图像理解和机器人等。人工智能也是一门综合性的学科,是在控制论、信息论和系统论的基础上诞生的,涉及哲学、心理学、认知科学、计算机科学以及各种工程学方法。

驾驶辅助系统是汽车人工智能领域目前最为火热的方向。在感知层面,其利用机器视觉与语音识别技术感知驾驶环境,识别车内人员,理解乘客需求;在决策层面,利用机器学习模型与深度学习模型建立可自动做出判断的驾驶决策系统。已普遍应用的人脸识别技术是一种基于人的脸部特征信息进行身份识别的人工智能生物识别技术。该技术通过摄像机采集含有人脸的图像,使用一种称为"主成分分析"的人工智能算法,对二维的人脸图片进行降维和提取特征,将其转化为一组向量集,进而转化为数学运算来处理。

教学课件
任务 1.5

任务 1.5　智能制造生产管控实训系统运行

智能制造生产管控实训系统预置演示环境,可以通过加载虚拟调试环境、运行工业机器人程序、启动数控系统、启动 MES 系统和 MES 系统生产管控等操作,实现基于 NX MCD 的智能制造系统加工与装配。

智能制造生产管控实训系统操作流程如图 1-7 所示。

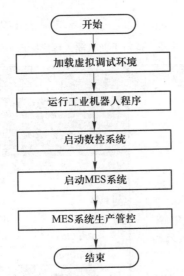

微课
智能制造生产
管控实训系统
运行

图 1-7　智能制造生产管控实训系统操作流程

1.5.1　加载虚拟调试环境

打开 NX MCD 演示工程并播放,操作步骤见表 1-1。

表 1-1　加载虚拟调试环境操作步骤

步骤	操作说明	示意图
1	启动计算机,打开 NX MCD 演示工程文件夹,双击加载"0-Znzz1X(网孔板应用编程).prt"	
2	单击"主页"选项卡,单击"仿真"中的"播放"按钮运行工作站,即可完成虚拟调试环境的加载	

1.5.2 运行工业机器人程序

加载并运行工业机器人演示程序，操作步骤见表1-2。

表1-2 运行工业机器人程序操作步骤

步骤	操作说明	示意图
1	打开虚拟调试模块主电源，等待工业机器人系统启动完成。 从示教盒加载"Work"项目中的主程序"Main"	
2	调整工业机器人速度为80%	
3	切换运行模式为"A"（自动模式），单击右侧"PWR"（使能）	

步骤	操作说明	示意图
4	单击"Start"(运行),自动运行工业机器人程序	A ⬭ XHBS ⌐ crs1 ↖ DefaultTool 80% ▤ Work.Main ▷🗘⚙ 🗂🗂 16 ⓘ XHBS activated ✓ PutPartToStore CONT 行 3 2 RefSys(crs1) ⇨ PTP(Store1Home) 4 Transit := Store1Pos1 5 Transit.z := Transit.z + 30 6 Transit.y := Transit.y -80 7 PTP(Transit) 8 WaitTime(1000) 9 WaitIsFinished() 10 Transit := Store1Pos1 11 Transit.z := Transit.z + 30 12 Lin(Transit) 13 WaitTime(1000) 暂停

1.5.3　启动数控系统

数控系统的加工程序上传由 MES 系统完成,这里仅需启动数控系统,操作步骤见表 1–3。

表 1–3　启动数控系统操作步骤

步骤	操作说明	示意图
1	打开数控虚拟调试模块主电源,按下加工中心面板上的"NC 启动"按钮,等待数控系统启动	NC 启动　NC 断电
2	开机后,等待系统加载,直到出现报警界面。若系统无其他异常,只显示"参数写入开关处于打开"报警信息	报警信息 990180 参数写入开关处于打开

步骤	操作说明	示意图
3	按下"RESET"按钮,清除机床报警	
4	"方式选择"旋钮旋转到"自动循环"。至此完成数控系统的启动	

1.5.4　启动 MES 系统

MES 系统运行需启动相关服务并登录,操作步骤见表 1–4。

表 1–4　启动 MES 系统操作步骤

步骤	操作说明	示意图
1	右键单击"Mes.Base.Server"快捷方式,在弹出的下拉菜单中选择"以管理员身份运行(A)"	
2	右键单击"RestartMES"快捷方式,在弹出的下拉菜单中选择"以管理员身份运行(A)"	

步骤	操作说明	示意图
3	双击"HB-MES"浏览器快捷方式	HB-MES
4	进入"汇博智能制造 MES 系统"登录界面，用户名、密码均为"admin"，单击"立即登录"按钮。至此完成 MES 系统的启动	汇博智能制造MES系统 admin ●●●●● 立即登录

1.5.5 MES 系统生产管控

MES 系统生产管控流程为在 MES 软件中录入产品信息、创建产品生产订单、选择自动排程、订单下发进行产品生产。具体操作步骤见表 1-5。

表 1-5 MES 系统生产管控操作步骤

步骤	操作说明	示意图
1	打开"EBOM"界面，新增产品"关节"及其配件"法兰""减速器""电机"和"基座"，设定装配顺序，其中"基座"为自制件	全部产品　手动新建　图纸导入　全部删除　新手教程 序号 产品名称 编号 产品型号 产品类型 产品状态 图纸名称 创建时间 1　关节　PR2108170001　1　1　导入期　2021-08-17 序号 配件名称 配件编号 需求数量 配件来源 配件型号 配件类型 装配顺序 1 法兰 PA2108170004 1 委外 1 1 4 2 减速器 PA2108170003 1 委外 1 1 3 3 电机 PA2108170002 1 委外 1 1 2 4 基座 PA2108170001 1 自制 1 1 1
2	打开"PBOM"界面，选中需自制的零件"基座"，创建加工基座的完整工艺过程	序号 配件名称 配件来源 配件型号 配件类型 装配 1 基座 自制 1 1 序号 工艺名称 优先级 工艺描述 工时（秒） 夹具名称 1 出库 1 　10 2 机器人取料 2 　60 3 铣床加工 3 　120 虎钳夹具 4 机器人运回 6 　60 5 入库 7 　10

步骤	操作说明	示意图
3	在"新增订单"界面创建关节产品生产订单	**新增订单** ✕ * 订单名称　订单1 * 产品　关节 * 产品件数　1 订单备注 取消　确定
4	打开"料仓管理"界面,选择存放基座零件的"仓库1号",然后选择该仓库的2号仓位,将基座工艺信息与仓库仓位号绑定	仓库1号 仓库2号 仓库3号 仓库1号 无　无(无/基座/电机/减速器/法兰)　无 无　无　无 无　无　无 无　无　无
5	打开"总控操作"界面,依次执行"停止""复位""启动"命令。命令执行完成后,MES系统处于待机状态,等待工单下发	
6	打开"自动排程"界面,单击"开始自动排程",MES系统通过自动排程的方式执行订单的下发任务	自动排程大屏看板　停止自动流程　开始自动排程 结束时间　操作 重置任务 任务id|订单|原因|从哪个仓库|到哪个仓库|状态 132|订单1|MA2108230001|立体仓库—1|立体仓库—1|异常任务结 1 出库　2 机器人取料　3 铣床加工 id:64 10分 立体仓库　id:65 60分 汇博机器人　id:66 170分 铣床1号 开始 14:13:33　开始 14:13:34 开始 未开始 结束 14:13:33　结束:未结束　结束 未开始

项 目 拓 展

通过智能制造系统认知项目的学习，了解智能制造系统概述，熟悉智能制造生产管控实训系统构成，掌握智能制造生产管控实训系统运行，从而为后续项目的学习奠定扎实的基础。

本书后续介绍的智能制造生产管控实训系统实训项目如图 1-8 所示。

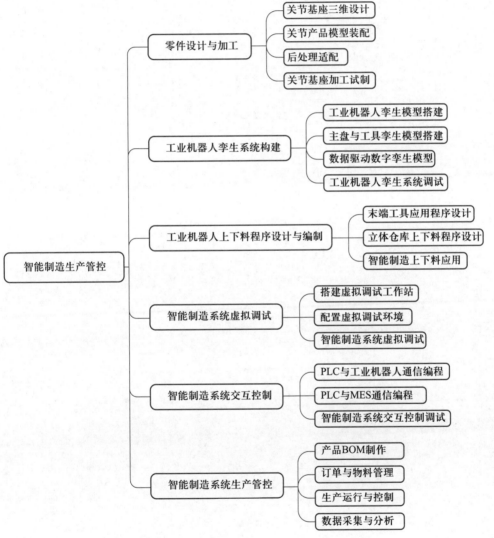

图 1-8　智能制造生产管控实训系统实训项目

项目二　零件设计与加工

证书技能要求

产品设计及加工	
1.1.1	能够识读复杂的零件图和装配图
1.2.1	能够根据工作任务要求,编制复杂零件的加工工艺
1.2.2	能够根据工作任务要求,对复杂零件进行 CAM 编程

项目引入

　　智能制造是将计算机技术与制造模式相结合,以实现自动一体化的操控行为。在技术与设备的不断研发下,制造类产业对工作效率、工作质量的要求也在逐渐提升,通过数字技术、信息反馈技术、机械制造技术的融合,可有效满足制造类产业的生产要求,减少企业生产力的投入,提升企业的经济效益。

　　产品设计通常是指根据目标产品的功能、技术参数,确定设计产品方案,分拆产品到零件级设计,加工试制零件,装配至产品级测试的过程。产品设计通常可分为 4 个阶段:产品规划、方案设计、技术设计和加工试制。其中,技术设计与加工试制是关键环节,若试制产品不能达到规划要求,则需要重复这两个阶段的部分工作。

　　本项目包括零件设计、模型的导入与装配、NX 后处理的制作和零件的加工试制,通过学习 CAD 三维零件建模、三维模型装配、加工刀具选择和 CAM 加工工序等知识,完成关节基座零件设计及关节产品装配,修改后处理文件,生成加工程序,在加工中心进行关节基座零件加工试制。

知识目标

1. 了解零件图和装配图识读;
2. 了解零件装配的一般流程;
3. 了解常用的零件视图和剖视图的表达方式;

4. 了解 NX 后处理构造器的使用方法；

5. 掌握零件加工工艺设计方法；

6. 掌握基于 NX 的 CAM 加工流程；

7. 掌握 NX 后处理修改方法。

能力目标

1. 能够应用 CAD 软件进行复杂零件三维建模；

2. 能够正确使用装配约束进行产品零件装配；

3. 能够使用剖视图和爆炸图表达零件装配关系；

4. 能够正确编制复杂零件的加工工艺表；

5. 能够正确制作复杂零件的加工工序；

6. 能够选择合适的刀具和工序，进行复杂零件的加工编程。

平台准备

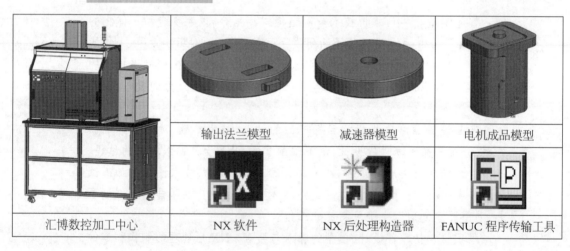

输出法兰模型	减速器模型	电机成品模型
汇博数控加工中心	NX 软件	NX 后处理构造器	FANUC 程序传输工具

任务 2.1 关节基座三维设计

任务提出

产品设计是决定产品性能、质量、水平和经济效益的重要环节。一个产品是否具有市场竞争力,在很大程度上取决于产品的设计。产品通常由多个零件组合构成,产品的设计最终分解为单个零件的设计。零件设计须从机器的工作原理、承载能力、构造和维护等方面考虑,其中包括如何合理确定零件的形状和尺寸,如何合理选择零件的材料,如何使零件具有良好的工艺特性。产品设计应满足如下要求:在满足预期功能的前提下,性能好、效率高、成本低,在预定使用期限内安全可靠,操作方便、维修简单和造型美观等。

本任务通过学习产品设计和产品三维建模方法,实现对关节基座零件设计和关节基座工程图的制作。本任务包括以下内容:

1. 零件三维模型设计;
2. 零件工程图制作。

知识准备

2.1.1 零件设计基本要求

零件是机器组成的基本要素,机器一般由用来接受外界能源的原动部分(如电动机、内燃机、蒸汽机),实现机器生产职能的执行部分(如机床中的刀具),把原动机的运动和动力传递给执行部分的传动部分(如机床中的齿轮与螺旋传动机构),保障机器中各部分协调工作的测控部分(如机床中的数控系统)几部分构成,即机器由原动部分、传动部分、执行部分和测控部分构成。

零件是组成机器的基本单元,应遵循一些基本的原则和法规,以确保设计的质量,零件设计应满足以下要求。

1. 强度要求

强度是指零件在工作时不发生断裂或者不产生超过容许限度的塑性变形的能力,这是机器正常运转和安全生产的最基本要求。

2. 刚度要求

刚度是指零件工作时不产生超过规定的弹性变形的能力。刚度要求只是针对那些在弹性形变过大时会降低机器工作性能的零件提出的。

3. 寿命要求

寿命是指零件在预期的工作期间保持正常工作而不致报废的使用期限。寿命

微课
零件设计基本
要求

要求主要是对那些在变应力下工作和工作时受到磨损或腐蚀的零件提出的。

4. 工艺性要求

工艺性是指在给定的工艺条件和生产水平下,能用较少的成本和劳动量把零件制造出来,并便于进行装配。要从生产批量、材料、毛坯制作、加工方法、装配过程、使用要求等各方面来考虑,合理设计零件结构。

5. 经济性要求

经济性是指用较低的成本和较少的工时制造出满足技术要求的零件。它与零件的工艺性有着密切的关系,并在很大程度上影响着机器的经济性。

根据零件的容许空间、质量限制、重要程度、工作情况等的不同,还会提出体积、质量、可靠性、振动稳定性、噪声等各种不同的要求,设计者应结合具体情况予以区别对待。

2.1.2 三维模型设计

三维模型是物体的多边形表示,通常用计算机或者其他视频设备进行显示。显示的物体可以是现实世界的实体,也可以是虚构的物体。任何物理自然界存在的东西都可以用三维模型表示。

建模是面向整个设计、制造过程的,不仅支持 CAD(计算机辅助设计)系统、CAPP(计算机辅助工艺过程设计)系统、CAM(计算机辅助制造)系统,还要支持绘制工程图、数控编程、仿真等,因此必须能够完整全面地描述零件生成过程的各个环节信息,以及这些信息之间的关系。

模型与加工是相辅相成的,由建模功能提供的通用特征通常有加工特性,如倒角、倒圆、孔、槽、型腔等。这些特征可称为加工特征,因为每个特征都与一种特定的加工工艺匹配,如孔的创建意味着钻削加工,而腔体的创建则意味着铣削加工。

从草图绘制开始,生成三维特征,进而构建实体模型。设计者在开始时就可以自由地按照自己的意愿构造形体,不必关心具体的尺寸,将主要精力放在形体的合理性上。其后再通过修改,给出精确的尺寸,完成模型设计。

在 NX 软件中利用布尔运算,通过对零件草图进行拉伸、旋转、创建孔、拔模和脱壳等操作可以完成零件模型的制作。

1. 拉伸

将一个用草图描述的截面,沿指定的方向(一般垂直于截面方向)延伸一段距离后形成的特性,该特性包含合并和减去功能。

(1) 合并。将两个或多个独立的实体合并成一个实体,如图 2-1 所示。

图 2-1　合并

(2) 减去。创建零件包容块,根据零件进行削减,如图 2-2 所示。

图 2-2　减去

2. 旋转

将交叉或者不交叉的草图,通过所选曲线指定矢量和点,生成旋转曲面或零件本体,如图 2-3 所示。

3. 创建孔

可以在平面或非平面上创建孔,或穿过多个实体作为单个特征来创建孔,如图 2-4 所示。

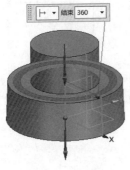

图 2-3　旋转

图 2-4　创建孔

4. 拔模

拔模是指对模具或铸件的面做锥度调整。使用拔模命令可通过更改相对于拔模方向的角度来修改面,如图 2-5 所示。

5. 抽壳

抽壳是指挖空实体,或通过指定壁厚来绕实体创建壳,也可以对一个面指定个体厚度或移除个体面,如图 2-6 所示。

图 2-5　拔模

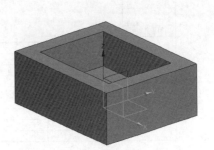

图 2-6　抽壳

任务实施

2.1.3　零件三维模型设计

本任务以关节基座作为目标零件,其零件图纸如图 2-7 所示。

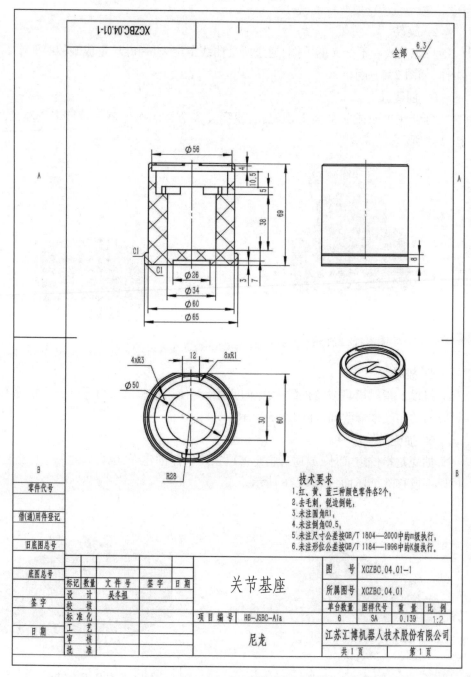

图 2-7　关节基座零件图纸

根据关节基座零件图纸,进行关节基座三维零件建模,操作步骤见表2-1。

表2-1 关节基座三维零件建模操作步骤

步骤	操作说明	草图绘制	结果
1	打开 NX 软件,新建建模工程。在建模模块界面,创建草图,以基础坐标系 XY 平面为基础面,原点为圆心,绘制直径为 65 mm 的圆。使用拉伸工具对绘制的圆进行 Z 轴正方向拉伸 69 mm,生成直径为 65 mm,高为 69 mm 的圆柱		
2	使用拉伸工具,选择圆柱顶部创建草图平面,以基础坐标系 XY 平面为基础面,原点为圆心,绘制直径为 34 mm 的圆。在拉伸界面对圆进行 Z 轴反方向拉伸 59 mm。生成直径为 34 mm,深为 59 mm 的圆孔		
3	使用拉伸工具,选择圆柱顶部创建草图平面,以基础坐标系 XY 平面为基础面,原点为圆心,绘制直径为 50 mm 的圆。在拉伸界面对圆进行 Z 轴反方向拉伸 16 mm。生成直径为 50 mm,深为 16 mm 的圆孔		
4	使用拉伸工具,选择圆柱顶部创建草图平面,以基础坐标系 XY 平面为基础面,原点为圆心,绘制内圆直径为 60 mm,外圆直径为 65 mm 的圆环。在拉伸界面对圆环进行 Z 轴反方向拉伸 61 mm。生成内圆直径为 60 mm,外圆直径为 65 mm,深为 61 mm 的圆环		

步骤	操作说明	草图绘制	结果
5	使用拉伸工具,选择圆柱顶部创建草图平面,以基础坐标系 *XY* 平面为基础面,原点为圆心,绘制直径为 56 mm 的圆。 在拉伸界面对圆进行 *Z* 轴反方向拉伸,起始距离为 1.5 mm,结束距离为 5.5 mm,生成直径为 56 mm,深为 4 mm 的槽		
6	使用拉伸工具,选择圆柱内部台阶面创建草图平面,以基础坐标系 *XY* 平面为基础面,原点为圆心,绘制直径为 50 mm 的圆,绘制两条相等的平行线,之间距离为 30 mm。 在拉伸界面对草图进行 *Z* 轴反向拉伸 5 mm。生成宽为 30 mm,深为 5 mm 的台阶面		
7	使用拉伸工具,选择圆柱顶部创建草图平面,以基础坐标系 *XY* 平面为基础面,原点为圆心,绘制直径为 56 mm 的圆,绘制两条长度相等的平行线,之间距离为 12 mm。在拉伸界面对草图进行 *Z* 轴反向拉伸 1.5 mm,生成宽为 12 mm,深为 1.5 mm 的槽		
8	使用边倒圆工具,选择顶部内边,进行半径为 1 mm 的边倒圆设置		
9	使用边倒圆工具,选择台阶面四个边,进行半径为 3 mm 的边倒圆设置		

步骤	操作说明	草图绘制	结果
10	使用拉伸工具,选择圆柱底部创建草图平面,以基础坐标系 *XY* 平面为基础面,原点为圆心,绘制直径为 65 m 的圆,绘制两条长度相等的平行线,之间距离为 60 m。在拉伸界面对草图进行 *Z* 轴反向拉伸 8 mm。生成两个直径为 65 mm,距离为 2.5 mm,高为 8 mm 的弓形区域		
11	使用拉伸工具,选择圆柱底部创建草图平面,以基础坐标系 *XY* 平面为基础面,原点为圆心,绘制直径为 26 mm 的圆。在拉伸界面对圆进行 *Z* 轴反向拉伸 3 mm。生成直径为 26 mm,深为 3 mm 圆孔		
12	使用倒斜角工具,选择零件底部边,边距离设置为 1 mm		
13	使用倒斜角工具,选择零件顶部边界,边距离设置为 0.5 mm。关节基座三维模型制作完毕		

2.1.4　零件工程图制作

在 NX 软件内根据关节基座零件三维模型,进行关节基座零件三维工程图的制作,其操作步骤见表 2-2。

微课
零件工程图制作

表 2-2　关节基座零件三维工程图制作操作步骤

步骤	操作说明	示意图
1	在 NX 软件的"应用模块"选项卡中,单击"制图"	
2	在制图模块"主页"选项卡中,单击"新建图纸页"	
3	在弹出的"图纸页"对话框中,单击"使用模板",模板选择为"A4- 无视图",选择完成后单击"确定"按钮	
4	单击"菜单"下拉按钮选择"格式",单击"图层设置"	

步骤	操作说明	示意图
5	在弹出的"图层设置"对话框中,"图层"任务栏勾选"170"和"173",设置完成后,单击"关闭"按钮,图纸即设置完毕	
6	在制图模块"视图"选项卡中,单击"基本视图"	
7	在弹出的"基本视图"对话框中,"模型视图"选择"俯视图","比例"选择"1∶2"	
8	在图纸页内,进行零件模型位置选择,在图纸页内合适位置,单击鼠标左键,生成关节基座零件俯视图	

步骤	操作说明	示意图
9	在制图模块"视图"选项卡中,单击"剖视图"	
10	在弹出的"剖视图"对话框中,"剖切线"的"定义"选择"动态","截面线段"下的"指定位置"选择"关节基座中心",单击"关闭"按钮,制作关节基座零件剖视图	
11	在关节基座零件俯视图正上方,选择正视图剖切面的设置,制作关节基座零件正视图剖面图	
12	在"基本视图"对话框的"模型视图"内,选择"右视图"和"正等测图",依次完成零件制图	
13	双击表格,对标题栏内的"设计""零件名称""零件材质"等内容进行输入,完成关节基座零件三维工程图的制作	

任务 2.2 关节产品模型装配

任务提出

将三维零件按照设计要求合理地装配到一起,即为三维装配。三维装配图是在产品制造过程中制定的装配工艺规程、进行装配和检验的技术依据。在产品或部件的使用、维护及维修过程中,也经常要通过装配图来了解产品或部件的工作原理及构造。

三维装配图有两种形式:原位装配和爆炸装配。在产品或部件的制造过程中,通常使用原位装配,根据零件间配合关系进行加工和检验。而在产品装配过程中,通常依据爆炸装配所制定的装配工艺规程将零件装配成产品或部件。

本任务通过学习装配图的识读和装配约束工具的使用,实现关节基座零件产品装配和表达视图的制作。本任务包括以下内容:

1. 产品模型装配;
2. 表达视图的制作。

知识准备

2.2.1 识读装配图

装配图是表达机器或部件的工作原理、运动方式、零件间的连接及其装配关系的图样,它是生产中的主要技术文件之一。在产品生产的过程中,一般要先画出装配图,再由装配图拆画出零件图,然后按零件图制造零件,最后依据装配图把零件装配起来。在对零件检修工作中,装配图是必不可少的技术资料。在技术革新、技术协作和商品市场中,也常用装配图纸体现设计思想,交流技术经验和传递产品信息。

识读装配图就是根据装配图的图形、尺寸、符号和文字,了解机器或部件的性能、工作原理、装配关系和各零件的主要结构、作用以及拆装顺序等信息。

识读装配图时,首先通过标题栏了解部件名称、用途。从明细栏了解组成该部件的零件名称、数量、材料以及标准件的规格,并在视图中找出所表示的相应零件及所在的位置。通过对视图的浏览,了解装配图的表达情况及装配体的复杂程度。

完整的装配图主要包括以下内容:三视图、几何尺寸、技术要求、标题栏、序号、明细栏等,如图 2-8 所示。

微课
识读装配图

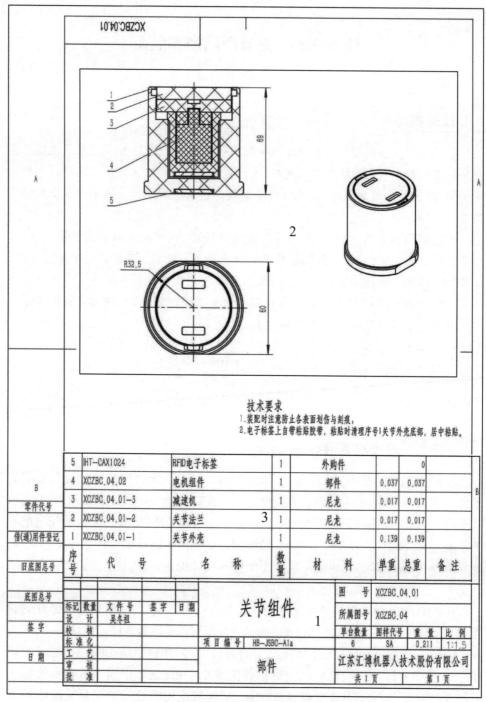

1—标题栏;2—三视图;3—明细栏

图2-8 关节组件装配图

为方便读图及查询相关信息,图纸一般会配置标题栏,一般位于右下角,显示本图纸的相关信息,包括"设计""校核""审核"及图名信息。

三视图包括正视图、侧视图、俯视图,是将人的视线规定为平行投影线,然后从三个方向正对着物体看过去,将所见物体的轮廓用正投影法绘制出来的图形。

明细栏一般放在标题栏上方,并与标题栏对齐,用于填写组成零件的序号、代号、名称、材料、数量等信息。通过标题栏、明细栏可以了解部件的名称、用途,以及各组成零件的名称、数量、材料。

2.2.2 装配约束

装配约束是通过指定约束关系,相对装配中的其他组件来定位组件。约束需要把创建特征的定形尺寸都标注好,使创建特征唯一。装配约束决定了组件结合在一起的方式。装配约束的应用将限制组件的自由度,使组件正确定位或按照指定的方式运动。

在 NX 软件中,装配约束指令可在"装配"选项卡"装配页面"菜单栏中选择"装配约束",在弹出的"装配约束"对话框中根据需求使用,如图 2-9 所示。

装配约束指令的功能见表 2-3。

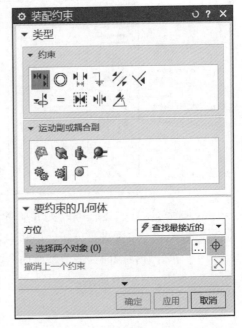

图 2-9 装配约束

表 2-3 约束装配指令的功能

图标	名称	功能
	接触对齐	接触对齐约束可约束两个组件,使其彼此接触或对齐
	同心	同心约束可约束两个组件的圆形边或椭圆形边,使其中心重合,并使边的平面共面。如果选择"接受公差曲线装配"选项,则也可以选择近圆形的对象
	距离	距离约束可指定两个对象的三维距离
	固定	固定约束将组件固定在其当前位置,确保组件停留在适当位置且可根据它约束其他组件
	平行	平行约束将两个对象的方向矢量定义为互相平行
	垂直	垂直约束将两个对象的方向矢量定义为互相垂直
	对齐/锁定	对齐/锁定约束将不同组件中的两个轴对齐,并停止围绕公共轴的任何旋转

微课
装配约束

图标	名称	功能
≡	等尺寸配对	等尺寸配对约束指定具有相同半径的两个对象
▶◀	胶合	胶合约束将组件"焊接"在一起,使它们一起作为刚体移动
▶|◀	中心	中心约束使一个或两个对象之间的中心对齐,或使一对对象沿另一个对象居中
⚞	角度	角度约束用于定义两个对象之间的角度尺寸

本任务以关节基座零件为例进行零件装配,根据装配剖面图,对零件装配接触位置进行分析。电机台阶面和关节基座内台阶面为接触面,减速器和关节基座的接触面为关节基座内台阶面,法兰和关节基座的接触面为关节基座内槽底面,如图2-10所示。

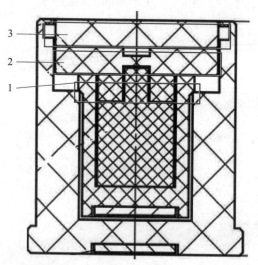

1—电机接触面;2—减速器接触面;3—法兰接触面

图2-10 装配剖视图

🖩 任务实施

2.2.3 关节产品模型装配

以工业机器人关节为产品,按照关节组件装配图要求,依次添加零件模型并完成装配的操作步骤见表2-4。

表 2-4　关节产品模型装配操作步骤

步骤	操作说明	示意图
1	打开 NX 软件,新建装配工程,在装配模块,单击"添加组件"按钮,添加需要装配的模型。在弹出的"添加组件"对话框,单击"打开"栏右侧按钮(选择要放置的部件)	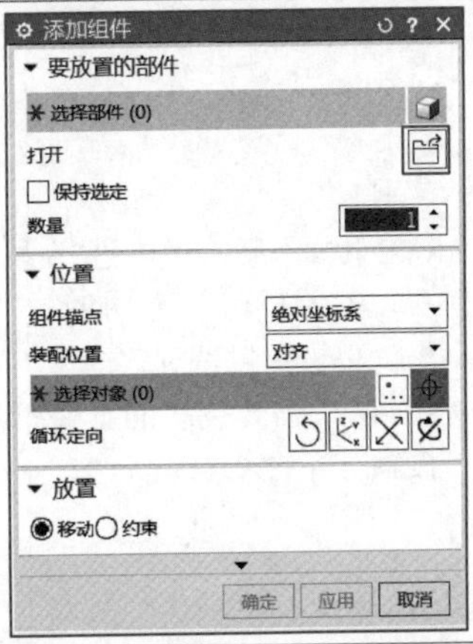
2	按下键盘 Ctrl 键,依次单击"电机成品""电机外壳""端盖"和"法兰"(文件格式为 PRT),单击"确定"按钮返回添加组件窗口	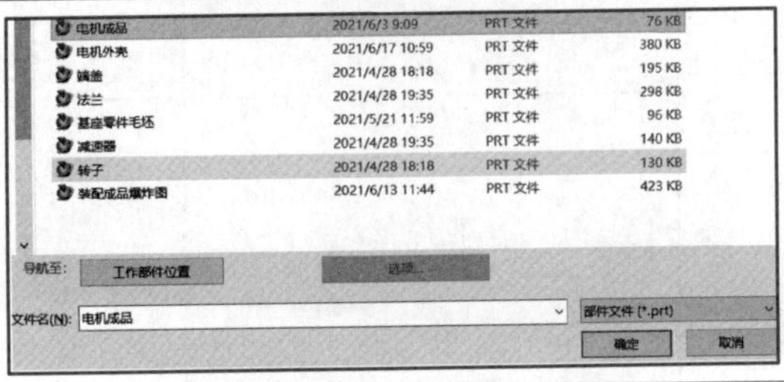
3	将"数量"设置为1。如果需要多个零件模型,可以自行选择数量。在"位置"栏内,单击"选择对象",对零件模型在 NX 软件内的位置进行设置,设置完毕单击"确定"按钮	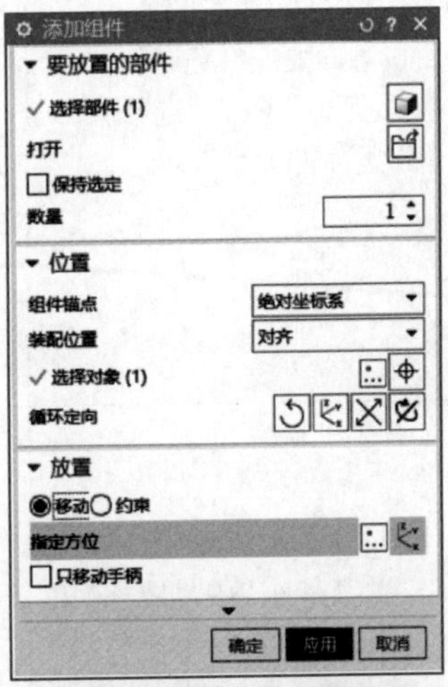
4	"电机成品""输出法兰""减速器"和"关节基座"零件模型导入完成	

步骤	操作说明	示意图
5	在"装配页面"菜单栏中选择"装配约束",打开"装配约束"对话框。单击接触/对齐指令图标,对两个需要装配的工件进行接触对齐约束	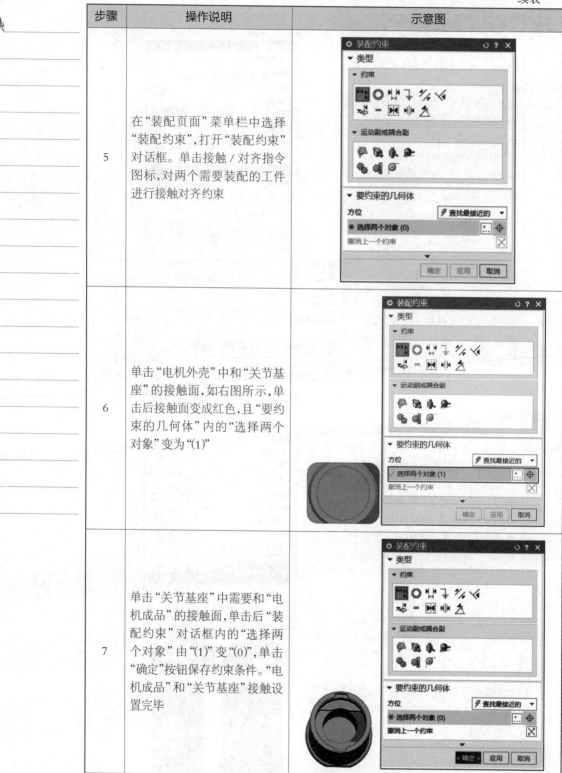
6	单击"电机外壳"中和"关节基座"的接触面,如右图所示,单击后接触面变成红色,且"要约束的几何体"内的"选择两个对象"变为"(1)"	
7	单击"关节基座"中需要和"电机成品"的接触面,单击后"装配约束"对话框内的"选择两个对象"由"(1)"变"(0)",单击"确定"按钮保存约束条件。"电机成品"和"关节基座"接触设置完毕	

步骤	操作说明	示意图
8	"电机成品"零件模型台阶面自动移至和"关节基座"零件模型台阶面水平位置	
9	打开"装配约束"对话框,单击接触/对齐指令图标后,把鼠标指针移到电机成品上时,工件会变为红色,同时也会显示出当前工件的中心线,使用鼠标单击工件的中心线,中心线变为红色	
10	在"装配约束"对话框,单击接触/对齐指令图标,对"电机成品"和"关节基座"零件模型进行对齐设置,选择两个模型的中心线,对工件进行装配	
11	"电机成品"装配至"关节基座"后,单击"确定"按钮,电机模型装配完毕	
12	对"减速器"零件模型进行装配。在"装配约束"对话框,单击接触/对齐指令图标,然后选择关节基座台阶面和减速器零件底部,进行接触面设置	
13	继续使用接触/对齐指令,选择减速器和关节基座零件中心线,进行对齐设置。减速器零件装配完毕	

步骤	操作说明	示意图
14	对"法兰"零件模型进行装配。在"装配约束"对话框,单击接触／对齐指令图标,然后选择关节基座内槽底面和法兰零件底面,进行接触面设置	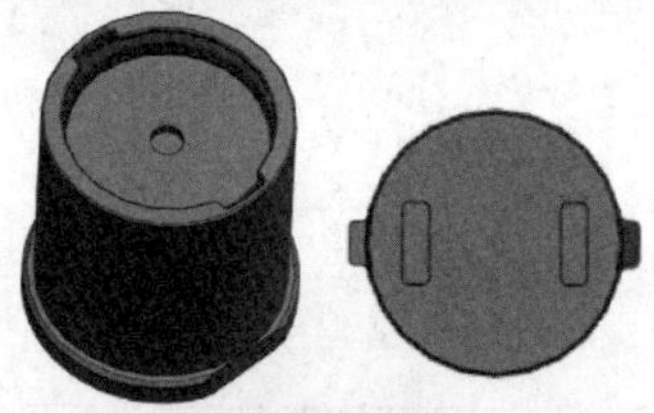
15	继续使用接触／对齐指令,选择法兰和关节基座零件中心线,进行对齐设置。减速器零件装配完毕	

微课
表达视图的制作

2.2.4　表达视图的制作

在 NX 软件中,截面视图是视图功能模块中的一个功能,关节成品剖视图具体操作步骤见表 2-5。

表 2-5　关节成品剖视图制作操作步骤

步骤	操作说明	示意图
1	在"视图"选项卡内,单击"编辑截面"	
2	在弹出的"视图剖切"对话框,对零件进行剖视图设置。"截面名"设为"关节基座成品";"方向"选择"绝对坐标系";"平面"选择X或者Y平面;"偏置"设为 0。设置完毕后单击"确定"按钮	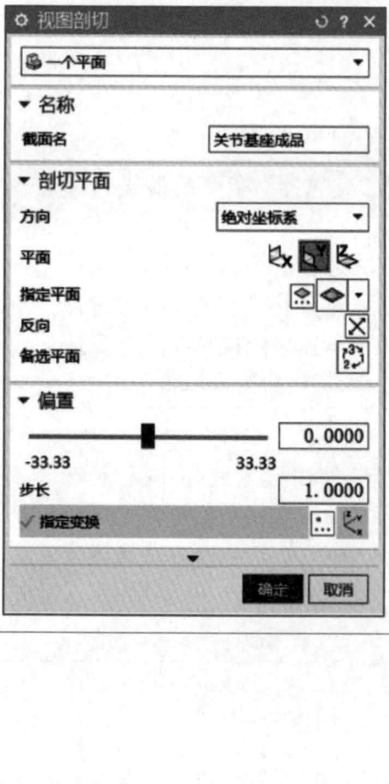

步骤	操作说明	示意图
3	关节成品剖视图制作完成后，与给定的关节成品装配图进行对比，查看是否一致	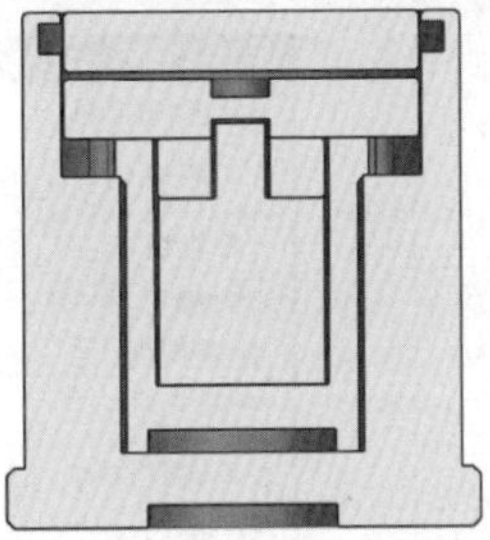 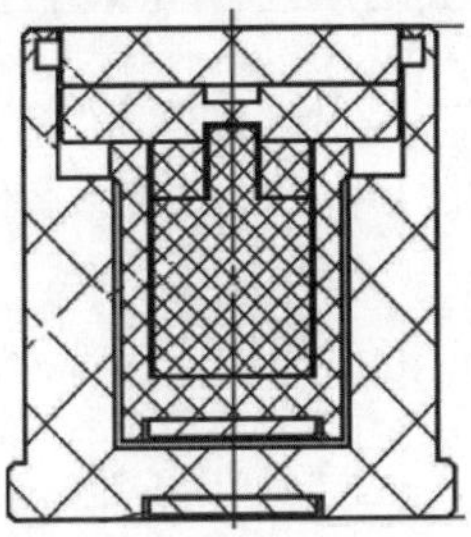

关节成品爆炸三维模型的制作，具体操作步骤见表2-6。

表2-6　关节成品爆炸三维模型制作操作步骤

步骤	操作说明	示意图
1	在NX软件内，在装配功能模块内，单击"爆炸"，系统弹出"爆炸"对话框，在"爆炸"对话框，单击新建爆炸图标进入"编辑爆炸"对话框	
2	在"编辑爆炸"对话框中，单击"选择组件"，选择需要进行爆炸的组件"法兰"。"爆炸类型"选择"自动"。"自动爆炸距离"设为80。单击"自动爆炸"，再单击"应用"按钮，"法兰"爆炸完成如右图所示	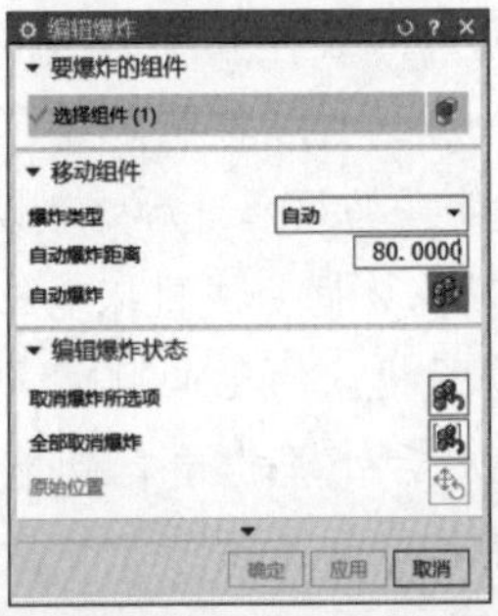 
3	在"编辑爆炸"对话框中，单击"选择组件"，选择"减速器"，"自动爆炸距离"设为50，单击自动爆炸，单击"应用"按钮，"减速器"爆炸完成如右图所示	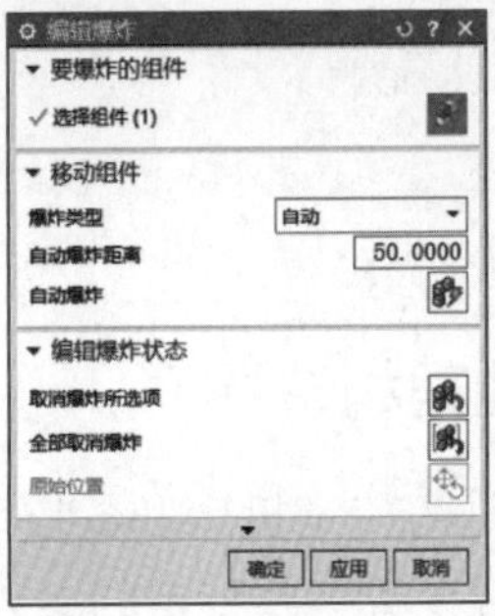 

步骤	操作说明	示意图
4	在"编辑爆炸"对话框中，单击"选择组件"，选择"电机成品"，"自动爆炸距离"设为40，单击"自动爆炸"，再单击"应用"按钮，完成对电机成品的爆炸操作，至此关节基座成品三维爆炸模型制作完毕	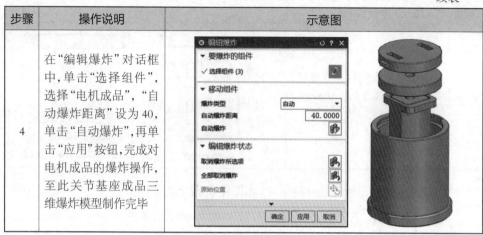

教学课件
任务 2.3

任务 2.3　后处理适配

任务提出

　　将刀轨数据文件转换成指定数控机床能执行的数控程序的过程称为后处理。经过自动编程刀具轨迹计算得到的是刀轨数据文件，而不是数控程序。需要将刀轨数据文件转变成指定数控机床能执行的数控程序，采用通信方式或 DNC（分布式数控）方式输入数控机床的数控系统，才能进行零件的数控加工。

　　各种类型的机床在物理结构和控制系统方面可能不同，对 NC 程序中指令和格式的要求也可能不同，刀轨数据必须经过后处理以适应各种机床及其控制系统的特定要求。后处理的结果是使刀轨数据变成机床能够识别的刀轨数据及 NC 代码。输出的后处理文件如无法彻底满足机床的要求，则需要对后处理程序进行制作和修改。

　　本任务通过学习 NX 后处理构造器功能和后处理制作，实现 FANUC 机床后处理程序的修改适配，使其能够适用于汇博数控加工中心。本任务包括以下内容：

　　1. 后处理文件的修改；

　　2. NX 后处理文件设置。

知识准备

2.3.1　NX 后处理构造器

　　NX 后处理构造器是为特定机床和数控系统定制后处理器的一种工具。应用后处理构造器模块，通过设置一些特定的参数和定义一些特定的语句，可以编写出

微课
NX 后处理构造器

满足使用者要求的特定后处理器。使用 NX 后处理构造器可以创建全新的后处理程序,但通常用于对现有后处理程序进行修改使其与目标机床适配。NX 后处理构造器支持多种常见品牌的数控系统,如 Siemens、FANUC 等。

NX 后处理构造器有 3 个关键项需要设置,分别是机床、程序头和工序起始序列。

(1) 机床用于定义数控机床特性(包括直线轴行程极限、机床快速移动速度、直线插补最小分辨率等参数),需要根据特定的机床参数进行设置,如图 2-11 所示。

(2) 程序头的定义属于程序和刀轨的子项参数,不同的数控系统,通常对程序头的定义要求不同,如图 2-12 所示。

(3) 工序起始序列可定义从刀轨开始到第一个切削运动之间的事件,包括自动换刀等,如图 2-13 所示。如果使用的数控铣床没有自动换刀机构,可以不定义。

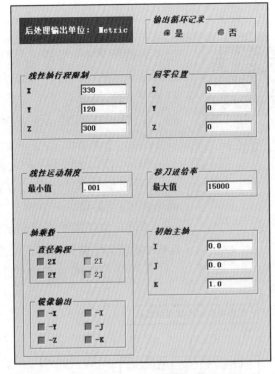

图 2-11 机床

不同型号的机床,对程序的格式有不同要求。在实际使用机床生产的过程中也可能需要对机床的动作做一些特别的定义。通过对后处理程序进行修改,可以得到满足实际需求的程序,CAM 软件产生的程序可以直接使用,能够提高工作效率,减少安全隐患。

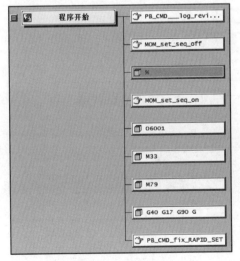

图 2-12 程序头

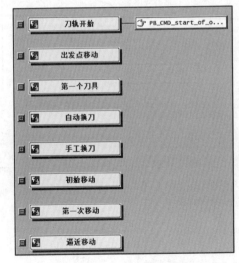

图 2-13 工序起始序列

2.3.2　NX 后处理制作流程

后处理文件一般通过两种途径获得：一是由机床厂家提供，二是由专业技术人员根据机床的结构特点和数控系统的控制原理，进行后处理文件的制作。制作 NX 后处理文件，需要对机床功能、机床系统及其控制器数据进行了解，获取机床 M 代码、G 代码和机床梯形图，根据功能代码进行后处理文件设计开发，其工作流程具体如图 2-14 所示：

机床 M 代码是连接 NC（数字控制）系统与外围辅助动作的一种指令，不同的 NC 系统对于 M 代码的执行方式是不同的。在 FANUC 系统中，M 代码需要通过译码来实现，然后将每一个 M 代码与一个中间变量对应，如图 2-15 所示。

不同厂家使用的中间变量地址不同，每一个厂家都有各自对应的地址，在制作 NX 后处理文件前要确定机床控制系统中的 M 代码。

汇博数控机床 M 代码见表 2-7。

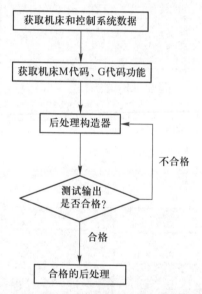

图 2-14　NX 后处理文件制作流程

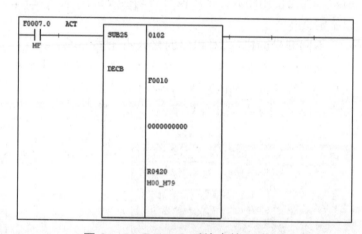

图 2-15　FANUC 系统中的 M 代码

表 2-7　汇博数控机床 M 代码

M 代码	功能说明	M 代码	功能说明
M78	夹具打开	M72	主轴冷却开
M79	夹具关闭	M73	主轴冷却关
M32	机床开门	M30	运行完成
M33	机床关门		

微课
后处理文件
修改

📠 任务实施

2.3.3　后处理文件修改

基于原有 FANUC 后处理器,在 NX 后处理构造器内进行后处理程序的修改,操作步骤如下。

(1) 打开 NX 软件文件所在位置,在"Siemens NX"文件夹下"加工"文件夹内双击"NX 加工 – 后处理构造器",如图 2–16 所示。

名称 ^	修改日期	类型	大小
NX 加工 - NX CAM	2021/7/31 11:58	快捷方式	2 KB
NX 加工 - Process Studio Author	2021/7/31 11:58	快捷方式	3 KB
NX 加工 - ugpost	2021/7/31 11:58	快捷方式	3 KB
NX 加工 - 后处理构造器	2021/7/31 11:58	快捷方式	3 KB
加工 - 加工知识编辑器	2021/7/31 11:58	快捷方式	2 KB

图 2–16　NX 后处理构造器位置

(2) 在打开的 NX 后处理构造器界面,单击打开按钮,如图 2–17 所示。

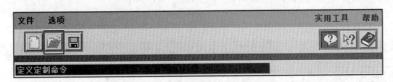

图 2–17　NX 后处理构造器界面

(3) 在弹出的对话框中,选中需要修改的后处理文件(.pui 文件),此处为"FANUC.pui"文件,单击"打开"按钮,如图 2–18 所示。

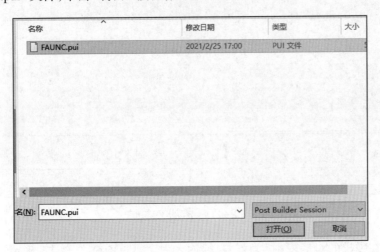

图 2–18　选择程序

（4）在后处理配置栏，单击"程序和刀轨"，在"程序"选项卡中单击"程序起始序列"，对程序开始进行修改。右侧选择框选择"新块"，单击"添加块"，移动鼠标光标将新块拖拽至"%"下面，松开左键，新块添加完毕，如图 2-19 所示。

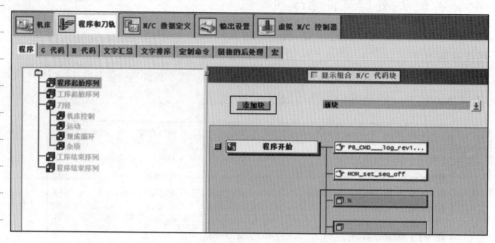

图 2-19　后处理配置栏——程序和刀轨

（5）在弹出的对话框中，单击选择框下拉按钮，选择"文本"，单击"添加文字"，移动鼠标光标将文本框拖拽至显示框，如图 2-20 所示。

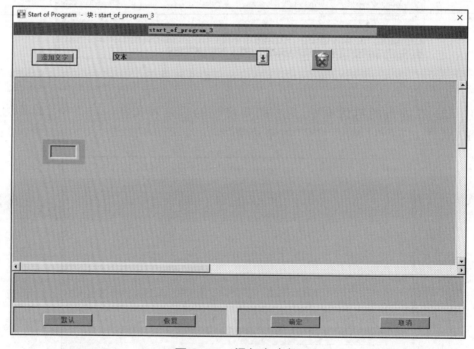

图 2-20　添加文本框

（6）在弹出的对话框中，"文本"栏输入程序名"O6001"，单击"确定"按钮，如

图 2-21 所示。

(7) 文本框显示出设置好的程序名称为"O6001",单击"确定"按钮,如图 2-22 所示,程序名添加完毕。

(8) 在"程序起始序列"内继续进行机床关门(M33)和夹具夹紧(M79)信号添加,如图 2-23 所示。

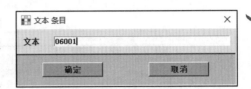

图 2-21　编辑文本框

(9) 在"程序起始序列"内,对加工刀轨初始运动工件坐标系进行设定,选择"G40 G17 G90 G71"功能块,如图 2-24 所示。

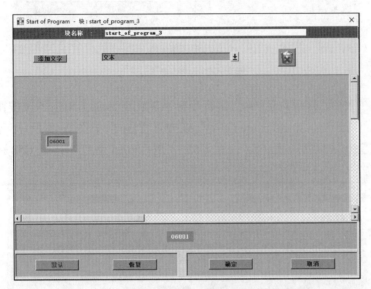

图 2-22　添加程序名

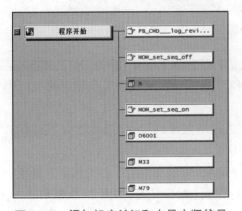

图 2-23　添加机床关门和夹具夹紧信号

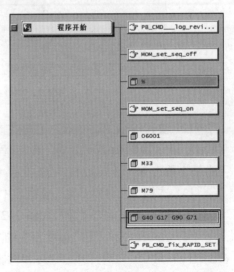

图 2-24　设定刀轨初始运动工件坐标系

（10）单击"G71"并按住鼠标左键,拖拽至回收站进行删除,如图 2-25 所示。

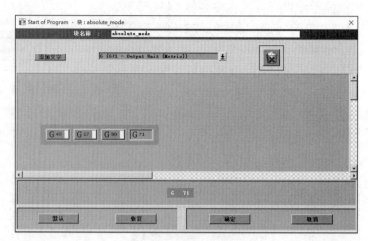

图 2-25　删除"G71"

（11）在 NX 后处理构造器内,进行坐标系输出的添加。单击下拉按钮,选择工件坐标系"G"→"G-MCS Fixture Offset",拖拽置程序尾,如图 2-26 所示。坐标系输出默认状态:0 是 G53;1 是 G54;2 是 G55;3 是 G56;4 是 G57;5 是 G58;6 是 G59。

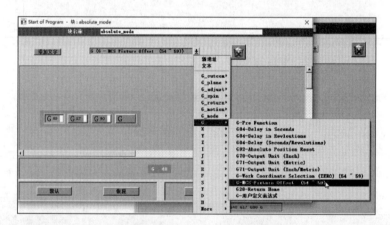

图 2-26　G-MCS 坐标系

（12）设置机床主轴冷却。汇博数控加工中心主轴冷却 M 代码为 M72、M73,与 FANUC 默认冷却 M 代码不同,单击"程序和刀轨"下的"M 代码",在相应的"M 代码"框中修改 M 代码,如图 2-27 所示。

（13）选择"程序和刀轨"选项卡中的"工序结束序列",在"刀轨结束"后添加程序块主轴冷却关 M73 代码,如图 2-28 所示。

（14）在"程序和刀轨"选项卡中的"程序结束"后添加加工中心回机床上料点、机床开门（M32）、夹具打开（M78）和机床运行完成（M30）信号,如图 2-29 所示。

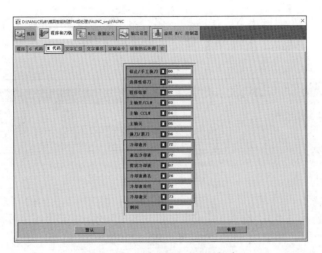

图 2-27 冷却 M 代码修改

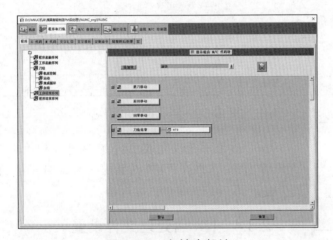

图 2-28 主轴冷却关

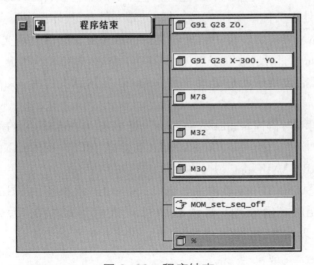

图 2-29 程序结束

（15）设置后处理输出 NC 程序扩展名。在"输出设置"选项卡中单击"其他选项"，在"输出控制单元"下将"N/C 输出文件扩展名"修改为 nc，如图 2-30 所示。

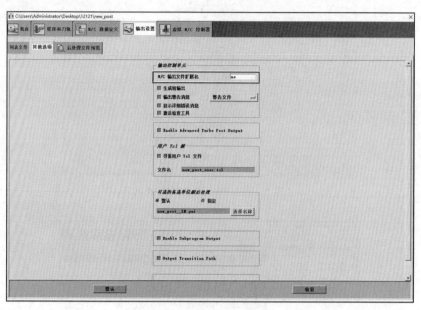

图 2-30 修改程序扩展名

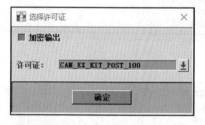

图 2-31 "选择许可证"对话框

（16）后处理修改完成之后，在构造器栏单击"保存"按钮，系统弹出的"选择许可证"对话框如图 2-31 所示，直接单击"确定"按钮，保存修改好的后处理器。

2.3.4 NX 后处理文件设置

完整的后处理文件包括扩展名为 def、pui 和 tcl 的三个文件，通常需要将后处理文件添加到 NX 软件后处理文件夹，具体操作步骤如下。

（1）找到 NX 安装文件夹中后处理文件的放置位置。后处理文件放置文件夹为 postprocessor，此处为"C:\Program Files\Siemens\NX1980\MACH\resource\postprocessor"，把设置好的后处理文件 FANUC 复制到文件夹 postprocessor，如图 2-32 所示。

（2）用记事本打开"template_post.dat"，把名称为"FANUC"的后处理文件添加到文件中，添加代码为"FANUC,${UGII_CAM_POST_DIR}FANUC.tcl,${UGII_CAM_POST_DIR}FANUC.def"，并且保存，如图 2-33 所示。

（3）设置完成后，在 NX 软件主页选项卡中单击"后处理"，如图 2-34 所示。

（4）在弹出的"后处理"对话框中可以查看到添加在"后处理器"中的"FANUC"后处理文件，如图 2-35 所示。

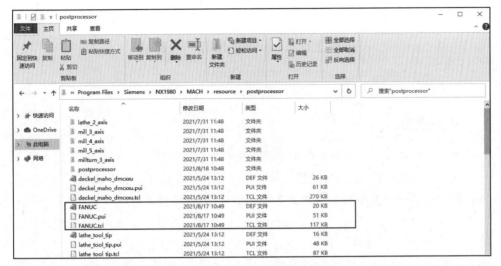

图 2-32　NX 后处理文件位置

图 2-33　template_post 界面

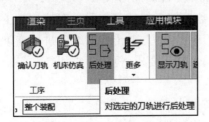

图 2-34　后处理

图 2-35　后处理文件

任务 2.4　关节基座加工试制

任务提出

数控机床是按照事先编制好的零件加工程序,自动地对工件进行加工的高效自动化设备。在数控编程之前,编程人员首先应了解所用数控机床的规格、性能、数控系统所具备的功能及编程指令格式等。编制程序时,应先对图纸规定的技术要求、零件的几何形状、尺寸及工艺要求进行分析,确定加工方法和加工路线,再进行数学计算获得刀轨数据,然后按数控机床规定的代码和程序格式,将工件的尺寸、刀具运动中心轨迹、位移量、切削参数以及辅助功能(换刀、主轴正反转、冷却液开关等)编制成加工程序,并输入数控系统,由数控系统控制数控机床自动地进行加工。

本任务通过学习 CAM 加工流程设计、加工工序设计、零件加工工序设计和加工刀具的选择,实现关节基座零件的加工试制。本任务包括以下内容:

1. CAM 加工程序制作。
2. 零件的加工试制。

知识准备

2.4.1　CAD/CAM 系统的关键技术

数控自动编程的初期是利用通用微机或专用的编程器,在专用编程软件的支持下,以人机对话的方式来确定加工对象和加工条件,然后微机或编程器自动进行运算和生成加工指令。这种自动编程方式,对于形状简单(轮廓由直线和圆弧组成)的零件,可以快速完成编程工作。

微课
CAM 编程流程

为适应复杂形状零件的加工、多轴加工、高速加工、高精度和高效率加工的要求,数控编程技术向集成化、智能化、自动化、易用化和面向车间编程等方向发展。在开发 CAD/CAM 系统时面临的关键技术主要有以下几点。

(1) 复杂形状零件的几何建模。对于基于图纸以及曲面特征点测量数据的复杂形状零件数控编程,其首要环节是建立被加工零件的几何模型。

(2) 加工方案与加工参数的合理选择。数控加工的效率与质量有赖于加工方案与加工参数的合理选择,其中包括刀具、刀轴控制方式、走刀路线和进给速度的自动优化选择与自适应控制。其目标是在满足加工要求、机床正常运行和一定刀具寿命的前提下具有尽可能高的加工效率。

(3) 刀具轨迹生成。刀具轨迹生成是复杂形状零件数控加工中最重要的一步,能否生成有效的刀具轨迹直接决定了加工的可能性、质量与效率。刀具轨迹生成的首要目标是使所生成的刀具轨迹能满足无干涉、无碰撞、轨迹光滑、切削负荷光滑等要求，且代码质量高。

（4）数控加工仿真。由于零件形状的复杂多变以及加工环境的复杂性，要确保所生成的加工程序不存在任何问题是十分困难的，其中最主要的问题有加工过程中的过切与欠切、机床各部件之间的干涉碰撞等。对于高速加工，这些问题常常是致命的。因此，实际加工前采取一定的措施对加工程序进行检验并修正是十分必要的。数控加工仿真通过软件模拟加工环境、刀具路径与材料切削过程来检验并优化加工程序，具有柔性好、成本低、效率高且安全可靠等特点，是提高编程效率与质量的重要措施。

（5）后置处理。后置处理是数控加工编程技术的一个重要内容，它将通用前置处理生成的刀轨数据转换成适合于具体机床数据的数控加工程序。其技术内容包括机床运动学建模与求解、机床结构误差补偿、机床运动非线性误差校核修正、机床运动的平稳性校核修正、进给速度校核修正及代码转换等。因此，有效的后处理对于保证加工质量、效率与机床可靠运行具有重要作用。

2.4.2 刀具选择

应根据机床的加工能力、工件材料的性能、加工工序、切削用量以及其他相关因素正确选用刀具及刀柄。刀具选择总的原则是：适用、安全、经济。

（1）适用是要求所选择的刀具能达到加工的目的，完成材料的去除，并达到预定的加工精度。如粗加工时选择足够大并有足够的切削能力的刀具能快速去除材料；而在精加工时，为了能把结构形状全部加工出来，要使用较小的刀具，加工到每一个角落。再如，切削低硬度材料时，可以使用高速钢刀具，而切削高硬度材料时，就必须要用硬质合金刀具。

（2）安全指的是在有效去除材料的同时，不会产生刀具的碰撞、折断等。要保证刀具及刀柄不会与零件相碰撞或者挤擦，造成刀具或零件的损坏。如使用加长的、直径很小的刀具切削硬质材料时，很容易折断，选用时一定要慎重。

（3）经济指的是能以最小的成本完成加工。在同样可以完成加工的情形下，一般选择相对综合成本较低的方案，而不是选择最便宜的刀具。刀具的耐用度和精度与刀具价格关系极大，必须引起注意的是，在大多数情况下，选择好的刀具虽然增加了刀具成本，但由此带来的加工质量和加工效率的提高则可能使总体成本比使用普通刀具更低，产生更好的效益。如进行钢材切削时，选用高速钢刀具，其进给速度只能达到 100 mm/min，而采用同样大小的硬质合金刀具，进给速度可以达到 500 mm/min 以上，可以大幅缩短加工时间，虽然刀具价格较高，但总体成本反而更低。通常情况下，优先选择经济性良好的可转位刀具。

选择刀具时还要考虑安装调整的方便程度、刚性、耐用度和精度。在满足加工要求的前提下，刀具的悬伸长度应尽可能短，以提高刀具系统的刚性。

数控加工刀具从结构上可分为：① 整体式；② 镶嵌式，镶嵌式又可分为焊接

式和机夹式,机夹式根据刀体结构不同,又分为可转位和不可转位两种;③ 减振式,当刀具的工作臂长与直径之比较大时,为了减少刀具的振动,提高加工精度,多采用此类刀具;④ 内冷式,切削液通过刀体内部由喷孔喷射到刀具的切削刃部;⑤ 特殊形式,如复合刀具、可逆攻螺纹刀具等。

数控加工刀具从制造所采用的材料上可分为:① 高速钢刀具;② 硬质合金刀具;③ 陶瓷刀具;④ 立方氮化硼刀具;⑤ 金刚石刀具;⑥ 涂层刀具。

数控铣床和加工中心上使用的刀具可分为:① 钻削刀具,分小孔、短孔、深孔、攻螺纹、铰孔等刀具;② 镗削刀具,分粗镗、精镗等刀具;③ 铣削刀具,分面铣、立铣、三面刃铣等刀具。

1. 面铣刀

面铣刀主要用于立式铣床中加工平面、台阶面等。如图 2-36 所示,面铣刀的圆周表面和端面上都有切削刃,多制成套式镶齿结构,刀齿为高速钢或硬质合金。

硬质合金面铣刀与高速钢面铣刀相比,铣削速度较快,加工效率高,加工表面质量也较好,并可加工带有硬皮和淬硬层的零件,故得到广泛应用。目前广泛应用的是可转位式硬质合金面铣刀结构,它将可转位刀片通过夹紧元件夹固在刀体上,当刀片的一个切削刃用钝后,可直接在机床上将刀片转位或更换新刀片。可转位式面铣刀要求刀片定位精度高、夹紧可靠、排屑容易、更换刀片迅速等,同时各定位、夹紧元件通用性要好,制造要方便,并且应经久耐用。

图 2-36 面铣刀

面铣刀铣削平面一般采用二次走刀,即粗铣和精铣。粗铣时沿工件表面连续走刀,应选好每一次走刀宽度和铣刀直径,使接刀刀痕不影响精铣走刀精度,当加工余量大且不均匀时铣刀直径要选小些。精加工时铣刀直径要大些,最好能包容加工面的整个宽度。

2. 立铣刀

立铣刀是数控机床上用得最多的一种铣刀,主要用于立式铣床中加工凹槽、台阶面等,如图 2-37 所示。

立铣刀的圆柱表面和端面上都有切削刃,它们可同时进行切削,也可单独进行切削。立铣刀端面刃主要用来加工与侧面相垂直的底平面。

立铣刀主要用于加工凸轮、凹槽和箱体口面等。为了提高槽宽的加工精度,减少铣刀的种类,加工时可采用直径比槽宽小的铣刀,先铣槽的中间部分,然后用刀具半径补偿功能来铣槽的两边,以达到提高槽的加工精度的目的。

3. 倒角刀

倒角刀是装配于铣床、钻床、刨床、倒角机等机床上用于加工工件的 60°、82°、90°、100°、110° 和 120° 倒角、锥孔和倒模棱角的刀具,属于立铣刀。倒角刀又称为倒角器。倒角刀适用范围广,不仅适用于普通机械加工件的倒角,更适用于精密且难倒角的加工件的倒角与去毛刺。倒角刀如图 2-38 所示。

图 2-37　立铣刀

图 2-38　倒角刀

由于汇博数控加工中心为四刀库机床,所以只能用四把刀具来进行零件加工。根据关节基座零件模型和加工要求,为提高加工效率,对零件毛坯飞面和内腔加工使用直径为 10 mm 的立铣刀,对 R3 和 R1 的倒圆使用直径为 2 mm 的立铣刀,倒角使用 8 mm 的倒角刀,加工零件内槽使用刀刃厚度为 4 mm、刀柄直径为 6 mm 的 T 形刀,见表 2-8。

表 2-8　刀 具 列 表

序号	刀具名称	类型	尺寸
1	D10	铣刀	直径 10 mm
2	T6.4	T 形铣刀	直径 6 mm,刀刃厚度 4 mm
3	D2	铣刀	直径 2 mm
4	D2DJ	倒角刀	直径 2 mm

2.4.3　加工工序设计

在数控机床上加工零件,工序应尽量集中,一次装夹应尽可能完成大部分工序。数控加工工序的划分有下列几种方法。

1. 按加工内容划分工序

对于加工内容较多的零件,按零件结构特点将加工内容分成若干部分,每一部分可用典型刀具加工。例如加工内腔、外形、平面或曲面等。加工内腔时,以外形夹紧;加工外腔时,以内腔的孔夹紧。

2. 按所用刀具划分工序

这样可以减少换刀次数,压缩空行程和减少换刀时间,减少换刀误差。有些零件虽然能在一次安装后加工出很多待加工面,但考虑到程序太长,会受到某些限制,如控制系统的限制(主要是内存容量),机床连续工作时间的限制(如一道工序在一个班内不能结束)等。此外,程序太长会增加出错率,查错与检索困难。因此程序不能太长,一道工序的内容不能太多。

3. 按粗、精加工划分工序

对于容易发生加工变形的零件,通常粗加工后需要精加工进行矫形。这时粗加工、精加工作为两道工序,即先粗加工再精加工,可用不同的机床或不同的刀具进行加工。

综上所述,在划分工序时,一定要视零件的结构与工艺性、机床的功能、零件数控

微课
加工工序设计

加工内容的多少、安装次数及本部门生产组织状况等灵活掌握。零件宜采用工序集中的原则还是采用工序分散的原则，也要根据实际需要和生产条件确定，要力求合理。

为了便于分析和描述较复杂的工序，在工序内又可划分工步，工步的划分主要从加工精度和效率两方面考虑。如零件在加工中心上加工，对于同一表面按粗加工、半精加工、精加工依次完成，整个加工表面按先粗加工后精加工分开进行；对于既有铣面又有镗孔的零件，可先铣面后镗孔，以减少因铣削切削力大，使零件可能发生变形而对孔的精度造成影响；对于具有回转工作台的加工中心，若回转时间比换刀时间短，可按刀具划分工步，以减少换刀次数，提高加工效率。但数控加工按工步划分后，三检制度（自检、互检、专检）不方便执行，为了避免零件发生批次性质量问题，应采用分工步交检，而不是加工完整个工序之后再交检。

任务实施

微课
CAM 加工工序

2.4.4　CAM 加工工序

在 NX 软件 CAM 中制作加工工序的操作步骤如下所示。

（1）在 NX 软件加工模块内，对加工坐标系和加工零件毛坯进行设置。坐标系设置为关节基座零件顶部，并且导入关节毛坯模型，如图 2-39 所示。

（2）创建加工工序，对毛坯上表面进行加工。在创建工序内选择"不含壁的底面加工"，然后选择切削区域，设置相应的加工参数，生成加工刀轨，如图 2-40 所示。

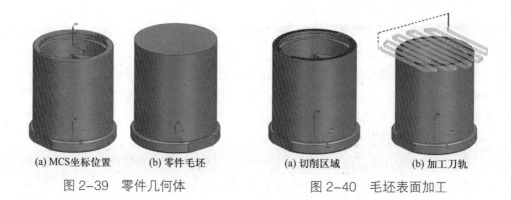

(a) MCS坐标位置　　(b) 零件毛坯

图 2-39　零件几何体

(a) 切削区域　　(b) 加工刀轨

图 2-40　毛坯表面加工

（3）对零件内部进行加工，使用型腔铣选取 D10 立铣刀对零件内部进行粗加工，如图 2-41 所示。

（4）零件内部精加工，将型腔铣内切削模式设置为轮廓，切削区域和粗加工切削区域一致，如图 2-42 所示。

（5）零件凹槽加工，使用平面铣选取 T 形刀对零件内凹槽进行加工，指定部件选择，选择凹槽外圆，底面选择凹槽底面，切削模式为轮廓，步距选择多重变量，具体设置如图 2-43 所示。

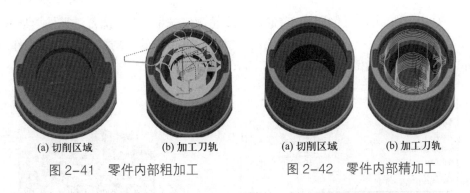

(a) 切削区域 (b) 加工刀轨

图 2-41 零件内部粗加工

(a) 切削区域 (b) 加工刀轨

图 2-42 零件内部精加工

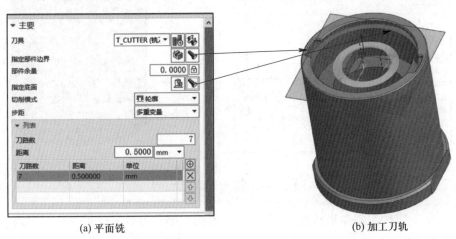

(a) 平面铣 (b) 加工刀轨

图 2-43 零件凹槽加工

(6) 对边进行倒圆加工,使用深度轮廓铣选取 D2 立铣刀对零件内部 R3 倒圆进行加工,在深度轮廓铣切削层内,"范围 1 顶部"的"选择对象"选取台阶面,"范围深度"为台阶面深度 5 mm,如图 2-44 所示。

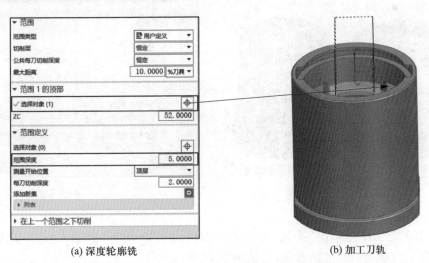

(a) 深度轮廓铣 (b) 加工刀轨

图 2-44 零件倒圆加工(1)

(7) 对凹槽边进行倒圆加工,使用深度轮廓铣选取 D2 立铣刀对零件内部 R3 倒圆进行加工,在深度轮廓铣切削层内,"范围 1 顶部"的"选择对象"选取零件顶部,"范围深度"为倒凹槽的距离 1.5 mm,如图 2-45 所示。

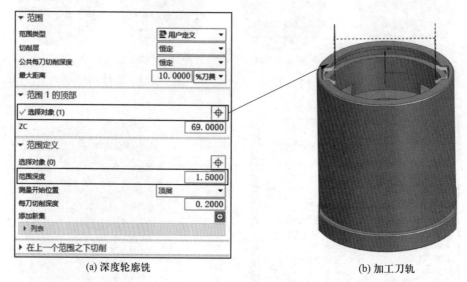

(a) 深度轮廓铣   (b) 加工刀轨

图 2-45   零件倒圆加工(2)

(8) 对零件倒斜角进行加工,使用平面铣选取倒角刀对零件顶部进行倒角,如图 2-46 所示。

(9) 在加工模块,单击"生成刀轨"按钮,在弹出的"生成刀轨"对话框,单击"接受刀轨"按钮,如图 2-47 所示。

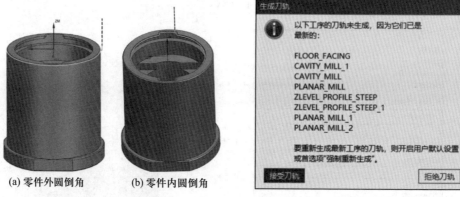

(a) 零件外圆倒角   (b) 零件内圆倒角

图 2-46   零件倒角   图 2-47   接受刀轨

(10) 在工序内单击"确认"按钮确认刀轨,在"3D 动态"选项卡设置"动画速度"为 5,完成对刀轨的仿真验证,如图 2-48 所示。

图 2-48　仿真刀轨验证

2.4.5　零件试制

　　CAM 加工工序制作完成后,进行 NC 程序生成,进入机床加工,具体操作步骤
见表 2-9。

表 2-9　零件试制操作步骤

步骤	操作说明	示意图
1	选中"程序顺序视图"→"工序导航器"下的"MCS_MAIN"	 MCS_MAIN 　WORKPIECE 　　MCS_LOCAL 　　FLOOR_FACING　　✓　D10 　　CAVITY_MILL_1　　✓　D10 　　CAVITY_MILL　　✓　D10 　　PLANAR_MILL　　✓　T_CUT 　　ZLEVEL_PROFILE_ST...　✓　D61 　　ZLEVEL_PROFILE_ST...　✓　D2 　　PLANAR_MILL_1　　✓　CHAM 　　PLANAR_MILL_2　　✓　CHAM
2	单击"主页"→"工序"下的"后处理"。处理加工工序并生成加工程序	渲染　主页　工具　应用模块 确认刀轨　机床仿真　后处理　更多　显示刀轨 工序 整个装配 后处理 对选定的刀轨进行后处理

微课
零件试制

步骤	操作说明	示意图
3	在弹出的"后处理"对话框中,选择修改好的后处理器"FANUC",设置输出文件位置,单击"确定"按钮	
4	用记事本打开输出的 NC 程序文件,查看程序名称和加工坐标系是否和 CAM 中设置的一致	% O6001 N0010 G40 G17 G90 G54 N0020 M46 N0030 M79
5	使用 FANUC 程序传输工具,将 NC 程序上传至加工中心,并设置为主程序	
6	对程序所用到的加工程序坐标系进行设置,此处为 G54。并完成各刀具的长度补偿设置	
7	设置完成之后,按下"循环启动"按钮完成对关节基座零件的加工制作	

项 目 拓 展

1. 某公司生产的箱体需要进行螺钉螺帽的装配,现需要在箱体上增加端盖设计,螺钉装配改为经过端盖进行装配,箱体尺寸如图 2-49 所示。端盖设计要求如下所示:

(1) 端盖螺钉孔和箱体螺钉孔一致。

(2) 端盖需要完整覆盖至箱体。

(3) 在螺钉装配时,端盖上要有导向标记。

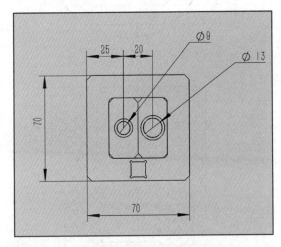

图 2-49　箱体

2. 某公司需要生产一批零件,零件图纸如图 2-50 所示。零件毛坯为和零件直径相同的棒料。请完成下列操作。

(1) 零件三维模型设计。

(2) 选择加工刀具。

(3) 加工刀序制作。

(4) 零件加工试制。

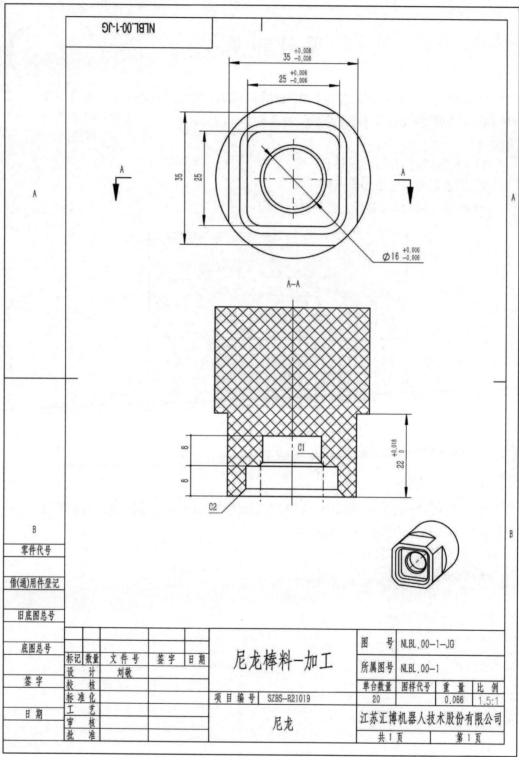

图 2-50　零件图纸

项目三　工业机器人孪生系统构建

证书技能要求

智能制造生产管理与控制职业技能等级要求(中级)	
1.2.3	能够根据工作任务要求,对复杂零件进行加工仿真
2.1.3	能够根据工作任务要求,对工业机器人进行快换工具的操作与编程
2.3.2	能够根据工作任务要求,对智能制造单元进行故障的排查和处理,完成系统运行前的准备
2.3.3	能够根据工作任务要求,对智能制造单元各设备之间的通信进行测试

项目引入

　　数字孪生是具有数据连接的特定物理实体或过程的数字化表达,该数据连接可以保证物理状态和虚拟状态之间的同速率收敛,并提供物理实体或流程过程的整个生命周期的集成视图,有助于优化整体性能。

　　NX MCD 仿真技术基于游戏物理场引擎,可以简化数学模型将实际物理行为引入虚拟环境,借助优化的现实环境建模,定义机械概念和所需的机械行为。仿真过程采用交互方式并对行为进行仿真,包括验证机械概念所需的一切,涉及运动学、动力学、碰撞等方面。

　　本项目包括工业机器人孪生模型搭建、主盘与工具孪生模型搭建、数据驱动数字孪生模型、工业机器人孪生系统调试,学习运动副、执行器、工具夹持方法、信号适配器、外部信号配置、信号映射、系统调试等内容,完成工业机器人和末端执行器的孪生模型搭建及驱动配置,实现虚拟场景下的工业机器人搬运应用。

知识目标

1. 了解工业机器人机械结构;
2. 了解基本机电对象基础知识;
3. 了解运动类机电对象基础知识;
4. 掌握孪生模型构建方法;
5. 掌握孪生模型驱动方法;
6. 掌握孪生模型与外部设备的通信配置及应用。

能力目标

1. 能够正确装配工业机器人三维模型;
2. 能够正确配置工业机器人驱动参数及信号;
3. 能够正确配置工业机器人模型与控制器的通信;
4. 能够根据需求制作工业机器人末端执行器;
5. 能够正确使用工业机器人数字化系统。

平台准备

实训平台模型	快换工具支架模型	工业机器人模型	主盘工具
弧口手爪工具模型	吸盘工具模型	平口手爪工具模型	NX1980

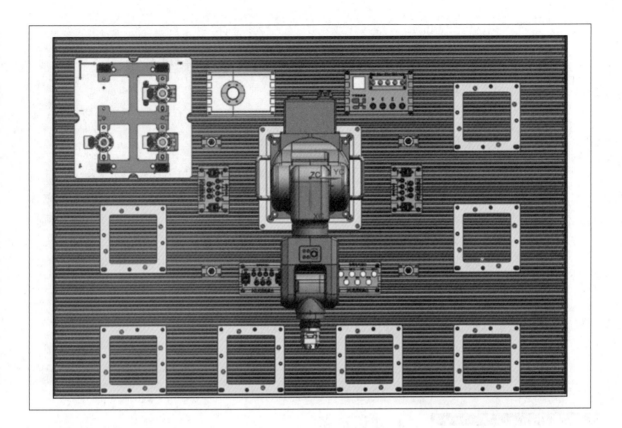

任务 3.1　　工业机器人孪生模型搭建

任务提出

数字孪生的应用可分为孪生模型设计、模拟和仿真三个阶段。孪生模型设计通常是建立数学模型，根据物理系统的特点对数学模型进行修改，将数学模型的运行参数、控制参数及输出要求进行描述。导入仿真软件的初始三维模型不具备任何物理属性，在 NX MCD 中为了使孪生模型和真实设备具有同样的功能，需要使用机电对象、运动副、执行器等方法进行构建，其中工业机器人模型本体的搭建是第一步。

本任务通过学习工业机器人组件的导入，机电对象的特征配置，运动设备的位置验证，完成工业机器人孪生模型的搭建。本任务包括以下内容：

1. 工业机器人孪生模型导入与装配；
2. 工业机器人孪生模型配置；
3. 工业机器人孪生模型测试。

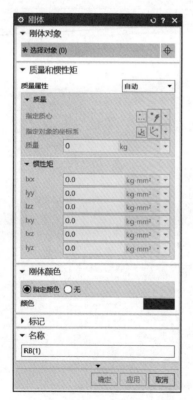

图 3-1　刚体属性设置对话框

知识准备

3.1.1　刚体

刚体（Rigid Body）是指在运动中或者受力后，形状和大小不变，而且内部各点的相对位置不变的物体。在实际生活中，并不存在这样理想化的材料，通常刚度较大的材料可以认为是刚体。工业机器人本体的各个传动结构对刚性的要求很高，一般使用刚体作为理论模型。

NX MCD 具有强大的物理引擎，可提供包括质量、惯性、平移和转动速度、质心位置、方位等物理属性。刚体功能可对三维模型赋予物理属性，如质量、惯性矩等，如图 3-1 所示为刚体属性设置对话框。

刚体属性设置对话框关键参数见表 3-1。

3.1.2　运动副

NX MCD 中，通常使用运动副实现机械结构。机械系统的三大结构分为传动机构、导向机构和执行机构。工业机器人的机械系统由机座、手臂、末端操作器三大部分组成。每一个机器人都是有若干个自由度的机械系统。

表 3-1 刚体属性设置对话框使用说明

序号	选项	描述
1	选择对象	可选择一个或者多个对象,所选对象将会生成一个刚体
2	质量属性	尽可能设置为自动,用户自定义需用户手动输入相应参数
3	指定质心	选择一个点作为刚体的质心
4	指定对象的坐标系	定义坐标系,作为计算惯性矩的依据
5	质量	作用在质心的质量
6	惯性矩	定义惯性矩阵
7	刚体颜色	选择刚体的颜色
8	名称	定义刚体的名称

NX MCD 中提供了铰链副等多种运动副,运动副种类及其使用说明见表 3-2。

表 3-2 运动副种类及其使用说明

序号	运动副	描述
1	铰链副	用来连接两个构件并允许两者之间做相对转动的机械装置
2	滑动副	组成运动副的两个构件之间只能按照某一方向做相对移动并且只有一个自由度
3	柱面副	两个构件之间创建的运动副,具有两个自由度:旋转自由度和平移自由度
4	螺旋副	按照设定的速度和螺距沿着螺旋线方向运动
5	平面副	连接的物体可以在相互接触的平面上自由移动
6	球副	具有三个自由度:两个杆件自由度和一个杆件连接球状关节自由度
7	固定副	将一个构件固定到另一个构件上
8	弹簧副	分别是角度弹簧和线性弹簧,两者都是在两个对象之间施加弹簧性质力的运动副
9	限制副	包含线性限制副和角度限制副,均是指对象之间相对位置限制
10	点在线上副	可以使运动对象上的一点始终沿着一条曲线移动
11	线在线上副	可以约束两个对象的一组曲线相切并接触,常用来模拟凸轮机构的运行
12	路径约束运动副	让指定工件按照指定的坐标系或者指定的曲线运动
13	弹簧阻尼器	可以在轴运动副中创建一个柔性单元,并且能够在运动中施加力或者扭矩

工业机器人的运动是每个关节绕着特定的轴进行转动,在 NX MCD 中实现工业机器人关节轴的链式转动,需要对关节轴进行铰链副的设置,铰链副的设置如图 3-2 所示。

铰链副的设置只需设定"选择连接件""选择基本件""指定轴矢量""指定锚点"和"起始角"等,各选项说明见表 3-3。

将工业机器人固定在工作站中需要使用固定副,固定副是将一个构件固定到另一个构件上的运动副,固定副中所有的自由度均被约束,自由度个数为零。固定副一般应用在将刚体固定到一个固定位置的情况,如引擎中的大地,或者将两个刚体固定在一起,此时两个刚体将一起运动。

图 3-2 铰链副的设置

表 3-3 铰链副设置选项说明

序号	选项	说明
1	选择连接件	选择需要添加铰链约束的刚体
2	选择基本件	选择与连接件连接的另一刚体
3	指定轴矢量	指定旋转轴
4	指定锚点	指定旋转轴锚点
5	起始角	在模拟仿真开始之前,连接件相对于基本件的角度
6	名称	定义铰链副的名称

微课
执行器

图 3-3 "位置控制"对话框

3.1.3 执行器

执行器是自动化控制技术工具中接收控制信号并对受控对象施加控制运行作用的装置。工业机器人轴关节运动,是驱动机构对轴的驱动。在 NX MCD 中,给每个轴配置相应的执行器即可控制每个轴的运动。

位置控制功能用来控制运动几何体的目标位置,让几何体按照指定的速度运动到指定的位置,"位置控制"对话框如图 3-3 所示。

位置控制可以给运动副赋予运动功能,可以设置目标位置,关键参数功能见表 3-4。

表 3-4　位置控制界面参数

序号	选项	描述
1	选择对象	选择需要添加执行机构的轴运动副
2	轴类型	选择轴类型,包括角度和线性两种
3	角路径选项	此选项只有在"轴类型"为"角度"时出现,用于定义轴运动副的旋转方案,包括沿最短路径、顺时针旋转、逆时针旋转和跟踪多圈
4	目标	指定一个目标位置
5	速度	指定一个恒定的速度值
6	名称	定义位置控制的名称

任务实施

3.1.4　工业机器人孪生模型导入与装配

在 NX MCD 中新建工程,导入工业机器人孪生模型,对组件进行约束,完成模型装配,其操作步骤见表 3-5。

微课
工业机器人孪生模型导入与装配

表 3-5　工业机器人孪生模型导入与装配

步骤	操作说明	示意图
1	打开 NX 软件,新建工程,切换到"机电概念设计"选项卡,输入文件名"HB-120"和保存路径,然后单击"确定"按钮	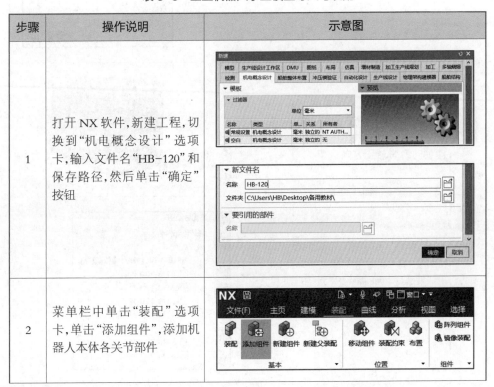
2	菜单栏中单击"装配"选项卡,单击"添加组件",添加机器人本体各关节部件	

步骤	操作说明	示意图
3	单击"打开"图标,加载"HB-120-Base""HB-120-J1""HB-120-J2""HB-120-J3""HB-120-J4""HB-120-J5"和"HB-120-J6"7 个部件	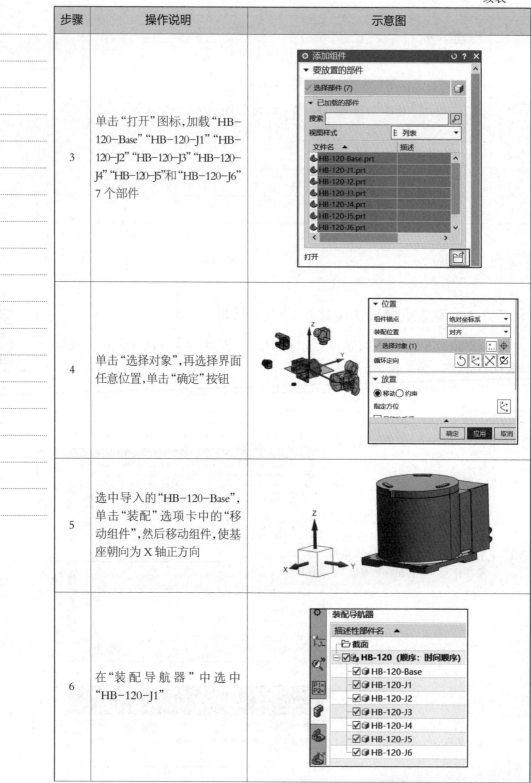
4	单击"选择对象",再选择界面任意位置,单击"确定"按钮	
5	选中导入的"HB-120-Base",单击"装配"选项卡中的"移动组件",然后移动组件,使基座朝向为 X 轴正方向	
6	在"装配导航器"中选中"HB-120-J1"	

步骤	操作说明	示意图
7	单击"装配"选项卡中的"装配约束",在弹出的"装配约束"对话框中单击接触对齐图标,然后选中"HB-120-J1"组件的下表面,再选中"HB-120-Base"组件的上表面,单击"确定"按钮	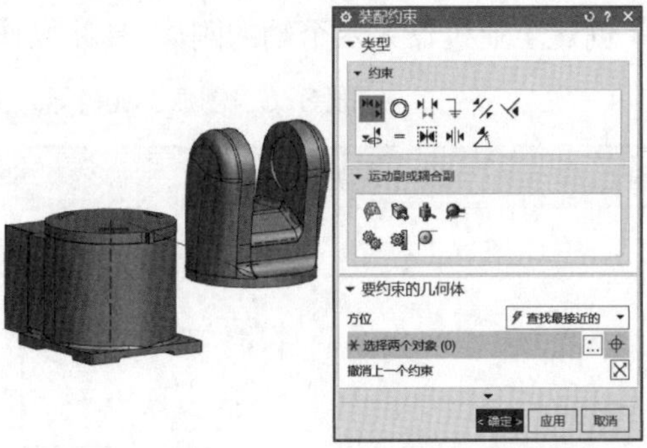
8	再单击接触对齐图标,先选中"HB-120-J1"的中心线,再选中"HB-120-Base"的中心线,单击"确定"按钮,进行对齐	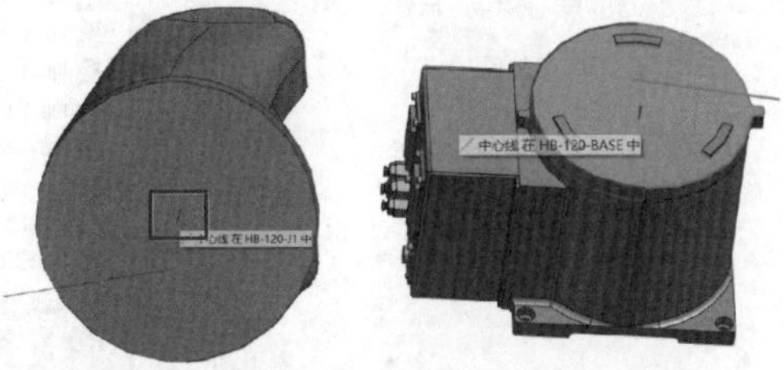
9	检查确认基座和1轴装配完成	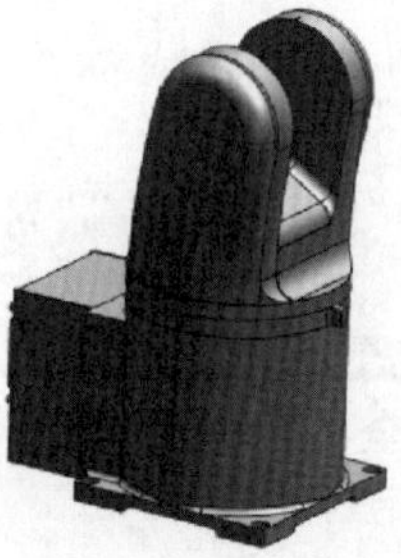
10	重复步骤6~8,完成工业机器人模型各轴约束	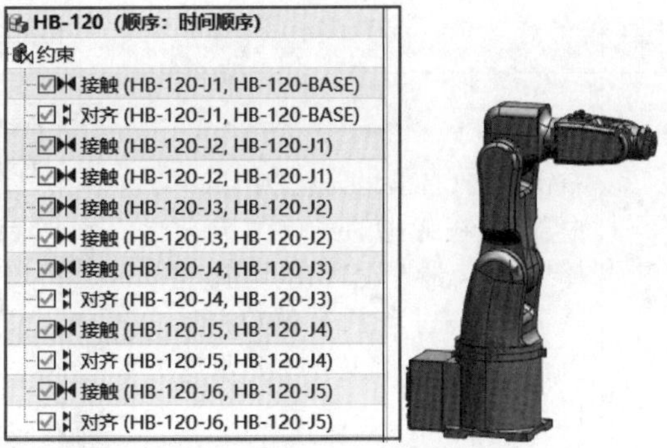

3.1.5　工业机器人孪生模型配置

1. 创建工业机器人关节刚体

创建工业机器人六个轴的刚体，具体操作步骤见表 3-6。

表 3-6　创建工业机器人关节刚体操作步骤

步骤	操作说明	示意图
1	在"主页"选项卡中单击"打开"，选择工程"HB-120"，单击"选项"按钮	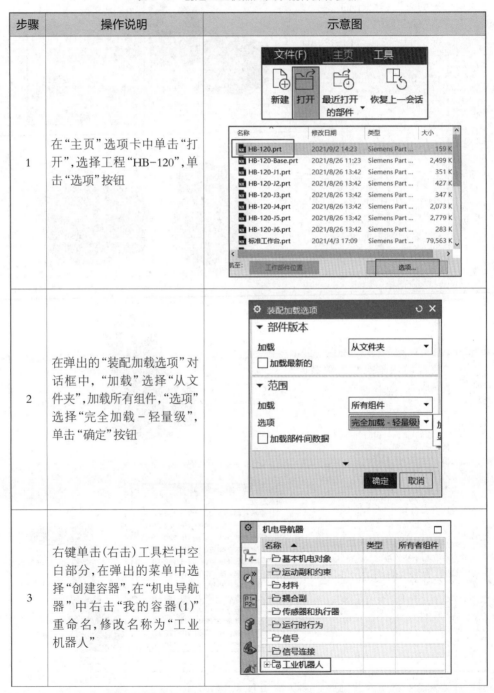
2	在弹出的"装配加载选项"对话框中，"加载"选择"从文件夹"，加载所有组件，"选项"选择"完全加载 – 轻量级"，单击"确定"按钮	
3	右键单击(右击)工具栏中空白部分，在弹出的菜单中选择"创建容器"，在"机电导航器"中右击"我的容器(1)"重命名，修改名称为"工业机器人"	

步骤	操作说明	示意图
4	在"机电导航器"中右击"基本机电对象",选择"新建"→"刚体"选项	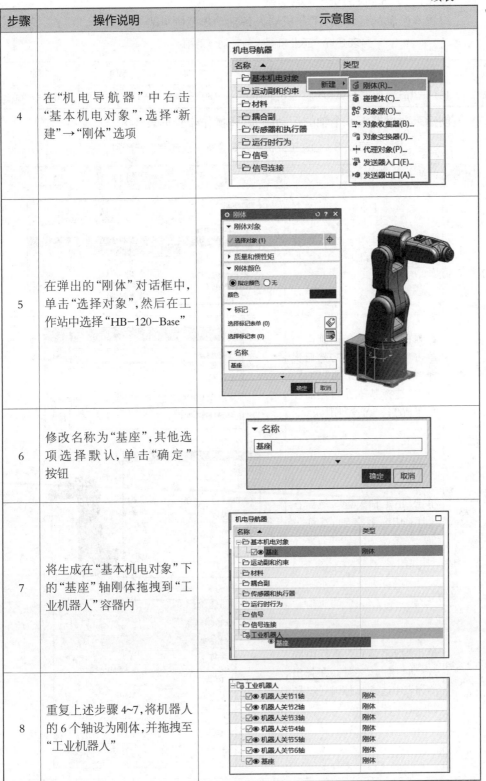
5	在弹出的"刚体"对话框中,单击"选择对象",然后在工作站中选择"HB-120-Base"	
6	修改名称为"基座",其他选项选择默认,单击"确定"按钮	
7	将生成在"基本机电对象"下的"基座"轴刚体拖拽到"工业机器人"容器内	
8	重复上述步骤4~7,将机器人的6个轴设为刚体,并拖拽至"工业机器人"	

2. 创建工业机器人关节运动副

设置 6 个轴的运动副，工业机器人各轴动作范围见表 3-7。

表 3-7　工业机器人各轴动作范围

轴序号	1 轴	2 轴	3 轴	4 轴	5 轴	6 轴
动作范围	−165°~+165°	−90°~+110°	−110°~+60°	−180°~+180°	−120°~+120°	−360°~+360°

创建工业机器人 6 个轴的运动副，具体操作步骤见表 3-8。

表 3-8　创建工业机器人 6 个轴的运动副操作步骤

步骤	操作说明	示意图
1	右击"运动副和约束"，选择"新建"→"铰链副"	
2	在弹出的"基本运动副中"，单击"选择连接件"，然后选择"机器人关节 1 轴"刚体，单击"选择基本件"，然后在工作站选择"基座"刚体	
3	单击"指定轴矢量"，然后在工作站中选择"Z 轴"方向	
4	单击"指定锚点"一行中的"自动判断点"图标，在弹出的列表中选择"圆弧中心／椭圆中心／球心"	

步骤	操作说明	示意图
5	然后单击"机器人关节1轴"底部的圆心	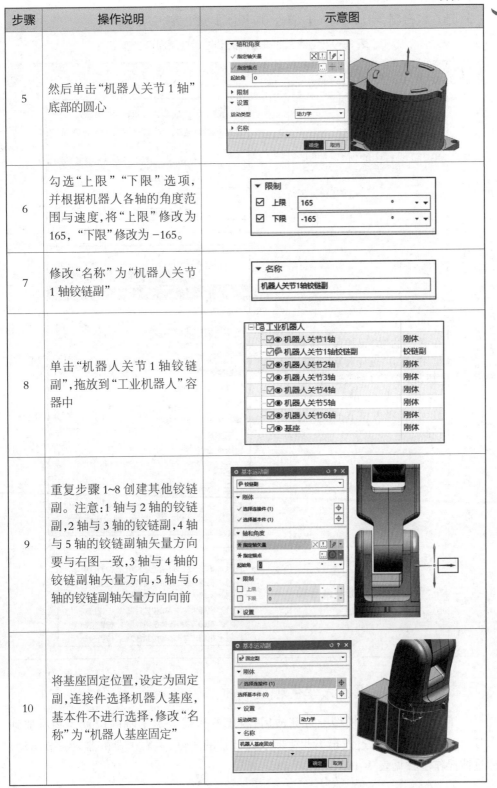
6	勾选"上限""下限"选项,并根据机器人各轴的角度范围与速度,将"上限"修改为165,"下限"修改为−165。	
7	修改"名称"为"机器人关节1轴铰链副"	
8	单击"机器人关节1轴铰链副",拖放到"工业机器人"容器中	
9	重复步骤1~8创建其他铰链副。注意:1轴与2轴的铰链副,2轴与3轴的铰链副,4轴与5轴的铰链副轴矢量方向要与右图一致,3轴与4轴的铰链副轴矢量方向,5轴与6轴的铰链副轴矢量方向向前	
10	将基座固定位置,设定为固定副,连接件选择机器人基座,基本件不进行选择,修改"名称"为"机器人基座固定"	

3. 创建工业机器人关节位置控制

选择铰链副,增加对应的位置控制,具体步骤见表3-9。

表3-9　创建工业机器人关节位置控制操作步骤

步骤	操作说明	示意图
1	单击工具栏中的"位置控制"	 碰撞传感器　位置控制　符号表　仿真序列　电子 位置控制 速度控制 力/扭矩控制 液压缸
2	在弹出的"位置控制"对话框中,单击"选择对象",选择"机器人关节1轴铰链副",将"速度"设为1 000°/s,"名称"设为"机器人关节1轴位置控制"	工业机器人 机器人关节1轴　刚体 机器人关节1轴铰链副　铰链副 位置控制 机电对象 选择对象(1) 约束 角路径选项　沿最短路径 源自外部的数据 目标　0　° 速度　1000　°/s 限制加速度 限制扭矩 名称 机器人关节1轴位置控制 确定　取消
3	重复步骤1~2添加其余各轴位置控制	机器人关节1轴位置控制... 位置控制 机器人关节2轴位置控制... 位置控制 机器人关节3轴位置控制... 位置控制 机器人关节4轴位置控制... 位置控制 机器人关节5轴位置控制... 位置控制 机器人关节6轴位置控制... 位置控制

3.1.6　工业机器人孪生模型测试

工业机器人孪生模型配置完成后,将工业机器人关节轴的位置控制添加到"运行时察看器",通过设定工业机器人关节轴的角度,观察工业机器人关节运动,具体操作步骤见表3-10。

微课
工业机器人孪
生模型测试

表 3-10 工业机器人孪生模型测试操作步骤

步骤	操作说明	示意图
1	右击"机电导航器"中"机器人关节 1 轴位置控制",在弹出的菜单中选择"添加到查看器"	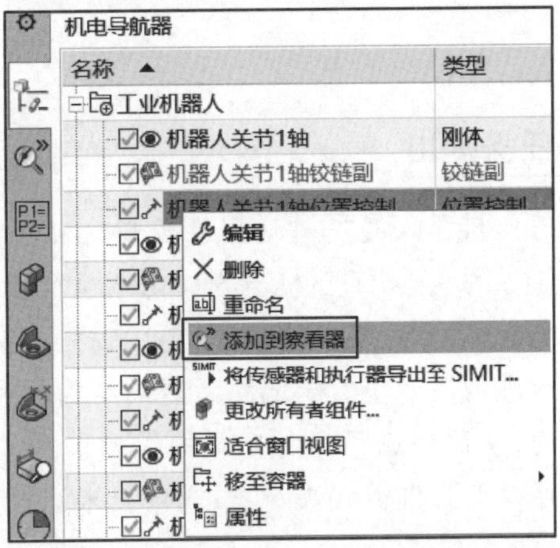
2	重复上述步骤,将其余 5 个轴位置控制添加到"运行时察看器"	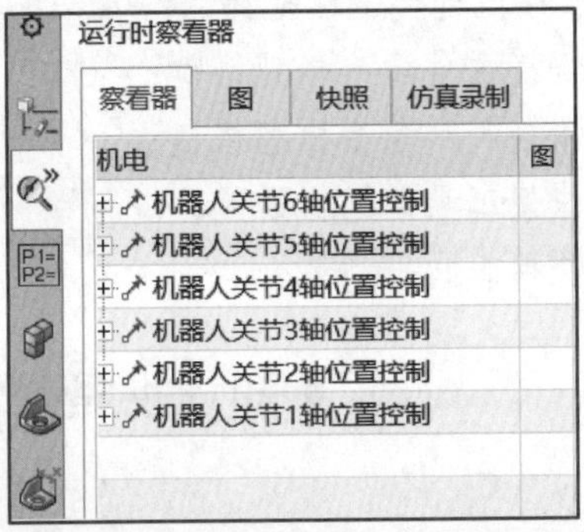
3	单击"播放",测试工业机器人关节运动	
4	设置 1 轴位置输入"90";2 轴位置输入"−20";3 轴位置输入"20";4 轴位置输入"60";5 轴位置输入"90";6 轴位置输入"90"	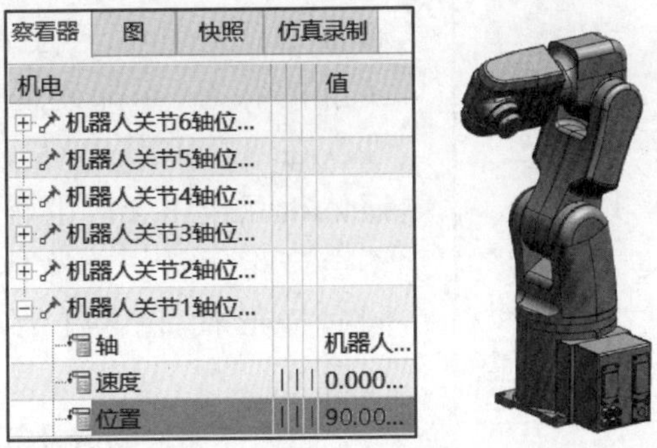

任务 3.2   主盘与工具孪生模型搭建

任务提出

工业机器人是一种通用性较强的自动化作业设备,末端执行器则是直接执行作业任务的装置,工业机器人的末端执行器是一个安装在机器人末端,使其能够拾取一个对象,并且具有处理、传输、夹持、放置和释放对象到一个准确的离散位置等功能的机构。大多数末端执行器的结构和尺寸都是根据其不同的作业任务要求来设计的,从而形成了多种多样的结构形式。通常,根据用途和结构的不同,末端执行器可以分为机械式夹持器、吸附式末端执行器和专用的工具(如焊枪、喷嘴、电磨头等)三类。

本任务通过学习碰撞体、传感器、工具夹持方法等内容,完成以下内容:
1. 快换主盘孪生模型搭建;
2. 快换工具孪生模型搭建;
3. 快换工具传感器设置;
4. 快换工具手动开合。

知识准备

3.2.1   碰撞体

图 3-4   "碰撞体"对话框

碰撞体(Collision Body)通常是指能够产生碰撞的物理组件。在机电概念设计中,碰撞体需要与刚体一起添加到几何对象上才能触发碰撞,若刚体中没有添加碰撞体属性,在仿真过程中它们会彼此穿过。

两个物体之间产生碰撞或者接触时,添加了碰撞体属性的组件可以产生在真实物理状态下发生的碰撞和接触的状态,添加碰撞体属性的前提是其具有刚体的属性。在 NX MCD 中,可以设置碰撞体的类型,同类型的碰撞体相互作用会产生碰撞效果,不同类型的碰撞体作用时不会产生干涉。碰撞体可以根据物体的不同形态选择不同碰撞形状,图 3-4 为用于设置碰撞体属性的"碰撞体"对话框。

碰撞体属性参数及其说明见表 3-11。

表 3-11　碰撞体属性参数及其说明

序号	选项	描述
1	选择对象	选择一个或者多个对象,根据所选对象计算出碰撞范围的形状
2	碰撞形状	碰撞形状可选项包括方块、球体、胶囊、凸面体、多凸面体和网格面
3	形状属性	包括自动(自动计算碰撞形状)和用户自定义(用户自己输入自定义参数)
4	指定点	指定碰撞形状的几何中心点
5	指定坐标系	当前碰撞形状指定的参考坐标系
6	碰撞设置	碰撞后的状态有"碰撞时高亮显示"和"碰撞时粘连"两个可选项

3.2.2　传感器

为了使仿真系统更加真实,具有交互功能,需要使用传感器赋予物体与物体之间一定的交互效果,NX MCD 提供了碰撞传感器、距离传感器、位置传感器、通用传感器、限位开关和继电器。传感器种类及功能描述见表 3-12。

微课
传感器

表 3-12　传感器种类及功能描述

序号	选项	功能描述
1	碰撞传感器	选择碰撞传感器的几何对象
2	距离传感器	用来检测对象与传感器之间距离的传感器
3	位置传感器	用来检测运动副位置数据的传感器
4	通用传感器	可检测对象的质心、线速度及角速度等
5	限位开关	可检测对象的位置、力、扭矩、速度和加速度等是否在设定的范围内
6	继电器	继电器设有上限位和下限位:当初始状态为 false,并且设定的对象属性值由小变大超出上限时,状态由 false 变为 true;当初始状态为 true,并且设定的对象属性值由大变小超出下限时,状态由 true 变为 false

碰撞传感器是指当碰撞发生时可以激活输出信号的机电特征对象,即碰撞传感器被触发时,可以输出信号用来停止或触发某些操作,本任务需要将末端执行器设置为碰撞对象,添加对应的碰撞传感器。通过碰撞传感器的触发,可以识别末端

图 3-5 "碰撞传感器"对话框

微课
工具夹持方法

执行器类别,"碰撞传感器"对话框如图 3-5 所示。

碰撞传感器关键参数及其含义见表 3-13 所示。

3.2.3 工具夹持方法

工业机器人中应用的机械式夹持器多为双指头爪式,按其手指的运动可以分为平移型和回转型,按照夹持方式可以分为外夹式和内撑式。一般来说对平板、片状、箱体和表面光滑或平整、易碎或变形的物体,对大尺寸、重载、结构复杂或不适合夹持的物体,多采用真空吸附式末端执行器,可大大简化夹具的设计。

NX MCD 中可使用握爪功能实现末端执行器配置,握爪可以将组件开发为手指夹持器或吸盘,用以移动刚体,"握爪"对话框如图 3-6 所示。

握爪关键参数及其含义见表 3-14。

当设置一个具有开合动作的夹爪时,注意基本体选择对象时,弧口手爪不可设置为刚体,设置手指体时,手指部分不能提前设为刚体。设置方向矢量时,方向为实际手爪运动方向,配置完握爪后会自动生成基本体的刚体属性。

表 3-13 碰撞传感器关键参数及其含义

序号	选项	描述
1	选择对象	选择碰撞传感器的几何对象
2	碰撞形状	选择碰撞范围的形状:方块、球体或直线
3	形状属性	自动:系统默认形状属性,自动计算碰撞形状; 用户定义:需用户输入自定义参数
4	指定点	碰撞形状的几何中心点
5	指定坐标系	当前碰撞形状的指定坐标系
6	类别	碰撞体之间是否发生碰撞取决于类别的设定,只有同类别的几何体才会发生碰撞
7	名称	碰撞传感器的名称

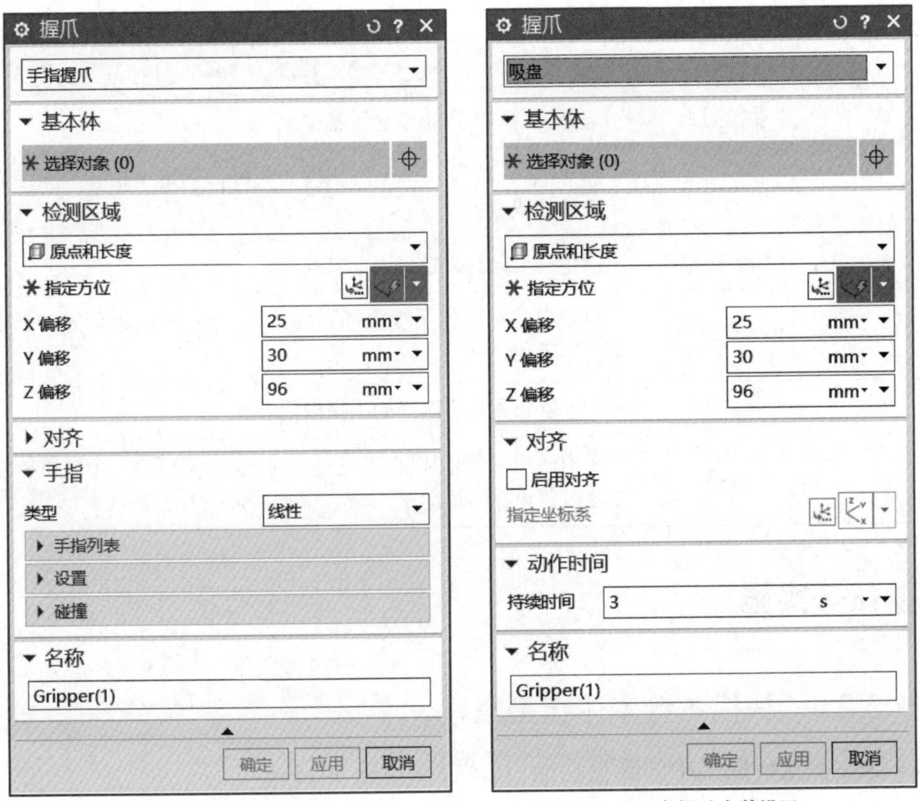

(a) 手指握爪参数设置　　　　　　(b) 吸盘握爪参数设置

图 3-6 "握爪"对话框

表 3-14 握爪关键参数及其含义

序号	选项	描述
1	手指握爪 / 吸盘	选择手指握爪功能或吸盘功能
2	选择对象	选择刚体以将手指握爪或吸盘连接到其上
3	检测区域下拉列表	选择要用于定义检测区域的参数集： 原点和长度：使用原点和每个轴上与原点的偏移量创建检测区域； 中点和长度：使用中点和每个轴上与中点的偏移量创建检测区域； 中心点、半径和高度：使用中心点、高度值和半径值创建检测区域
4	启用对齐	重新定位未精确定位且需要进行抓取的刚体,例如传送系统上的刚体
5	类型	线性：允许使用刚体和向量设置手指握爪； 旋转式：允许使用刚体、锚点和矢量来设置手指握爪以约束运动

序号	选项	描述
6	手指列表	选择其中一个以指定为手指握爪
7	指定锚点	当 Type 设置为 Rotary 时出现。为可让指定手指握爪围绕其旋转的锚点
8	指定向量	指定一个向量来定义运动方向
9	添加新手指	将定义的夹持器手指添加到夹持器，之后可以定义另一个夹持器手指
10	设置	为在手指列表中选择的手指设置参数
11	碰撞	选中碰撞时停止抓取，并选择一个面，当它与另一个碰撞体碰撞时停止抓手运动

任务实施

3.2.4 快换主盘孪生模型搭建

为主盘设计握爪中的吸盘功能，具体操作见表 3-15。

表 3-15 快换主盘孪生模型搭建操作步骤

步骤	操作说明	示意图
1	新建"机电概念设计"项目，名称设为"快换主盘孪生模型"，单击"确定"按钮	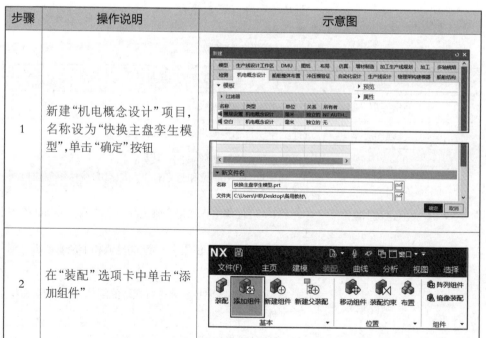
2	在"装配"选项卡中单击"添加组件"	

微课
快换主盘孪生
模型搭建

步骤	操作说明	示意图
3	在弹出的"添加组件"对话框中加载"快换主盘"部件,单击"选择对象",然后单击界面任意位置,再单击"确定"按钮	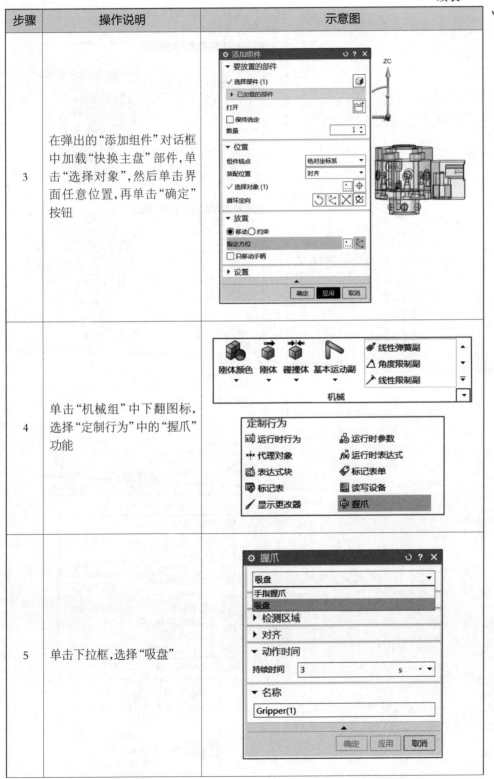
4	单击"机械组"中下翻图标,选择"定制行为"中的"握爪"功能	
5	单击下拉框,选择"吸盘"	

步骤	操作说明	示意图
6	单击"选择对象",然后右击模型,再单击"快换主盘"	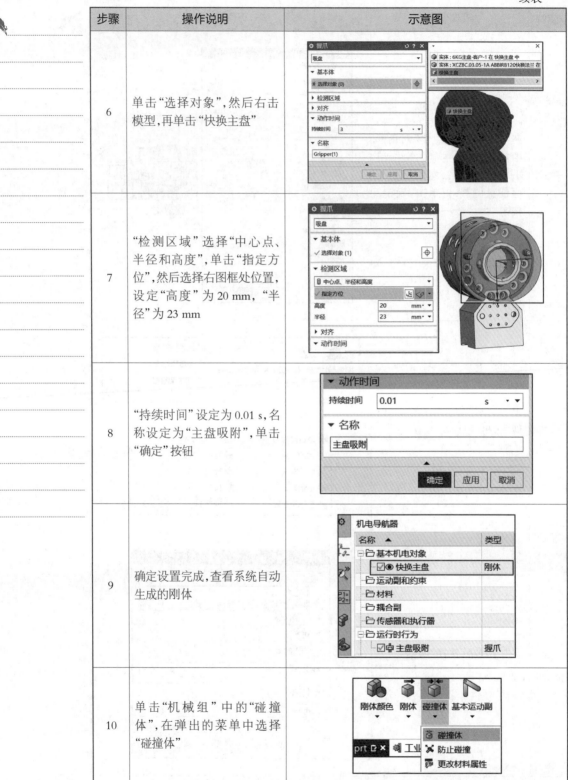
7	"检测区域"选择"中心点、半径和高度",单击"指定方位",然后选择右图框处位置,设定"高度"为 20 mm,"半径"为 23 mm	
8	"持续时间"设定为 0.01 s,名称设定为"主盘吸附",单击"确定"按钮	
9	确定设置完成,查看系统自动生成的刚体	
10	单击"机械组"中的"碰撞体",在弹出的菜单中选择"碰撞体"	

步骤	操作说明	示意图
11	单击"选择对象",然后单击框中主盘部分,"碰撞形状"选择"凸多面体",修改名称为"主盘碰撞体"	碰撞体 碰撞体对象 ✓ 选择对象 (2) 形状 碰撞形状　凸多面体 1.00 凸多面体系数　　　　　1 .01　　1.00 碰撞材料 类别 碰撞设置 ☑ 碰撞时高亮显示 ☐ 碰撞时粘连 名称 主盘碰撞体 确定　应用　取消

3.2.5　快换工具孪生模型搭建

设定握爪功能,为弧口手爪配置属性,具体操作步骤见表 3-16。

表 3-16　快换工具孪生模型搭建操作步骤

步骤	操作说明	示意图
1	新建项目,名称设为"弧口手爪孪生模型",单击"确定"按钮	新建 模型　生产线设计工作区　DMU　图纸　布局　仿真　增材制造　加工生产线规划　加工　多轴规划 检测　机电概念设计　船舶整体布置　冲压模验证　自动化设计　生产线设计　物理架构建模器　船舶结构 模板　　　　　　　预览 过滤器　　　　　　属性 名称　　类型　　单位　关系　所有者 常规设置　机电概念设计　毫米　独立　NT AUTH... 空白　　机电概念设计　毫米　独立　无 新文件名 名称　弧口手爪孪生模型 文件夹　C:\Users\HB\Desktop\教材\ 要引用的部件 确定　取消
2	添加"弧口手爪工具"组件到工作站	装配导航器 描述性部件名　　　　　信息 截面 ☑ 弧口手爪孪生模型 (顺... ☑ 弧口手爪工具 发现中心

微课
快换工具孪生
模型搭建

步骤	操作说明	示意图
3	选择"定制行为"中的"握爪"功能,打开"握爪"对话框,选择"手指握爪"	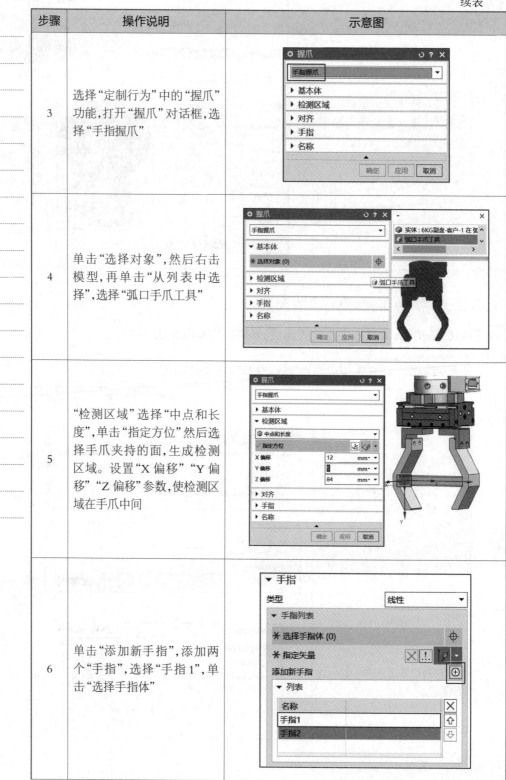
4	单击"选择对象",然后右击模型,再单击"从列表中选择",选择"弧口手爪工具"	
5	"检测区域"选择"中点和长度",单击"指定方位"然后选择手爪夹持的面,生成检测区域。设置"X 偏移""Y 偏移""Z 偏移"参数,使检测区域在手爪中间	
6	单击"添加新手指",添加两个"手指",选择"手指1",单击"选择手指体"	

步骤	操作说明	示意图
7	右击模型手指位置(注意,此处为两个模型体,需要分别右击),在弹出的菜单中选择"从列表中选择"	
8	选择实体模型,依次选中	
9	将手爪左端可移动部分全部部分选中	

步骤	操作说明	示意图
10	单击"指定矢量",选择"X轴"(注意方向)	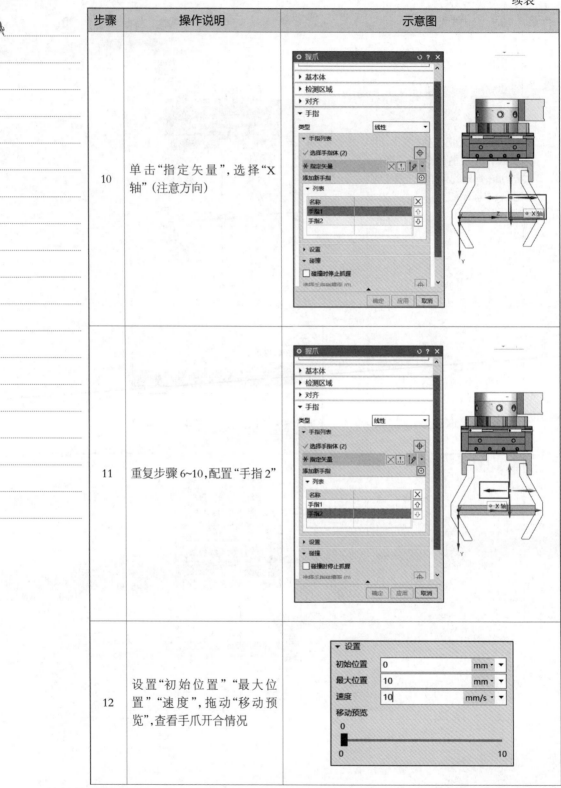
11	重复步骤6~10,配置"手指2"	
12	设置"初始位置""最大位置""速度",拖动"移动预览",查看手爪开合情况	

步骤	操作说明	示意图
13	拖动"移动预览"位置,分别预览"0"位置和"10"位置	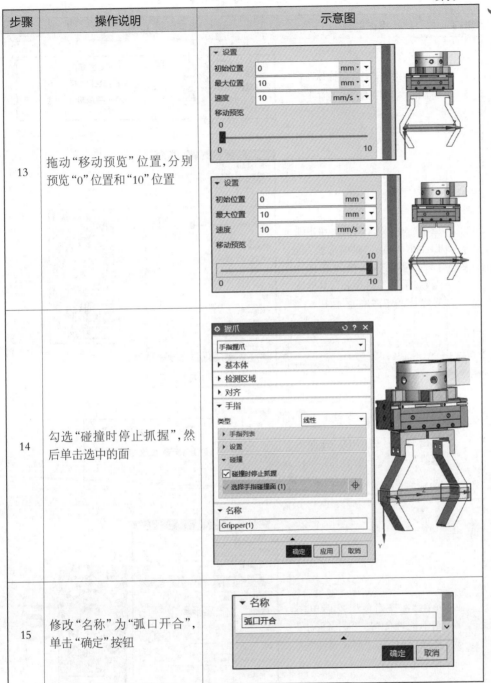
14	勾选"碰撞时停止抓握",然后单击选中的面	
15	修改"名称"为"弧口开合",单击"确定"按钮	

3.2.6 快换工具传感器设置

为弧口手爪配置碰撞体,在手爪表面设置传感器用于检测快换主盘是否接触到弧口手爪,具体操作步骤见表3–17。

表 3-17　快换工具传感器设置操作步骤

步骤	操作说明	示意图
1	单击"机械组"中"碰撞体",在弹出的菜单中选择"碰撞体"	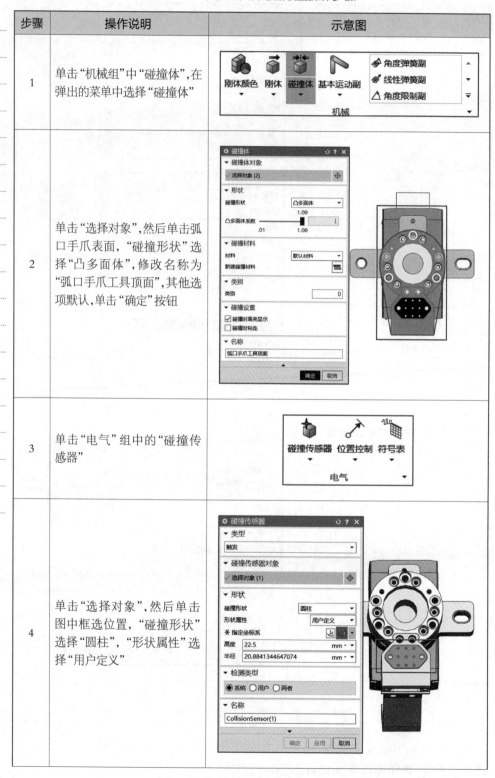
2	单击"选择对象",然后单击弧口手爪表面,"碰撞形状"选择"凸多面体",修改名称为"弧口手爪工具顶面",其他选项默认,单击"确定"按钮	
3	单击"电气"组中的"碰撞传感器"	
4	单击"选择对象",然后单击图中框选位置,"碰撞形状"选择"圆柱","形状属性"选择"用户定义"	

步骤	操作说明	示意图
5	单击"指定坐标系",然后单击中间圆边	▼ 形状 碰撞形状　　圆柱 形状属性　　用户定义 ✳ 指定坐标系 高度　　22.5　mm▾ 半径　　20.8841344647074　mm▾ 手动在弧口手爪工具中
6	修改"高度"为 10 mm,"半径"为 1 mm。	▼ 形状 碰撞形状　　圆柱 形状属性　　用户定义 ✓ 指定坐标系 高度　　10　mm▾ 半径　　1　mm▾ z
7	修改"名称"为"弧口手爪工具检测传感器",单击"确定"按钮	▼ 名称 弧口手爪工具检测传感器 ▼ 确定　应用　取消

3.2.7 快换工具手动开合

在"运行时察看器"中查看手爪运行状态,具体操作步骤见表 3-18。

表 3-18 快换手动开合操作步骤

步骤	操作说明	示意图
1	单击"基本运动副",连接件选择"弧口手爪工具",基本件为空,固定手爪,防止掉落,名称修改为"弧口手爪工具固定",单击"确定"按钮	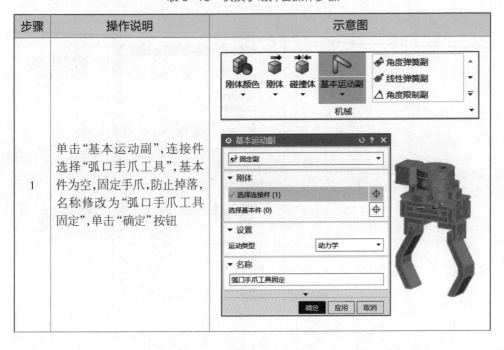

步骤	操作说明	示意图
2	新建容器,修改名称为"弧口手爪工具"	信号 信号连接 弧口手爪工具
3	拖拽相关参数至容器内	弧口手爪工具 ☑ 弧口开合　　握爪 ☑ 弧口手爪工具　　刚体 ☑ 弧口手爪工具固定　　固定副 ☑ 弧口手爪工具检测传感器　　碰撞传感器
4	右击"弧口开合"握爪功能,单击"添加到察看器"	运行时察看器 察看器　图　快照　仿真录制 机电　　图 导 录. 值 弧口开合 抓握　false 释放　false 已打开　true 已关闭　false
5	单击"播放"	播放　停止　捕捉布置　图　包络　干涉
6	"抓握"为 true,手爪闭合,"释放"为 false,手爪张开	弧口开合 抓握　true 释放　false 已打开　false 已关闭　true 停止抓握操作　false 抓握的对象　(null) 已抓握对象　false 手指位置 □□□ 10.000000 最大位置 □□□ 10.000000 速度 □□□ 10.000000 活动　true 弧口开合 抓握　false 释放　true 已打开　true 已关闭　false 停止抓握操作　false 抓握的对象　(null) 已抓握对象　false 手指位置 □□□ -0.000000 最大位置 □□□ 10.000000 速度 □□□ 10.000000 活动　true

任务 3.3　数据驱动数字孪生模型

教学课件
任务 3.3

任务提出

数据驱动数字孪生模型可以避开管理昂贵的传感器、数据采集和黑箱行为算法引起的挑战。因为不需要测试数据来预测行为,所以可以在构建任何物理原型之前使用概念设计。选择一个设计,连接到控制器,在虚拟调试阶段进行集成测试,以减少在生产现场可能遇到的问题。通过测试数据,数字孪生模型对整个系统进行仿真,主要为通信连接、半实物仿真、功能模拟。

本任务通过学习工业机器人信号适配器、末端执行器信号适配器、末端执行器公式编写,来实现对工业机器人进行驱动。本任务包括以下内容:

1. 创建工业机器人信号适配器;

2. 创建末端执行器信号适配器;

3. 末端执行器公式编写;

4. 手动调试。

知识准备

3.3.1　信号

信号用于运动控制与外部的信息交互,它有输入与输出两种类型。在仿真环境中,实物中的信号与仿真环境中的信号进行交互连接,相互映射。信号参数对话框如图 3-7 所示。

信号关键参数及其含义见表 3-19。

图 3-7　信号参数对话框

表 3-19　信号关键参数及其含义

序号	选项	描述
1	连接运行时参数	是否选择该信号触发某个单独的事件
2	选择机电对象	选择触发的事件
3	参数名称	选择触发事件的参数,例如速度、位置等
4	IO 类型	选择输入、输出信号
5	数据类型	选择数据类型,数据类型分为布尔型(bool)、双精度型(double)、整型(int)
6	初始值	指定信号的初始值
7	信号名称	指定信号的名称

微课
信号

3.3.2　信号适配器

信号适配器的作用是通过对数据的判断或者处理,为 MCD 对象提供新的信号,以支持对运动或者行为的控制。

"信号适配器"对话框如图 3-8 所示。在"信号适配器"对话框中可以添加需要触发的事件,为事件设置触发条件,关键参数及其含义见表 3-20。

图 3-8　"信号适配器"对话框

表 3-20　"信号适配器"对话框关键参数及其含义

序号	选项	描述
1	选择机电对象	选择信号触发的事件
2	参数名称	选择触发事件的参数,例如速度、位置等
3	添加参数	将事件及其参数添加在表格中,勾选"指派为"确定是否放到公式中对其进行参数设定
4	信号	添加信号,可当条件使用
5	公式	使用参数和信号达成条件设定
6	名称	指定信号适配器的名称

注意:在外部信号配置中需要选择正确的连接通道并添加接收数据与发送数

据,进行数据采集。

📊 任务实施

3.3.3　创建工业机器人信号适配器

创建工业机器人轴位置和速度的信号适配器,配置对应参数、信号、公式和名称,通过信号适配器的查看器,手动实时调整轴角度,调试工业机器人关节运动,具体操作步骤见表 3-21。

表 3-21　创建工业机器人信号适配器

步骤	操作说明	示意图
1	新建工程,名称设为"工业机器人孪生工作站",单击"确定"按钮	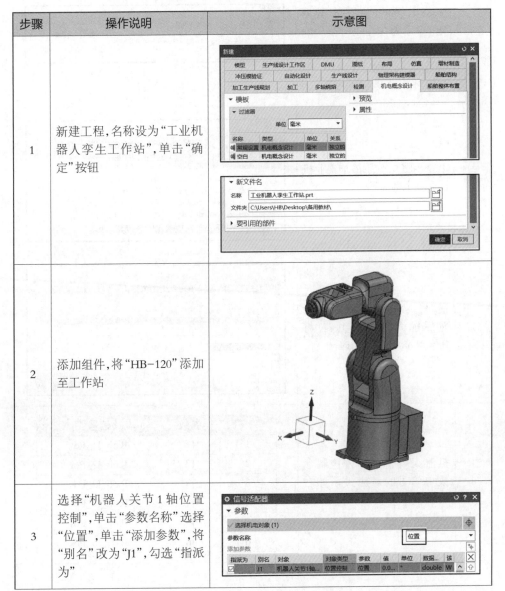
2	添加组件,将"HB-120"添加至工作站	
3	选择"机器人关节1轴位置控制",单击"参数名称"选择"位置",单击"添加参数",将"别名"改为"J1",勾选"指派为"	

步骤	操作说明	示意图
4	重复步骤 3,分别将机器人关节 2~6 轴位置控制在信号适配器中添加参数	参数名称 / 添加参数 / 指派为 别名 对象 对象类型 参数 值 单位 数据… 读/写 / ☑ J1 机器人关节1轴位… 位置控制 位置 0.0… ° double W / ☑ J2 机器人关节2轴位… 位置控制 位置 0.0… ° double W / ☑ J3 机器人关节3轴位… 位置控制 位置 0.0… ° double W / ☑ J4 机器人关节4轴位… 位置控制 位置 0.0… ° double W / ☑ J5 机器人关节5轴位… 位置控制 位置 0.0… ° double W / ☑ J6 机器人关节6轴位… 位置控制 位置 0.0… ° double W
5	"信号"选项中单击添加信号图标,信号的"名称"设为 "Rob_J1_Pos",信号的"数据类型"设为"double",信号的 "输入/输出"设为"输入", 信号的"初始值"设为 0.0,信号的"量纲"设为"角度"	▼ 信号 / 指派为 名称 数据类型 输入/… 初始值 量纲 / — Rob_J1_Pos double 输入 0.000000 角度
6	重复步骤 5,分别添加工业机器人 6 个轴信号	▼ 信号 / 指… 名称 数据类型 输入… 初始值 量纲 单位 / Rob_J1_Pos double 输入 0.000… 角度 ° / Rob_J2_Pos double 输入 0.000… 角度 ° / Rob_J3_Pos double 输入 0.000… 角度 ° / Rob_J4_Pos double 输入 0.000… 角度 ° / Rob_J5_Pos double 输入 0.000… 角度 ° / Rob_J6_Pos double 输入 0.000… 角度 °
7	在"公式"选项中,选择"J1", 然后输入"Rob_J1_Pos",将 J1 与 Rob_J1_Pos 对应	▼ 公式 / 指派为 公式 附注 / J1 / J2 / J3 / J4 / 公式 / Rob_J1_Pos / Rob_J2_Pos / Rob_J3_Pos / Rob_J4_Pos / Rob_J5_Pos / Rob_J6_Pos / Rob_J7_Pos / 确定 取消
8	机器人关节轴位置控制参数与信号的对应关系如右表所示	见下表

	参数	信号
1	J1	Rob_J1_Pos
2	J2	Rob_J2_Pos
3	J3	Rob_J3_Pos
4	J4	Rob_J4_Pos
5	J5	Rob_J5_Pos
6	J6	Rob_J6_Pos

步骤	操作说明	示意图
9	参照上述对应关系表,依次完成机器人关节轴控制位置参数与信号的公式	**▼ 公式** 指派为　公式 J1　Rob_J1_Pos J2　Rob_J2_Pos J3　Rob_J3_Pos J4　Rob_J4_Pos J5　Rob_J5_Pos J6　Rob_J6_Pos
10	新建信号适配器,选择"机器人关节1轴位置控制","参数名称"选择"速度",单击"添加参数",添加1轴的速度,修改别名为"R1_speed",再勾选"指派为"	**信号适配器** ▼ 参数 ✓ 选择机电对象 (1) 参数名称　　　速度 添加参数 指派为 别名 对象 对象类型 参数 值 单位 数据… 读/写 ☑ R1_speed 机器人关节1轴位… 位置控制 速度 1000… °/s double W
11	重复步骤10,添加2~6轴角速度信号,添加初始速度speed使动作更加流畅,设置初始值为250	**▼ 信号** 指… 名称 数据类型 输… 初始值 量纲 单位 R1speed double 输入 0.000… 角速度 °/s R2speed double 输入 0.000… 角速度 °/s R3speed double 输入 0.000… 角速度 °/s R4speed double 输入 0.000… 角速度 °/s R5speed double 输入 0.000… 角速度 °/s R6speed double 输入 0.000… 角速度 °/s speed double 输入 250 角速度 °/s
12	机器人速度控制参数与信号的对应关系如右表所示		参数	信号 | | 1 | R1_speed | R1speed | | 2 | R2_speed | R2speed | | 3 | R3_speed | R3speed | | 4 | R4_speed | R4speed | | 5 | R5_speed | R5speed | | 6 | R6_speed | R6speed |
13	参照上述对应关系表,依次完成机器人关节轴速度参数与信号的公式,注意每个速度增添一个初始速度参数	**▼ 公式** 指派为　　公式 ▲ R1_speed　R1speed+speed R2_speed　R2speed+speed R3_speed　R3speed+speed R4_speed　R4speed+speed R5_speed　R5speed+speed R6_speed　R6speed+speed
14	修改"名称"为"机器人轴速度",单击"确定"按钮	**▼ 名称** 机器人轴速度 ▲ 确定　取消

3.3.4 创建末端执行器信号适配器

加载模型,更新数据,创建末端执行器信号适配器,具体操作步骤见表 3-22。

表 3-22 创建末端执行器信号适配器操作步骤

步骤	操作说明	示意图
1	添加组件,将"标准工作台""弧口手爪工具孪生模型""快换主盘孪生模型""快换工具支架"添加至工作站。将"快换工具支架"底面与桌面进行"接触对齐"约束,再将底部定位销的中心线与桌面圆孔内部中心线进行"接触对齐"约束	中心线 在 快换工具支架 中 中心线 在 标准工作台 中
2	将"快换主盘"通过固定副,固定在机器人,修改名称为"主盘固定"	运动副和约束 主盘固定　固定副
3	检查弧口手爪工具"握爪"的移动预览,如果与装配体中方向不一致,需重新分配方向,检查弧口工具的"碰撞传感器"是否丢失	握爪 指定矢量 添加新手指 列表 名称 手指1 手指2 设置 初始位置　0　mm 最大位置　10　mm 速度　10　mm/s 移动预览 0　10 碰撞 碰撞时停止抓握

步骤	操作说明	示意图
4	将弧口手爪工具、工业机器人和快换支架摆放到标准桌面	
5	打开"电气"组中"符号表"下拉列表,选择"信号适配器"	
6	单击"弧口开合_1",将"抓握""释放"添加至"参数"	

步骤	操作说明	示意图
7	修改"抓握"参数别名为"hukou_close",修改"释放"参数别名为"hukou_open",勾选两个参数对应的"指派为"	指派为 / 别名 / 对象 / 对象类型 / 参数 / 值 ☑ hukou_close 弧口开合_1 握爪 抓握 false ☑ hukou_open 弧口开合_1 握爪 释放 false
8	添加 5 个输入信号(YV1、YV2、YV3、YV4、YV5)	▼ 信号 指… 名称 数据类型 输入/… 初始值 量倒 YV1 bool 输入 false YV2 bool 输入 false YV3 bool 输入 false YV4 bool 输入 false YV5 bool 输入 false
9	单击"hukou_open",添加公式"If(YV3=true&YV4=false)Then(true)Else(false)"	▼ 公式 指派为 公式 hukou_open If(YV3=true&YV4=false)Then(true)Else(false) hukou_close 公式 If(YV3=true&YV4=false)Then(true)Else(false)
10	单击"hukou_close",添加公式"If(YV3=false & YV4=true)Then(true)Else(false)"	▼ 公式 指派为 公式 hukou_open If(YV3=true&YV4=false)Then(true)Else(false) hukou_close If(YV3=false&YV4=true)Then(true)Else(false) 公式 If(YV3=false&YV4=true)Then(true)Else(false)
11	修改"名称"为"手爪信号",单击"确定"按钮	▼ 名称 手爪信号 ▼ 确定 取消

微课
末端执行器公
式编写

3.3.5 末端执行器公式编写

根据信号表,配置状态激活方式,如弧口手爪工具张开启动的条件为 YV3=true、YV4=false,其他信号参数见表 3–23。

表 3–23 弧口手爪工具信号表

机器人弧口手爪工具气动系统动作表					
	YV1	YV2	YV3	YV4	YV5
主盘锁紧		√			
主盘松开	√				
弧口手爪工具闭合				√	

机器人弧口手爪工具气动系统动作表				
YV1	YV2	YV3	YV4	YV5
弧口手爪工具张开		√		
吸盘真空				√
真空破坏			√	

当主盘选择安装弧口手爪工具，到达其上方时，弧口手爪工具检测传感器输出 true，将这一逻辑添加进弧口手爪工具开合条件内，具体操作步骤见表 3-24。

表 3-24　弧口手爪公式编写操作步骤

步骤	操作说明	示意图
1	双击"手爪信号"，添加"主盘吸附_1"的"抓握""释放"参数，修改别名为"主盘锁紧""主盘松开"并勾选"指派为"	
2	添加"弧口手爪工具检测传感器"的"已触发"参数的"别名"修改为"hukou"	
3	添加一个 int 型初始值为 0 的变量 tool，用于记录当前工具号，勾选其对应的"指派为"	
4	根据弧口手爪工具信号表中 YV1=true，YV2=false 时主盘松开、反之释放的对应关系，添加公式	
5	将"hukou=true"添加为"hukou_close"和"hukou_open"的触发条件。添加"tool"的公式"If（hukou=true）Then（1）Else（false）"	

3.3.6 手动调试

手动添加信号适配器到运行时察看器,通过数据驱动工业机器人和弧口手爪工具运动,具体操作见表 3–25。

表 3-25 手动调试操作步骤

步骤	操作说明	示意图
1	分别右击"机器人轴位置"和"手爪信号"将其添加到察看器,取消"机器人轴速度"选项,单击"播放"按钮	信号 机器人轴速度 信号适配器 机器人轴位置 信号适配器 手爪信号 信号适配器 运行时察看器 察看器 图 快照 仿真录制 机电 图 导. 录制 手爪信号 机器人轴位置
2	输入轴坐标[6.12,92.19,−62.48,0,60.29,0],设置"YV1"为 false,"YV2"为 true	机器人轴位置 Rob_J1_Pos 6.1200 Rob_J2_Pos 92.190 Rob_J3_Pos −62.48(Rob_J4_Pos 0.0000 手爪信号 Rob_J5_Pos 60.290 YV1 false Rob_J6_Pos 0.0000 YV2 true
3	输入轴坐标[0,0,0,0,90,0],设置"YV4"为 true,"YV3"为 false,观察弧口手爪工具闭合动作	机器人轴位置 Rob_J1_Pos 0.000000 手爪信号 Rob_J2_Pos 0.000000 YV1 false Rob_J3_Pos 0.000000 YV2 true Rob_J4_Pos 0 YV3 false Rob_J5_Pos 90.000000 YV4 true Rob_J6_Pos 0.000000 YV5 false

步骤	操作说明	示意图
4	设置"YV3"为 true，"YV4"为 false，观察弧口手爪工具张开动作	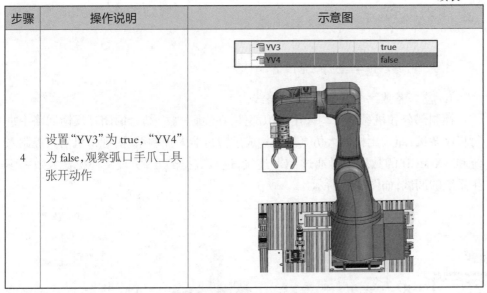

任务 3.4　工业机器人孪生系统调试

教学课件
任务 3.4

任务提出

虚拟调试是指通过虚拟技术创建出物理环境的数字产品，用于测试和验证产品设计的合理性。例如，在计算机上模拟整个生产过程，包括机器人和自动化设备、PLC、变频器、电机等单元。机器人单元模型创建完成后就可以在虚拟世界中进行测试和验证。将真实的信号与虚拟信号进行映射连接并进行调试，可以更真实有效地测试整体的稳定性与合理性。

机电概念设计模块中对已设计好的运动模型进行仿真，需要在 NX MCD 内部创建工业机器人相关位置信号，然后创建信号适配器进行配置，同时添加外部信号，配置外部环境，例如服务器 IP、服务器端口、接收和发送数据的缓冲区大小等，再把 NX MCD 的信号和外部真实设备——工业机器人控制系统，进行信号的映射。

本任务主要包括以下内容：

1. 外部通信与信号配置；
2. 信号映射；
3. 系统调试。

知识准备

3.4.1　数字孪生系统技术路线

1. 虚—虚数字孪生系统技术路线

控制部分和机械部分均采用虚拟部件,在"虚—虚"结合的闭环反馈回路中进行程序调试,即采用机器人仿真软件构成虚拟机器人控制系统,虚拟机器人控制系统和 NX MCD 的数据信号通过 TCP 连接,进行数据交互,实现工业机器人数字孪生系统的调试,如图 3-9 所示。

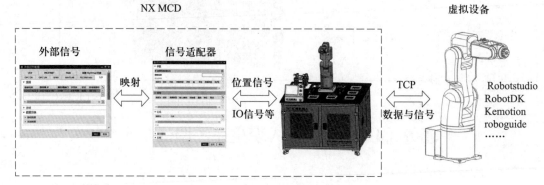

图 3-9　"虚—虚"调试技术路线

2. 虚—实数字孪生系统技术路线

机械部分采用虚拟部件控制部分使用实际设备,在"虚—实"结合的闭环反馈回路中进行程序调试,即采用真实的机器人控制系统和 MCD 中虚拟设备通过 TCP 连接,进行数据交互,实现工业机器人数字孪生系统的调试,如图 3-10 所示。

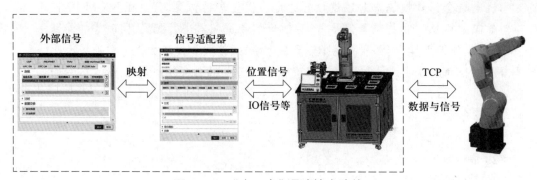

图 3-10　"虚—实"调试技术路线

3.4.2 外部信号配置

配置外部信号时,可通过 OPC DA、OPC UA、TCP 等多种通信方式配置连接数据,如服务器 IP、端口号、字节序、接收数据缓冲区长度、发送数据缓冲区长度。添加需要交换的数据内容,如需要接收和发送数据的名称、数据类型和偏移量。"外部信号配置"对话框如图 3-11 所示。

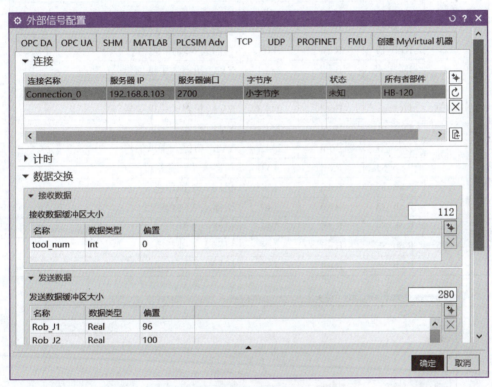

图 3-11 "外部信号配置"对话框

工业机器人与 NX MCD 通过 TCP/IP 协议进行数据通信。工业机器人作为服务器,NX MCD 作为客户端,工业机器人服务器发送数据长度为 280,接收长度为112,其通信数据表见表 3-26。

3.4.3 信号映射

信号映射是指在 NX MCD 中创建信号,将实际的外部信号与虚拟的信号相映射,使 NX MCD 能够获取外部信号数据,驱动内部仿真。信号映射功能可以将 NX MCD 信号与外部信号建立关联。"信号映射"对话框如图 3-12 所示。

在"信号映射"对话框,"类型"选择"TCP",信号映射关键参数及其含义见表 3-27。

表 3-26　配置 TCP/IP 协议通信数据表

交换类型	名称	数据类型	偏移量	说明
接收数据	tool_num	Int	0	当前工具号(1 :弧口手爪工具 2 :平口手爪工具 3 :吸盘工具)
发送数据	Rob_J1	Real	96	机器人 1 轴角度位置
	Rob_J2	Real	100	机器人 2 轴角度位置
	Rob_J3	Real	104	机器人 3 轴角度位置
	Rob_J4	Real	108	机器人 4 轴角度位置
	Rob_J5	Real	112	机器人 5 轴角度位置
	Rob_J6	Real	116	机器人 6 轴角度位置
	DO1_1	Bool	244.1	YV1_ 机器人手爪信号
	DO1_2	Bool	244.2	YV2_ 机器人手爪信号
	DO1_3	Bool	244.3	YV3_ 机器人手爪信号
	DO1_4	Bool	244.4	YV4_ 机器人手爪信号
	DO1_5	Bool	244.5	YV5_ 机器人手爪信号
	Rob_S1	Real	132	机器人 1 轴角速度
	Rob_S2	Real	136	机器人 2 轴角速度
	Rob_S3	Real	140	机器人 3 轴角速度
	Rob_S4	Real	144	机器人 4 轴角速度
	Rob_S5	Real	148	机器人 5 轴角速度
	Rob_S6	Real	152	机器人 6 轴角速度

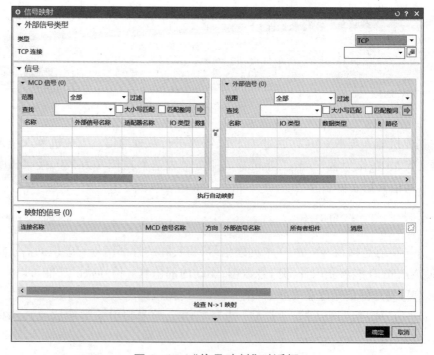

图 3-12　"信号映射"对话框

表 3-27 信号映射关键参数及其含义

序号	选项	描述
1	类型	类型:可选择的通信模式,如 TCP、OPC UA、OPC DA、PROFINET 等 连接:当前选择的通信方式的可用连接
2	MCD 信号	显示可用的 MCD 信号和外部信号
3	外部信号	显示可用的外部信号
4	映射的信号	已建立映射的 MCD 信号和外部信号
5	检查 N->1 映射	验证是否只有一个信号映射到 MCD 输入信号

任务实施

3.4.4 外部通信与信号配置

在外部信号配置中添加工业机器人服务器,添加所需信号,具体操作步骤见表 3-28。

表 3-28 外部通信与信号配置操作步骤

步骤	操作说明	示意图
1	在"自动化"组内的"外部信号配置"下拉列表中选择"外部信号配置"	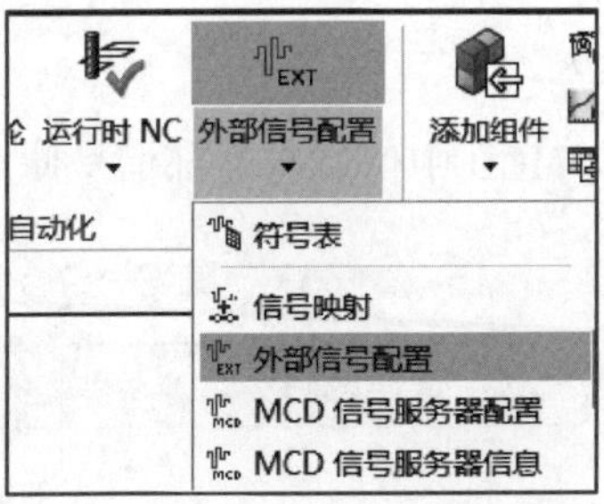
2	选择"TCP"选项卡,单击"新建连接"	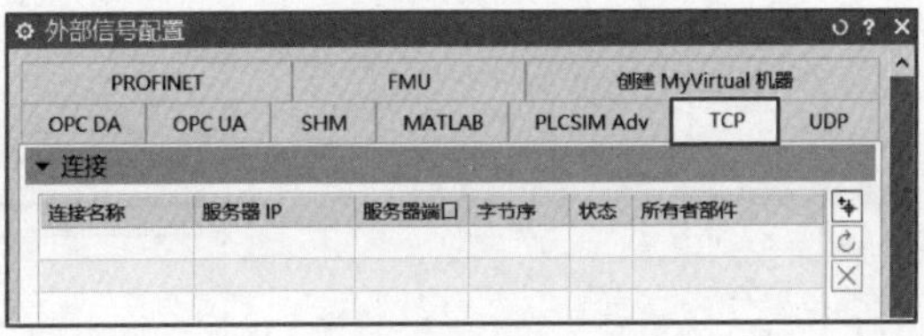
3	TCP 连接的参数设置如下: "服务器 IP"设为"192.168.8.103","服务器端口"设为"2700","字节序"设为"小字节序"	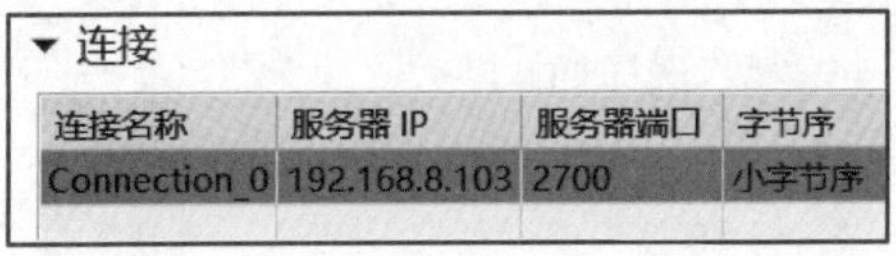

步骤	操作说明	示意图
4	工业机器人作为服务器，"接收数据缓冲区大小"设置为112，"发送数据缓冲区大小"设置为280	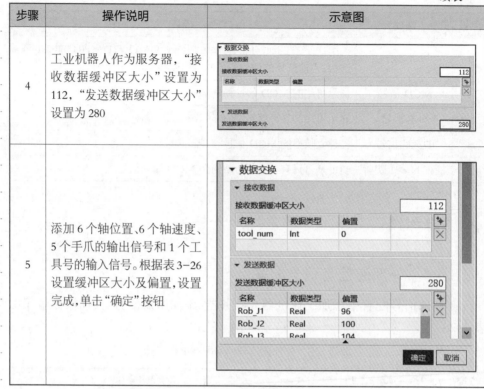
5	添加6个轴位置、6个轴速度、5个手爪的输出信号和1个工具号的输入信号。根据表3-26设置缓冲区大小及偏置，设置完成，单击"确定"按钮	

3.4.5　信号映射

将NX MCD中信号与外部信号使用TCP进行连接，具体操作步骤见表3-29。

表3-29　信号映射操作步骤

步骤	操作说明	示意图
1	在"自动化"组"外部信号配置"下拉列表中选择"信号映射"	
2	"类型"选择"TCP"	

步骤	操作说明	示意图
3	"TCP 连接"选择"Connection_0 @ HB-120"	**信号映射** 外部信号类型 类型　　TCP TCP 连接　Connection_0@H Connection_0@HB-120 信号
4	选择"Rob_ J1"和"Rob_J1_ Pos",单击中间的映射信号图标	信号 MCD 信号(25)　　　　外部信号(24) 范围 全部　过滤　　　范围 全部　过滤 查找 □大小写匹配 □匹配整词　查找 □大小写匹配 名称 适配器名称 IO 数据类型 映射　名称 IO 类型 数据类型 路径 Rob_J1_Pos 机器人轴位置 输入 double 0　Rob_J1 输出 Real 0 Rob_J2_Pos 机器人轴位置 输入 double 1　Rob_J2 输出 Real 1 Rob_J3_Pos 机器人轴位置 输入 double 1　Rob_J3 输出 Real 1 Rob_J4_Pos 机器人轴位置 输入 double 1　Rob_J4 输出 Real 1 Rob_J5_Pos 机器人轴位置 输入 double 1　Rob_J5 输出 Real 1 Rob_J6_Pos 机器人轴位置 输入 double 1　Rob_J6 输出 Real 1 R1speed 机器人速度 输入 double 1　Rob_S1 输出 Real 1 R2speed 机器人速度 输入 double 1　Rob_S2 输出 Real 1
5	重复步骤 4,完成剩余信号的映射	映射的信号(23) 连接名称　　　　　　　MCD 信号名称 方向 外部信号名称 TCP.Connection_0 机器人轴位置_Rob_J2_Pos_Rob_J2 Rob_J2_Pos ← Rob_J2 机器人轴位置_Rob_J3_Pos_Rob_J3 Rob_J3_Pos ← Rob_J3 机器人轴位置_Rob_J5_Pos_Rob_J5 Rob_J5_Pos ← Rob_J5 机器人轴位置_Rob_J4_Pos_Rob_J4 Rob_J4_Pos ← Rob_J4 机器人轴位置_Rob_J6_Pos_Rob_J6 Rob_J6_Pos ← Rob_J6 机器人速度_R1speed_Rob_S1 R1speed ← Rob_S1 机器人速度_R2speed_Rob_S2 R2speed ← Rob_S2 机器人速度_R3speed_Rob_S3 R3speed ← Rob_S3 机器人速度_R4speed_Rob_S4 R4speed ← Rob_S4 机器人速度_R5speed_Rob_S5 R5speed ← Rob_S5 机器人速度_R6speed_Rob_S6 R6speed ← Rob_S6

3.4.6　系统调试

工业机器人控制器中打开 TCP 连接通道,在 NX MCD 中查看工业机器人运行动作,具体操作步骤见表 3-30。

表 3-30　系统调试操作步骤

步骤	操作说明	示意图
1	启动工业机器人控制器和示教器,在示教器中勾选变量"RB_ Interface_On:BOOL"	A XHBS World DefaultTool 50% KEBA ●ERR 16 上午1:43 System ready A1 变量　　　　　　数值 RB_Info_IoAIn: ARRAY OF RE A2 RB_Info_IoAOut: ARRAY OF R RB_Info_IoIn: ARRAY OF INT A3 RB_Info_IoIolut: ARRAY OF IN RB_Interface_On: BOOL RB_Interface_Port: UINT 2,700 A4 RB_Interface_RCV_FC: BOOL ✓ RB_Interface_Sim_FC: BOOL ✓

步骤	操作说明	示意图
2	在 NX MCD 中打开"外部信号配置"对话框,刷新 TCP 连接,查看"状态"。当"状态"显示"可访问"时,表示 NX MCD 与工业机器人建立 TCP 通信连接	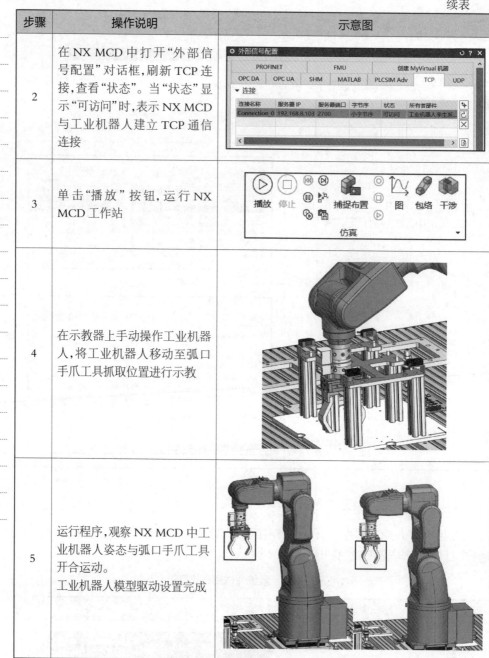
3	单击"播放"按钮,运行 NX MCD 工作站	
4	在示教器上手动操作工业机器人,将工业机器人移动至弧口手爪工具抓取位置进行示教	
5	运行程序,观察 NX MCD 中工业机器人姿态与弧口手爪工具开合运动。 工业机器人模型驱动设置完成	

项 目 拓 展

基于图 3-13 所示的工业机器人虚拟仿真布局补充工业机器人孪生系统构建,

并完成平口手爪工具的取放流程。要求如下：

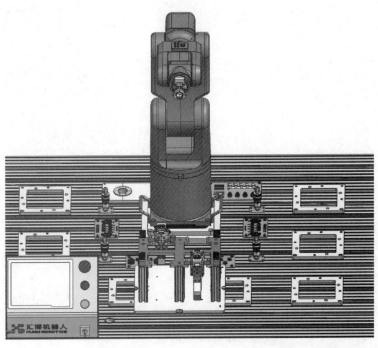

图 3-13　工业机器人虚拟仿真布局

(1) 完成平口手爪工具的布局约束；

(2) 完成平口手爪工具的握爪功能配置；

(3) 完成平口手爪工具的机电对象设置；

(4) 基于手爪信号表配置平口手爪工具的信号适配器及信号公式；

(5) 完成程序编写，在 NX MCD 中进行调试。

项目四　工业机器人上下料程序设计与编制

 证书技能要求

智能制造证书技能要求(中级)	
4.4.1	能够根据工作任务要求,对工业机器人进行快换工具的操作与编程
4.4.2	能够根据工作任务要求,对工业机器人进行立体仓库上下料应用的操作与编程
4.4.3	能够根据任务要求,对工业机器人进行数控机床上下料应用的操作与编程

 项目引入

随着互联网时代的到来,以工业机器人为支撑的智能制造产业蓬勃发展。智能制造为制造业的发展指明了方向,也提出了更高的要求。在传统的工业机器人应用领域中,工业机器人与数控机床配合的自动化上下料是典型应用之一,既能高效地完成作业,同时又能保证生产质量稳定。随着工业互联网和智能装备技术的发展,以工作站为单位的小型自动化系统不断提高集成化、智能化水平,逐步转化为智能生产线甚至无人工厂。

智能制造系统融合工业互联网技术,实现对工业机器人和数控机床的数据采集,结合 MES 与 PLC 等软硬件的应用,将工业机器人与数控机床整合,实现加工制造过程中的工艺设计、智能排产和状态监测等功能。

本项目通过学习工业机器人与 MCD 通信接口、工业机器人程序的编写设计,利用 PLC 控制交互,完成机床上下料的编程和系统运行。

知识目标

1. 了解工业机器人项目程序结构;
2. 掌握工业机器人功能程序设计方法;
3. 掌握工业机器人通信及相应变量的使用;
4. 掌握工业机器人码垛类程序设计;
5. 掌握工业机器人机床上下料程序设计。

能力目标

1. 能够正确构建工业机器人项目程序结构；
2. 能够编写偏移功能程序；
3. 能够正确使用工业机器人与外部设备的通信接口；
4. 能够完成工业机器人码垛程序的编写及验证；
5. 能够完成工业机器人机床上下料程序的编写及调试。

平台准备

NX1980	HMI	S7-1500 PLC
关节基座零件模型	电机外壳零件模型	

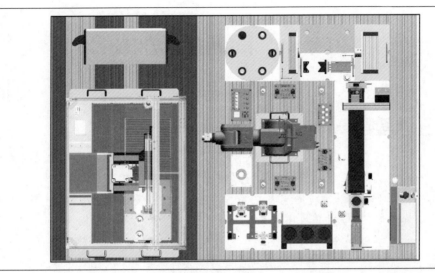

仿真平台

任务 4.1　末端执行器应用程序设计

任务提出

　　在多种作业共存的复合任务中,工业机器人需要根据不同作业的特点使用相应的末端执行器,使用快换装置可以快速有效地实现这一需求。

　　在工业机器人复合任务的应用程序中,合理地设计程序结构,创建末端执行器的更换程序,可以提高程序的柔性和生产效率。

　　本任务通过学习通信接口定义、工业机器人编程方法,利用程序设计和 PLC 通信完成末端执行器程序的编制与示教。本任务包含以下几个内容:

　　1. 工业机器人项目与程序的建立;

　　2. 工业机器人末端执行器取放程序的编写。

知识准备

4.1.1　工业机器人程序架构

　　各品牌工业机器人并没有统一的标准编程语言,因此它们的程序不具备通用性。一般而言,程序由程序名、指令行组成。工作时,作业调用程序,按顺序执行程序下的各个指令行。

　　部分工业机器人以类似“文件夹”的结构管理程序及相关的变量。汇博工业机器人程序分为两个层级:项目和程序。

　　项目用于描述整个任务的结构,项目是任务中的程序、功能、坐标系、变量等的集合。程序是执行具体任务的流程,它是编程的主要对象,是指令的载体。单个项目中可以包含多个程序,如图 4-1 所示,ZnzzDemo 项目下包含了 AsmBase、AsmFlange 和 AsmMotor 三个程序。

　　汇博机器人项目界面中,可建立多个项目,单个项目下可以建立不同的程序;项目名称不能重复,项目运行载入只能加载一个项目;在同一项目中,不能存在相同名称的程序和变量。

　　项目界面中,工具栏能够对项目和程序进行管理,如图 4-2 所示。“加载”是载入项目,进行项目的编辑与运行功能;“打开”具有对项目和程序监视查看的功能;“关闭”具有将已加载的项目和程序关闭的功能;“信息”具有查看项目和程序参数的功能;“刷新”具有对程序刷新的功能;“文件”可对项目和程序重命名、删除、粘贴、复制、新建程序、新建功能、新建项目、输入和输出。

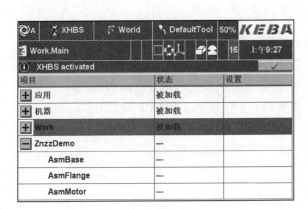

图 4-1　系统结构图

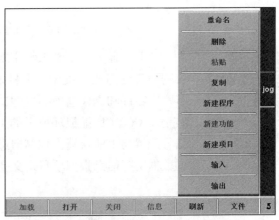

图 4-2　项目以及文件示意图

如图 4-3(a)所示,在程序界面中,程序从上至下扫描运行,程序界面用于对程序的编辑和管理。执行指令由左侧状态栏程序指针显示;"编辑"用于对程序进行修改;"新建"用于插入新指令;"设置 PC"主要用于实现执行指令的切换;"高级"主要用于更改编辑指令,对项目和程序重命名、删除、粘贴、复制。

指令的类别主要分为五部分。"运动"是对机器人的姿态进行更改的指令,如常用的 PTP、Lin、Clrc 指令;"设置"是对机器人运动参数进行更改的指令,如 DYN、OVL、Refsys 等;"系统功能"主要包含时钟、运算、赋值、注释等;"输入输出模块"对 I/O 和模拟量进行控制;"功能块"主要集合一些特殊的指令,如图 4-3(b)所示。

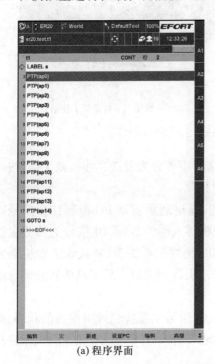

(a) 程序界面　　　　　(b) 指令界面

图 4-3　程序和指令界面

4.1.2 工业机器人通信接口定义

工业机器人上下料系统主要由机床上下料虚拟工作站和工业机器人控制系统实物两部分组成。机床上下料虚拟工作站包括实训平台、快换装置、快换工具、关节基座零件和立体仓库等模型,工业机器人控制系统包括控制器和示教器,且均为实物。NX MCD 虚拟环境下的工业机器人虚拟模型采用 TCP 通信方式,通过外部信号配置与工业机器人控制器进行数据交互,工业机器人上下料系统与 MCD 通信的数据交互信息根据项目定义变量接口,如图 4-4 所示。

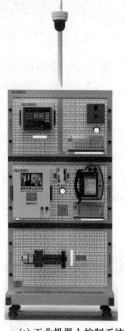

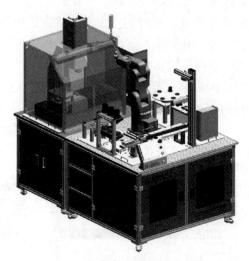

(a) 工业机器人控制系统　　　　　　　　(b) 机床上下料虚拟工作站

图 4-4　工业机器人上下料系统

工业机器人上下料系统与 MCD 通信接口主要分为发送和接收两大类,按功能分为 DI/O 控制、EXDI/O 控制和输入 / 输出控制。

DI/O 信号与机器人本体上的 I/O 相连,通过通信实现 I/O 控制,DO 信号以数组形式存在。DI 信号为 MCD 发送至工业机器人端的数据,DI 信号为检测主盘张开 / 闭合以及弧口手爪工具状态的接口;DO 信号主要为 MCD 接收工业机器人端的数据,DO 信号主要控制主盘装载弧口手爪工具和弧口手爪工具的张开闭合的动作,如图 4-5 所示。

EXDI/O 信号为外围设备控制信号,EXDI 信号主要检测外围设备的状态,如井式供料单元气缸状态;EXDO 信号为控制外围设备动作的信号,如控制机床夹具开合,如图 4-6 所示。

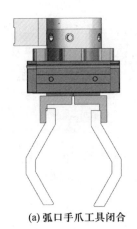
(a) 弧口手爪工具闭合

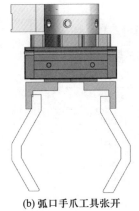
(b) 弧口手爪工具张开

图 4-5　弧口手爪工具张开闭合

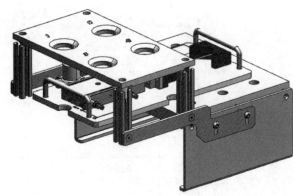

图 4-6　机床夹具

其他数据为 INT 或 REAL 型数组形式，主要用于其他外围设备数据传输，如发送旋转供料旋转角度、旋转供料运行模式或者反馈旋转供料状态。如 RB_Info_IoIIn［0］在本项目中用于检测当前工业机器人装载的末端执行器类型。工业机器人发送信息在工业机器人系统底层发送，MCD 读取工业机器人的坐标信息、速度、模式等。

在工业机器人上下料系统中，通信的相关变量通过 MCD 获取工业机器人的信息，并根据通信的信息展示工业机器人的运行结果。这些通信数据根据上下料的要求进行定义，如工业机器人控制弧口手爪工具张开 / 闭合，工业机器人与 MCD 通信传送一对数字量输出，MCD 接收后根据信号做对应的仿真动作。具体变量接口定义如工业机器人—MCD 数据定义见表 4-1。

表 4-1　工业机器人—MCD 数据定义表

工业机器人发送 MCD 数据		
名称	数据类型	说明
IEC.DO1［1］	BOOL	主盘张开
IEC.DO1［2］	BOOL	主盘闭合
IEC.DO1［3］	BOOL	弧口手爪工具张开
IEC.DO1［4］	BOOL	弧口手爪工具闭合
IEC.DO1［5］	BOOL	吸盘真空
IEC.EXDO［2］	BOOL	井式供料输出
IEC.EXDO［7］	BOOL	装配气缸伸出
IEC.EXDO［8］	BOOL	装配气缸缩回
IEC.EXDO［15］	BOOL	机床夹具控制
IEC.EXDO［16］	BOOL	皮带输送控制

工业机器人发送 MCD 数据		
名称	数据类型	说明
Axis1	REAL	工业机器人关节坐标
Axis2	REAL	
Axis3	REAL	
Axis4	REAL	
Axis5	REAL	
Axis6	REAL	
Axis7	REAL	
X	REAL	工业机器人世界坐标
Y	REAL	
Z	REAL	
A	REAL	
B	REAL	
C	REAL	
Mode	REAL	工业机器人当前运行模式
工业机器人接收 MCD 数据		
名称	数据类型	说明
IEC.RB_Info_IoIIn［0］	INT	工具手类型

4.1.3 多末端执行器切换及控制程序设计

在机床上下料系统中,工业机器人初始状态为末端未装载工具,当执行任务时,工业机器人先判断零件类型,根据目标工具及当前状态选择末端执行器需要的取放程序。

1. 末端执行器取放程序

末端执行器取放程序主要分为取程序和放程序,本项目中末端执行器类型有两种:弧口手爪工具和平口手爪工具。弧口手爪工具用于取放关节基座,平口手爪工具用于取放电机外壳。取放程序主要由弧口手爪工具取、弧口手爪工具放、平口手爪工具取、平口手爪工具放四个程序组成,末端执行器示意图如图 4-7 所示。

末端执行器依靠工业机器人主盘上的气缸的缩回和伸出锁死末端执行器或者卸载末端执行器,以实现取放,手爪主要安装在副盘上。取放末端执行器程序分为运动控制和外部 I/O 控制两部分,运动控制部分控制工业机器人从工作原点抓取末端执行器的运动路径,I/O 控制部分控制工业机器人锁死末端执行器或者卸载末端执行器,快换装置如图 4-8 所示。

微课
多末端执行器
切换及控制程
序设计

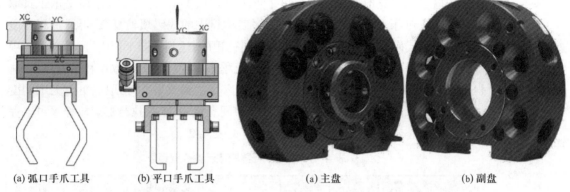

(a) 弧口手爪工具　(b) 平口手爪工具　　　　(a) 主盘　　　(b) 副盘

图 4-7　末端执行器示意图　　　　　图 4-8　快换装置

弧口手爪工具取放程序的运动控制部分遵循安全、不发生碰撞、轨迹合理的规则。弧口手爪工具取运动控制的流程主要包括① HOME 原点位置;② 过渡点位置;③ 接近点位置;④ 拾取点位置;⑤ 接近点位置;⑥ 过渡点位置;⑦ HOME 原点位置。流程中过渡点位置随外部系统环境进行调整,本任务接近点在弧口手爪工具正上方,拾取点为弧口手爪工具。I/O 控制部分控制主盘缩回和伸出,在拾取弧口手爪工具时,到达目标点上方后需要将主盘缩回,主盘和副盘才能吸合。在到达弧口手爪工具拾取点后控制主盘伸出。I/O 控制部分在流程中的位置为拾取点之前主盘缩回和拾取点主盘伸出。放弧口手爪工具程序流程和取弧口手爪工具类似同样分为 I/O 控制和运动控制两部分,不同点在于 I/O 控制部分,在放弧口手爪工具之前先执行主盘伸出,在到达弧口手爪工具拾取点后执行主盘缩回,即弧口手爪工具取程序和放程序在 I/O 控制上主盘缩回和伸出的流程位置互相颠倒。弧口手爪工具取程序流程如图 4-9 所示。

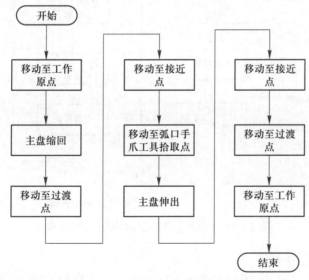

图 4-9　取弧口手爪工具流程图

平口手爪工具取放程序和弧口手爪工具取放类似,再次编写平口手爪工具取放程序。在机床上下料中四个取放程序使项目中的代码烦琐复杂,可通过程序复用减少程序代码。程序复用是通过调用同一程序,达到不同工作内容。例如,本项目中取弧口手爪工具和平口手爪工具,在流程中主要区别为拾取点和接近点不同。程序通过将接近点做成基于拾取点的平移运算达到效果,将拾取点更改为中间变量,在通过外部将末端执行器位置赋值到中间变量中,末端执行器取放程序可以完成程序复用。末端执行器取放示教点变量见表4-2。

表4-2 末端执行器取放示教点变量表

序号	位置名称	数据类型	功能说明	备注
1	Home	AXISPOS	取放弧口手爪工具位置	示教
2	ToolHome	AXISPOS	工业机器人取放快换工具原点位置	示教
3	ToolPos	CARTPOS	快换工具取放位置	中间变量
4	Transit	CARTPOS	快换工具取放位置	中间变量
5	ToolHuKouPos	CARTPOS	弧口手爪工具取放位置	示教
6	ToolPingKouPos	CARTPOS	平口手爪工具取放位置	示教
7	ToolXiPanPos	CARTPOS	吸盘工具取放位置	示教

程序复用工作流程和单个末端执行器取程序流程相似,在程序复用时,通过CALL指令进行调用,通过其他程序将ToolHuKouPos位置数据赋值给中间变量,再进入取末端执行器程序,程序调用和流程如图4-10所示。

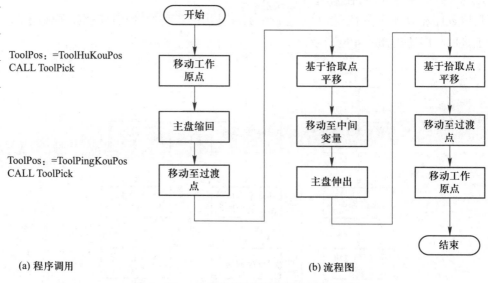

(a) 程序调用　　　　　　　　　　　　　(b) 流程图

图4-10 末端执行器取程序调用及流程

2. 检测程序结构

数控机床上下料中,不同零件加工使用的末端执行器不同,在本任务中,工业机器人根据零件类型自行更换末端执行器。检测程序主要由两个部分构成,一是根据库位信息判断需要使用的末端执行器类型;二是判断类型后调用取放末端执行器程序。末端执行器类型有两种,一种是弧口手爪工具,一种是平口手爪工具,零件类型分别为关节基座和电机外壳。末端执行器与零件如图 4-11 所示:

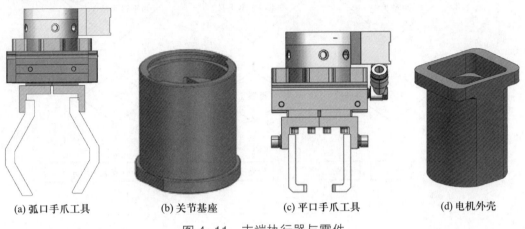

(a) 弧口手爪工具　　　　(b) 关节基座　　　　(c) 平口手爪工具　　　　(d) 电机外壳

图 4-11　末端执行器与零件

在末端执行器检测程序中,工业机器人需要检测末端执行器类型和仓库位置。在本项目中工业机器人检测末端执行器类型是 MCD 发送的信息,检测信息是工业机器人当前装载末端执行器的类型;检测仓库位置的信号是 PLC 发送的信息,仓库使用两层 6 库位的立体仓库,仓库第一行放置的零件为关节基座,通过判断仓库的行来区分零件类型,通过判断末端执行器类型和仓库位置,选择取放零件位置。仓库检测数据如表 4-3 所示。

表 4-3　仓库检测数据

变量名称	类型	说明
IEC.RB_Info_IoIIn［0］	INT	末端执行器类型:1 为弧口手爪工具,2 为平口手爪工具
IEC.UserDefineIntIn［6］	INT	仓库位置
ToolHuKouPos	CARTPOS	弧口手爪工具取放位置
ToolPingKouPos	CARTPOS	平口手爪工具取放位置

末端执行器检测程序,通过区分工业机器人装载末端执行器的类型结合零件类型,判断取放末端执行器。末端执行器检测程序中共有三种类型、六个分支。类型一为工业机器人当前没有装载末端执行器;类型二为工业机器人当前装载末端执行器类型为弧口手爪工具;类型三为工业机器人当前装载末端执行器类型为平口手爪工具,末端执行器类型检测流程图如图 4-12 所示。

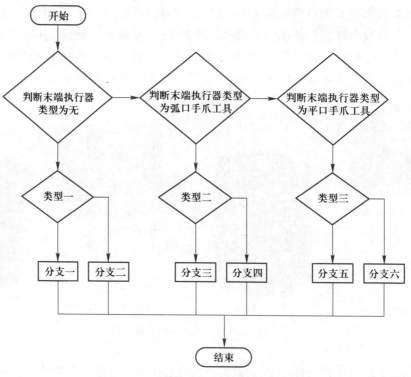

图 4-12 末端执行器类型检测流程图

判断工业机器人末端执行器的类型,末端执行器取放的调用类型根据三种类型下的分支确定。类型一下有两个分支,一是零件类型为关节基座需要拾取弧口手爪工具,零件类型对应仓库位置为 1~3 的零件,将弧口手爪工具位置赋值中间变量再调用取弧口手爪工具程序;二是零件类型为电机外壳需要拾取平口手爪工具,零件类型对应仓库位置为 4~6 的零件,将平口手爪工具位置赋值中间变量再调用取平口手爪工具程序。类型一取放末端执行器流程如图4-13 所示。

类型二为机器人当前末端执行器为弧口手爪工具,其下有两个分支,一是零件类型为关节基座则不用更换末端执行器,零件类型对应仓库位置为 1~3 的零件;二是零件类型为电机外壳,需先放下

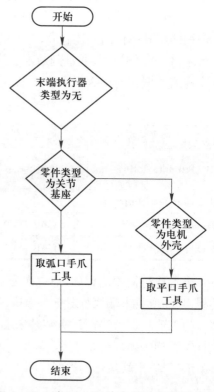

图 4-13 类型一取放末端执行器流程图

弧口手爪工具再拾取平口手爪工具,零件类型对应仓库位置为4~6的零件。类型二取放末端执行器流程如图4-14所示。

类型三为工业机器人当前末端执行器为平口手爪工具,其下有两个分支,一是零件加工类型为关节基座,则需先放下平口手爪工具再拾取弧口工具,零件类型对应仓库位置为1~3的零件;二是零件加工类型为电动机外壳则不用更换工具手,零件类型对应仓库位置为4~6的零件。类型三取放末端执行器流程如图4-15所示。

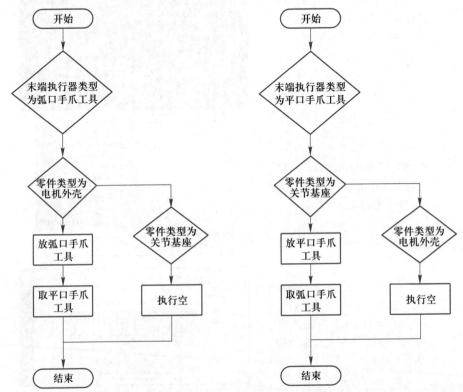

图4-14 类型二取放末端执行器流程图　　图4-15 类型三取放末端执行器流程图

🛠 任务实施

4.1.4 工业机器人项目与程序的建立

根据数控机床上下料程序结构示意图建立表4-4所示工业机器人程序。

微课
工业机器人项目与程序的建立

表4-4 工业机器人程序

序号	程序名称	程序说明
1	ToolPick	工业机器人取快换工具程序
2	ToolPut	工业机器人放快换工具程序
3	ToolCheck	工业机器人末端执行器检查程序

按照表4-4建立相关项目和程序,具体操作步骤见表4-5。

表4-5　项目与程序子程序建立的操作步骤

步骤	操作说明	示意图
1	通过单击菜单界面下的"项目"进入项目界面	
2	在"项目"界面中,选择"文件"上拉菜单中的"新建项目",建立项目和程序	
3	在弹出的"项目新建"对话框中,"项目名称"写入"work1",在"程序名称"写入"main",单击"√"按钮,即可完成项目和程序的建立	
4	在项目"work1"中,通过选择"文件"上拉菜单中的"新建程序",建立剩余程序	

步骤	操作说明	示意图
5	在"程序名称"一栏写入"PutTool",单击"√"按钮,完成程序"PutTool"的创建	Work — CloseGrip — Main — OpenGrip — PickPartFromCnc — PickPartFromStore — PickTool — PutPartT... — PutPartT... — ZnzzDemo 程序新建 项目名称 Work 程序名称 PutTool ✕ ✓
6	按照4~5的步骤建立表4-4中其余的程序	Work — ToolCheck — ToolPick — ToolPut —

4.1.5 末端执行器取放程序的编写

编写 ToolPick 程序,详细程序见表4-6。

微课
末端执行器取
放程序的编写

表4-6 ToolPick 程序

行号	程序	程序说明
1	PTP(Home)	工业机器人移动至工作原点
2	WaitTime(1000)	等待1 s
3	WaitIsFinished()	等待上一步完成
4	IEC.DO1[1]:= TRUE	主盘闭合置位
5	IEC.DO1[2]:= FALSE	主盘张开复位
6	WaitTime(1000)	等待1 s
7	WaitIsFinished()	等待上一步完成
8	PTP(ToolHome)	移动至工具快换支架过渡点
9	WaitTime(1000)	等待1 s
10	WaitIsFinished()	等待上一步完成
11	Transit:=ToolPos	将 ToolPos 的位置赋值给 Transit
12	Transit.z:= Transit.z+150	Z 方向偏移150 mm
13	WaitIsFinished()	等待完成
14	Lin(Transit)	移动至抓取点上方150 mm 处
15	WaitIsFinished()	等待上一步完成
16	Lin(ToolPos)	移动至抓取点
17	WaitIsFinished()	等待上一步完成
18	IEC.DO1[1]:= FALSE	主盘闭合复位
19	IEC.DO1[2]:= TRUE	主盘张开置位
20	WaitTime(2000)	等待2 s

行号	程序	程序说明
21	WaitIsFinished()	等待上一步完成
22	Lin(Transit)	偏移至抓取点 Z+150 mm 处
23	PTP(ToolHome)	移动至工具快换支架过渡点
24	WaitTime(1000)	等待 1 s
25	WaitIsFinished()	等待上一步完成
26	PTP(Home)	工业机器人移动至工作原点

设计完成 ToolCheck 程序,详细程序见表 4-7。

表 4-7　ToolCheck 程序

行号	程序	程序说明
1	IF(IEC.RB_Info_IoIIn[0]=0) AND(IEC.UserDefineIntIn[6]<4) THEN	如果末端执行器类型为无且仓库行为第一行
2	TempToolPos:= HukouToolPos	将弧口手爪工具位置数据赋值给 Temp-ToolPos
3	CALL ToolPick()	调用取快换工具程序
4	ELSIF(IEC.RB_Info_IoIIn[0]=0) AND(IEC.UserDefineIntIn[6]>3) THEN	否则如果末端执行器类型为无且仓库行为第二行
5	TempToolPos:= PingkouToolPos	将平口手爪工具位置数据赋值给 Temp-ToolPos
6	CALL ToolPick()	调用取快换工具程序
7	ELSIF(IEC.RB_Info_IoIIn[0]=1) AND(IEC.UserDefineIntIn[6]<4) THEN	否则如果末端执行器类型为弧口手爪工具且仓库行为第一行
8	WaitTime(500)	等待 0.5 s
9	ELSIF(IEC.RB_Info_IoIIn[1]=0) AND(IEC.UserDefineIntIn[6]>3) THEN	否则如果末端执行器类型为弧口手爪工具且仓库行为第二行
10	TempToolPos:= HukouToolPos	将弧口手爪工具位置数据赋值给 Temp-ToolPos
11	CALL ToolPut()	调用放快换工具程序
12	WaitTime(500)	等待 0.5 s
13	WaitIsFinished()	等待上一步完成
14	TempToolPos:= PingkouToolPos	将平口手爪工具位置数据赋值给 Temp-ToolPos
15	CALL ToolPick()	调用取快换工具程序
16	ELSIF(IEC.RB_Info_IoIIn[1]=2) AND(IEC.UserDefineIntIn[6]<4) THEN	否则如果末端执行器类型为平口手爪工具且仓库行为第一行

行号	程序	程序说明
17	TempToolPos:= PingkouToolPos	将平口手爪工具位置数据赋值给 TempToolPos
18	CALL ToolPut()	调用放快换工具程序
19	WaitTime(500)	等待 0.5 s
20	WaitIsFinished()	等待上一步完成
21	TempToolPos:= HukouToolPos	将弧口工具位置数据赋值给 TempToolPos
22	CALL ToolPick()	调用取快换工具程序
23	ELSIF(IEC.RB_Info_IoIIn[1]=2) AND(IEC.UserDefineIntIn[6]>3) THEN	否则如果末端执行器类型为平口手爪工具且仓库行为第二行
24	WaitTime(500)	等待 0.5 s
25	END_IF	结束判断
26	WaitTime(500)	等待 0.5 s
27	WaitIsFinished()	等待上一步完成

任务 4.2　立体仓库上下料程序设计

教学课件
任务 4.2

任务提出

在自动化系统中普遍使用立体仓库存储单元货物(原料、成品、半成品),其矩阵式的结构能够充分利用空间,且易于存取。大型仓库通常使用码垛机或类似设备实现货物的存取。在工业机器人应用场景中,则通过给机器人编写码垛程序实现货物的存取。

仓库既是生产流程的起点,也是终点。在智能制造系统中,工业机器人将待加工的原料从立体仓库取出,搬运到加工设备处。加工完成后,将成品从加工设备处搬运到立体仓库。取放的过程即码垛过程,可通过对仓库位置的计算得到机器人取放货物的位置。

通过学习功能程序、码垛知识,完成平移功能程序编写、仓库检测和取放程序的编制,本任务包含以下几个内容:

1. 功能程序 OFFS 的创建和编写;
2. 仓库取放程序编制与调试。

知识准备

4.2.1 功能程序设计

1. 功能程序设计流程

程序一般由若干个模块构成,每一个模块用来实现一个特定的功能。所有的高级语言中都有子程序这个概念,用子程序实现模块的功能。由主函数调用其他函数,其他函数也可以互相调用。同一个函数可以被一个或多个函数调用任意多次。

在汇博工业机器人编程语言中,子程序又分为普通程序和功能程序。功能程序是指若干程序指令集合在一起作为一个指令来记录,调用并执行该指令的功能。在实际应用中,功能程序可作为程序中的指令来执行;普通程序和源程序一样是程序指令区块,普通程序只能够通过调用进入,自身不能够自动执行,为了使程序结构化,易于更改和调试常用子程序,一般会将一个工序集合为一个普通程序。

功能程序和普通程序的不同点在于,功能程序一般由源程序书写名使用,带有参数返还值;普通程序只能通过 CALL 指令进行调用,功能程序和普通程序在使用上的区别如图 4-16 所示。

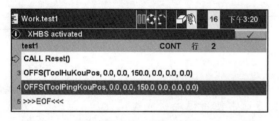

图 4-16　功能程序与子程序区别示意图

2. 平移功能程序

在机床上下料中,工业机器人程序运行会根据轨迹规划来进行,在轨迹规划中经常会遇到基于某示教点进行 X、Y、Z 方向平移。如取放快换工具程序通过赋值指令进行点位的平移,编写方式复杂,不能重复调用。可通过编制平移功能程序达成简化程序的目标。

平移功能程序主要实现基于示教点,在 X、Y、Z 方向进行平移的功能。本质上是将实参示教点、X、Y、Z 转化为形参并在功能程序中添加计算和运动指令的结果。平移功能程序中为了防止实参被更改,在功能程序下建立临时变量将实参数据通过形参转移至临时变量中,在临时变量的基础上进行计算运行,平移功能程序变量见表 4-8。

表 4-8　平移功能程序变量表

名称	类型	说明
Position	CARTPOS	形参位置数据
X0	REAL	形参 X 方向平移值
Y0	REAL	形参 Y 方向平移值
Z0	REAL	形参 Z 方向平移值

名称	类型	说明
CP0	CARTPOS	临时变量位置数据
X1	REAL	临时变量 X 方向平移值
Y1	REAL	临时变量 Y 方向平移值
ZI	REAL	临时变量 Z 方向平移值

平移功能程序主要功能是基于示教点,在 X、Y、Z 方向进行平移,计算运动程序通过更改临时变量 CP0 在 X、Y、Z 方向上的平移量。形参的位置数据赋值给 CP0,在通过赋值后的临时变量将 X0、Y0、Z0 的平移量分别赋值给 CP0 的 X、Y、Z 方向上,计算完成后执行运动指令运行到 CP0 点位置,平移功能程序流程图如图 4-17 所示。

4.2.2 基于码垛的仓库取放程序设计

在机床上下料中,工业机器人从立体仓库进行取放料。本项目中立体仓库结构具有规律、整齐、平稳的特点,在码垛中,码垛的过程也具有规律、整齐、平稳的特点,根据码垛的思路编制零件出入库程序,使用码垛程序实现在仓库取放零件。

微课
基于码垛的仓库取放程序设计

图 4-17 平移功能程序流程图

1. 垛型解析

码垛是工业机器人的典型应用,通常分为堆垛和拆垛两种。堆垛是指利用工业机器人从指定的位置将相同零件按照特定的垛型进行码垛堆放的过程;拆垛是利用工业机器人将按照特定的垛型进行存放的零件依次取下,搬运至指定位置的过程。

码垛垛型指的是码垛时零件堆叠的方式方法,是指零件有规律、整齐、平稳地码放在托盘上的码放样式。根据生产中零件的实际堆叠样式,本项目中立体仓库的取放和重叠式码垛相似。重叠式码垛:各层码放方式相同,上下对应,机器人码垛先按层数以一行一列为基准,按照一行二列,一行三列……四行四列,四行五列的顺序摆放,如图 4-18 所示。

2. 算法解析

仓库取放程序码垛算法和重叠式码垛算法类似,主要通过基准位置,计算零件所在平面的行和列,相邻行的零件在 Z 方向的距离相同,相邻列的零件在 X 方向距离相同,通过获取零件的行列和零件行列之间的距离,零件行数与行距相乘获取零件 Z 方向的平移量,零件列数与列之间的距离相乘获取 X 方向的平移量,立体

仓库正视结构如图 4-19 所示。

(a) 重叠式码垛   (b) 立体仓库结构

图 4-18　码垛及仓库结构示意图

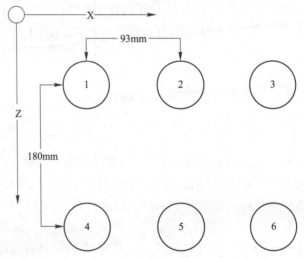

图 4-19　体仓库正视结构图

　　行列号的计算根据以下计算方法进行(在计算行时,用到汇博工业机器人语言中除法运算):整数运算中求一个整数除以另一个整数时取整数商的运算,且不考虑运算的余数。MOD 是一个求余函数,即两个数值表达式做除法运算后的余数。一般计数从 0 开始,本任务中 1 号零件便是 0,在平移时 0~2 的零件行号计算结果始终为 0,在 Z 方向的平移量也为 0;本任务零件计数从 1 开始,零件计数减 1 后计算出结果公式如下。

$$L = (N-1)/X$$
$$C = (N-1) \, \text{MOD} \, X$$

公式中 L 代表行号;N 代表当前库位号;X 代表每列零件数量;C 代表列号。在立体仓库取放中,第 N 个零件在本项目中变量为仓库位置 "IEC.UserDefineIntIn[6]",数据变量由工业机器人发送。仓库行列号计算方法为:行 =(仓库位置 −1)/3;列 =(仓库位置 −1) MOD 3。平移量的计算方法为:X 方向平移量 = 列 ×93;Z 方向平移量 = 行 ×180。

3. 程序设计

仓库取放程序主要由仓库检测程序和仓库取、仓库放程序组成。仓库取和仓库放程序主要由取零件和放零件的 I/O 控制和运动控制组成,仓库检测通过仓位号判断零件类型,并结合码垛的形式计算抓取点。

仓库取放程序类似于快换工具取放程序的过程,先调用仓库检测程序获取拾取点位置,同时取放程序遵循程序复用并使用平移功能程序,具体仓库取放程序流程和快换工具取放程序流程类似,程序变量见 4-9。

表 4-9 程序数据变量表

变量名称	类型	说明
HOME	AXISPOS	仓库位置
StoreHome	AXISPOS	仓库过渡点
PartPosInStore	CARTPOS	通用
StorePos	CARTPOS	仓库零件抓取位
StoreTransit	AXISPOS	仓库准备点

仓库拾取程序流程根据仓库结构来,工业机器人从工作原点开始,在运行至过渡点,接近仓库库位的安全点,拾取点上方再到拾取点,之后手爪工具夹紧,按照轨迹反向运行;接近点和拾取点为中间变量,主要由仓库检测程序计算得到,仓库放零件的流程和取零件类似,以上程序流程图如图 4-20 所示。

在仓库取放程序中,取放的位置由仓库检测程序完成计算选取。在本项目上下料中,立体仓库零件一共有两种类型,根据码垛思路,需要计算抓取点,抓取点类型有两种,抓取点类型可以根据行号确认,再根据码垛计算平移量进行偏移。程序中的变量主要由仓库号、码垛的基准点即关节基座在 1 号库位的示教点数据和电机外壳在 1 号库位的示教点数据,X、Z 的平移量,以及抓取点的存放变量具体变量见表 4-10。

表 4-10 程序数据变量表

变量名称	类型	说明
IEC.UserDefineIntIn［6］	INT	仓库位置
Storepos1	CARTPOS	关节基座位置
Storepos2	CARTPOS	电机外壳位置
PartPosInStore	CARTPOS	通用
Hang	Int	行号

变量名称	类型	说明
Lie	Int	列数
StorePos	CARTPOS	仓库零件抓取位置
X1	REAL	X 方向平移量
Z1	REAL	Z 方向平移量
Transit	CARTPOS	通用

仓库检测程序先进行零件类型判断,将关节基座或者电机外壳位置放在变量 Transit 中,再计算 X 和 Z 方向的平移量,将平移的数值再代入 Transit 的 X 和 Z 中,最后获取的抓取点位置传输给 StorePos。注意平移量只是数值大小,工业机器人运动在 X 和 Z 方向上具有指向性,根据工业机器人在仓库往 Z 方向运动时为实际机器人 Z 方向为–Z,机器人往仓库 X 方向运行时机器人实际运动方向为+X,具体流程如图4-21所示。

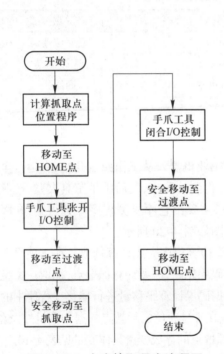

图 4-20 仓库拾取程序流程图

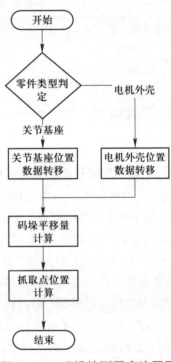

图 4-21 码垛检测程序流程图

任务实施

4.2.3 功能程序 OFFS 的创建和编写

1. 建立平移功能程序

平移功能程序建立具体步骤见表4-11。

表 4-11　平移功能程序建立操作步骤

步骤	操作说明	示意图
1	单击菜单界面下的"项目"进入"项目"界面	
2	在"项目"界面中,选择"文件"上拉菜单中的"新建功能",进入功能程序创建对话框	
3	在"功能名"中命名功能程序名为"OFFS",在"结果类型"中选择"no_value",单击"√"按钮,完成功能程序的创建	
4	单击菜单界面中的"变量监测",进入"变量监测"界面,建立相关变量	

步骤	操作说明	示意图
5	选中"功能 OFFS",选择"变量"上拉菜单中的"新参数",选择参数类型	功能 [OFFS] L 程序: [PartIntoStore] L 程序: [PickPartFromCamera] L 程序: [PickPartFromCnc] L 程序: [PickPartFromStore] L 程序: [PutPartToCamera] L 程序: [PutPartToCnc] [toStore] 删除 粘贴 [ck] 复制 [s] 剪切 重命名 新建 类型 类别 新参数 变量 示教 清除未... 检查
6	建立"CARTPOS"类型参数并命名为"Position"。参数 Position 作为平移功能参考对象	位置 AXISPOS 信号 CARTDIST 动力学及重叠优化 CARTFRAME 坐标系统和工具 CARTPOS 系统及技术 CARTPOSTURN0 Position 1 2 3 4 5 6 7 8 9 0 - = q w e r t y u i o p [ ] ← 控制键 ↓ a s d f g h j k l ; Alt ↑ ' z x c v b n m , . ✕ ✓
7	选中"功能 OFFS",选择"变量"上拉菜单中的"新参数",选择参数类型	功能 [OFFS] L 程序: [PartIntoStore] L 程序: [PickPartFromCamera] L 程序: [PickPartFromCnc] L 程序: [PickPartFromStore] L 程序: [PutPartToCamera] L 程序: [PutPartToCnc] [toStore] 删除 粘贴 [ck] 复制 [s] 剪切 重命名 新建 类型 类别 新参数 变量 示教 清除未... 检查

步骤	操作说明	示意图
8	单击"基本类别",选中"REAL"	
9	命名参数为"X0",单击"√"按钮,完成形参"X0"的建立	
10	按照步骤7的方法依次建立"Y0""Z0",完成形参的建立	
11	建立功能函数的临时变量,单击"变量"上拉菜单中的"新建",进入变量类型选择	

步骤	操作说明	示意图
12	参照 6~10 的步骤建 CARTPOS 类型变量"CP0",REAL 类型变量"X1""Y1""Z1"	<table><tr><td>A11: REAL</td></tr><tr><td>B1: REAL</td></tr><tr><td>C1: REAL</td></tr><tr><td>⊞ cp0: CARTPOS</td></tr><tr><td>X1: REAL</td></tr><tr><td>Y1: REAL</td></tr><tr><td>Z1: REAL</td></tr></table>

2. 编写平移功能程序

编写 OFFS 功能程序,详细程序见表 4-12。

表 4-12　OFFS 功能程序详情

行号	程序	程序说明
1	WaitIsFinished()	等待上一步完成
2	cp0:=Position	将参数 Position 的值赋值给 CP0
3	X1:=X0	将参数平移 X0 的值赋值给 X1
4	Y1:=Y0	将参数平移 Y0 的值赋值给 Y1
5	Z1:=Z0	将参数平移 Z0 的值赋值给 Z1
6	WaitIsFinished()	等待上一步完成
7	cp0.x:=cp0.x+X1	X 轴方向平移计算
8	cp0.y:=cp0.y+Y1	Y 轴方向平移计算
9	cp0.z:=cp0.z+Z1	Z 轴方向平移计算
10	WaitIsFinished()	等待上一步完成
11	Lin(cp0)	移动至平移后的点
12	WaitIsFinished()	等待上一步完成

4.2.4　仓库取放程序编制与调试

仓库取放程序主要分为两部分,一是基于码垛的位置计算程序,另一部分为仓库取放程序编写。

1. 基于码垛的位置计算程序

根据变量说明和程序设计编写仓库检测程序见表 4-13。

表 4-13　基于码垛的位置计算程序详情

行号	程序	程序说明
1	IF IEC.UserDefineIntIn[6]<4	如果零件类型为关节基座
2	Transit:=Storepos1	将 Storepos1 赋值给 PartPosInStore
3	ELSEIF IEC.UserDefineIntIn[6]>3	否则如果零件类型为电机外壳
4	Transit:=Storepos2	将 Storepos2 赋值给 PartPosInStore

行号	程序	程序说明
5	END_IF	结束判断
6	Hang:=(IEC.UserDefineIntIn[6]-1)/3	当前零件所在行＝零件所在位置−1的差值除以列数
7	Lie:=(IEC.UserDefineIntIn[6]-1)MOD 3	当前零件所在列＝仓库所在位置−1的差对列数取余列数
8	Z1:=hang*180	计算 Z 方向的平移量
9	X1:=lie*93	计算 X 方向的平移量
10	PartPosInStore.x:= Transit.x+x1	更改码垛 X 方向位置
11	PartPosInStore.Z:= Transit.Z-Z1	更改码垛 Z 方向位置
12	StorePos:= PartPosInStore	将更改的值赋值给 Transit
13	WaitIsFinished()	等待完成

2. 仓库取放程序编写

编写 PickPartFromStore 程序,详细程序见表 4-14。

表 4-14　仓库取放程序详情

行号	程序	程序说明
1	CALL SotreCheck	调用仓库检测程序
2	CALL OpenGrip()	调用手爪工具张开子程序
3	PTP(StoreHome)	移动至仓库过渡点
4	PTP(StoreTransit)	移动至仓库准备点
5	OFFS(ToolPos,0.0,80.0,30.0)	平移至距零件 Y 方向 80 mm、Z 方向 30 mm 处
6	OFFS(ToolPos,0.0,0.0,30.0)	平移至距零件 Z 方向 30 mm 处
7	Lin(ToolPos)	移动至抓取点
8	CALL CloseGrip()	调用手爪工具闭合子程序
9	OFFS(ToolPos,0.0,0.0,30.0)	平移至距零件 Z 方向 30 mm 处
10	OFFS(ToolPos,0.0,80.0,30.0)	平移至距零件 Y 方向 80 mm、Z 方向 30 mm 处
11	PTP(StoreTransit)	移动至仓库准备点
12	PTP(StoreHome)	移动至仓库过渡点

3. 仓库取放程序调试

仓库取放程序编写完成,通过 HMI 界面进行程序调试,调试见表 4-15。

表 4-15　仓库取放程序调试操作步骤

步骤	操作说明	示意图
1	单击菜单界面下的"项目"进入"项目"界面	
2	在"项目界面"中选中"Pick-PartFromStore"	
3	单击"加载",进入 HMI 界面	
4	在 HMI 界面单击"操作界面"下的"手动测试"使系统进入手动测试模式	

步骤	操作说明	示意图
5	在"机器人测试界面"选择2号库位零件,进行数据传输	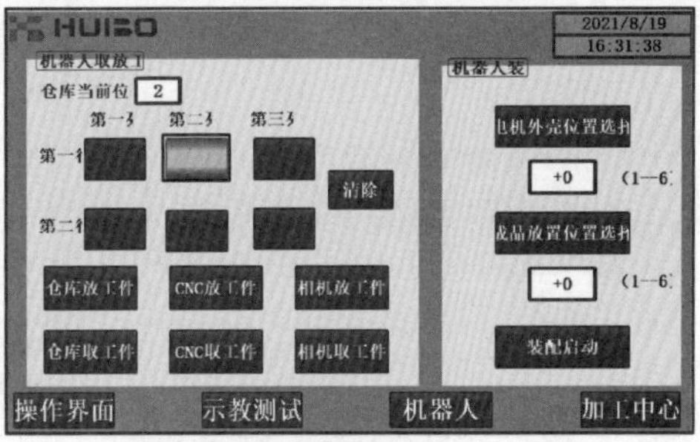
6	检测机器人状态为弧口手爪工具在主盘上,如右图所示	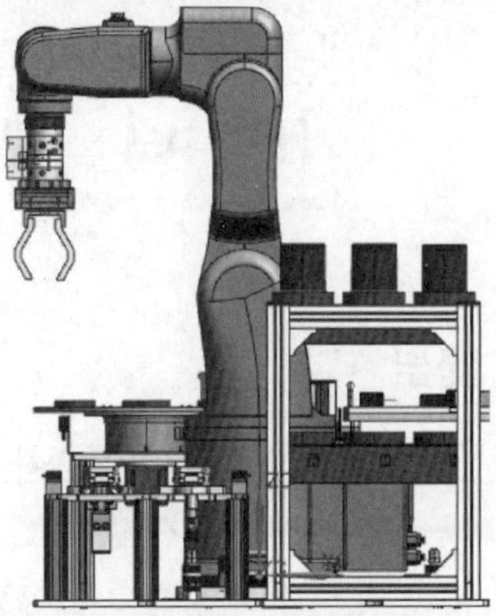
7	单击"仓库取工件",开始进入调试流程	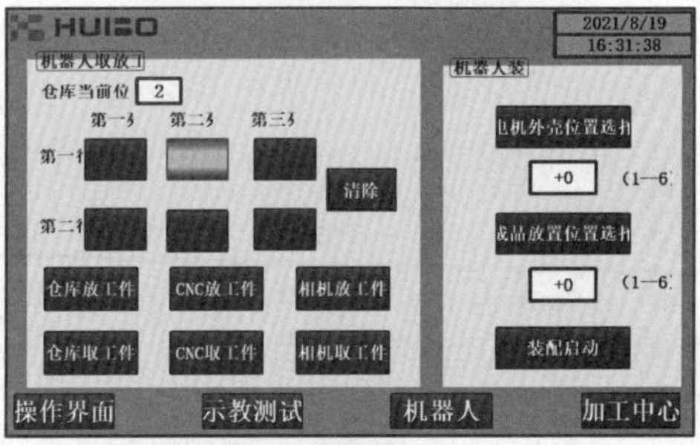
8	运行 PickPartFromStore 程序,在 MCD 中监测机器人能否抓取2号关节基座	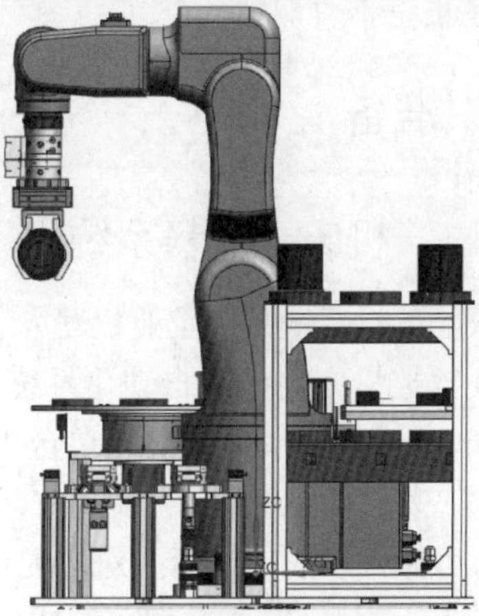

步骤	操作说明	示意图
9	单击"清除"将绑定的物料清除,并按照同样的方法测试其他零件	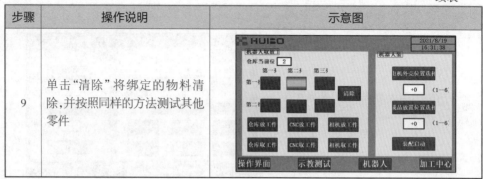

任务 4.3　智能制造上下料应用

任务提出

机床上下料机器人在加工中心上下料环节可取代人工完成零件的自动装卸功能,同时可以替代人工实现镗铣加工单元的生产线上的零件搬运、取件、装卸等上下料作业,以及实现零件翻转和工序转换。机床上下料机器人通过编程示教实现系统的运行。

机床上下料是生产流程的总流程。工业机器人按照指定流程将零件放至机床中加工,再将加工完成的零件从机床取出放回仓库。流程的实现通过编制机床上下料程序完成。

本任务通过学习机床上下料系统和智能制造上下料的流程,完成机床上下料的程序编制和运行调试。本任务包括以下几个内容:

1. 机床上下料的程序编制;
2. 机床上下料调试。

知识准备

4.3.1　机床上下料系统

机床上下料系统是由工业机器人、料仓系统、末端夹持系统、控制系统、安全防护系统及数控机床组成的自动化系统。通过系统集成,可构建多元产品自动化系统。机床上下料系统,可以实现单台机床、加工单元、流水线和柔性加工单元的加工自动化。若产品工艺复杂,系统中可以存在多台机床,一般机床上下料系统中工业机器人可做到一对一或者一对多配置,机床上下料系统如图 4-22 所示。

机床上下料系统,主要用于完成加工单元和自动化生产线待加工的毛坯件的

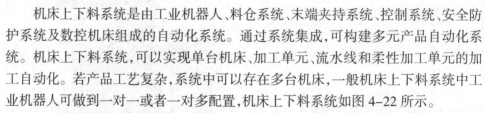

加工过程。用工业机器人代替人工拾取毛坯件,进行机床上料、机床加工、机床加工完成后的下料、机床与机床之间的工序转换、毛坯件的搬运和毛坯件的反转等。可以实现车削、铣削、钻削金属和塑胶等自动化加工过程。

机床上下料系统由机器人控制系统主导,由工业机器人控制末端执行器从仓库中取件,放置到机床中,并控制机床夹具开合,工业机器人控制机床加工,零件加工完毕后由工业机器人进行取件,放置到仓库中,工业机器人按照此流程循环工作。在智能制造机床上下料系统中,由 MES 作为主导,工业机器人接收相应指令,执行相应运动。程序执行流程类似,不同的是 MES 会根据各单元运行状态,智能调度,如机床 1 正在加工零件,机床 2 空闲,工业机器人也处于空闲状态,MES 会调度工业机器人取件到机床 2 加工。智能制造机床上、下料系统的工作站布局示意图如图 4-23 所示。

图 4-22　机床上下料系统

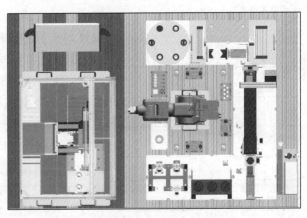

图 4-23　工作站布局示意图

4.3.2　上下料程序设计

智能制造机床上下料流程主要完成一个关节基座和电机外壳的半实物虚拟加工,区别于机床上下料系统,智能制造机床上下料由外部控制系统调度工业机器人上下料流程。可以根据工业机器人程序流程和程序结构,编制机床上下料程序。

1. 机床取放料程序设计

机床取放料程序主要由机床放料和机床取料两个程序组成。机床取放料主要靠工业机器人控制末端执行器夹取零件放置到机床夹具上或从机床夹具上取回零件。机床取放料程序分为运动控制和外部 I/O 控制两部分,运动控制部分控制工业机器人从工作原点运行至机床夹具位置,再从夹具位置返回工作原点。I/O 控制部分控制工业机器人末端执行器的张开/闭合与机床夹具的张开/闭合。

程序中包含的变量主要有工作原点、机床过渡点、电机外壳位置、关节基座位置、仓库位置。仓库位置主要作用是辨别工业机器人放置零件到机床的取放位置,变量见表 4-16。

表 4-16 机床取放零件变量

序号	位置名称	数据类型	功能说明	备注
1	CncHome	AXISPOS	取放弧口手爪工具位置	示教
2	PartPosInCnc	CARTPOS	夹具放置位	通用赋值
3	MotorPosInCnc	CARTPOS	电机外壳夹具取放位置	通用赋值
4	BasePosInCnc	CARTPOS	关节基座夹具取放位置	示教
5	IEC.UserDefineIntIn［6］	Int	仓库位置	外部发送

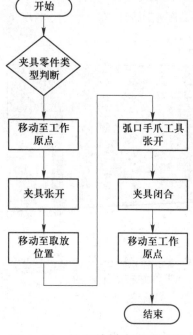

图 4-24　机床放料程序流程图

以机床放料程序为例,流程和工具取放程序类似。工业机器人先根据零件类型判断夹具的类型,工业机器人夹持关节基座零件或电机零件运行至工作原点,控制机床夹具张开,运行至机床过渡点,运行至夹具位置的接近点,将电机外壳或关节基座放置到夹具中,控制弧口手爪工具张开,回到夹具位置的接近点,运行至机床过渡点,控制机床夹具闭合,运行至工作原点。其程序流程图如图 4-24 所示。

2. 上下料流程设计

智能制造机床上下料系统由外部控制系统主导,工业机器人通过识别外部信号控制工业机器人完成指定任务。本任务通过 PLC 发送指令完成工业机器人复位,从仓库取料放置到机床中,零件加工完成后由工业机器人从机床取料放回仓库中。在机床上下料系统中,PLC 发送指令控制工业机器人运行,同时工业机器人向 PLC 反馈工业机器人状态和工业机器人请求机床上料信号:示教号为 11 时,工业机器人进入仓库取件流程;示教号为 12 时,工业机器人进入仓库放工件流程;示教号为 21 时,工业机器人进入机床取料流程;示教号为 22 时,工业机器人进入机床放料流程;工业机器人状态为 100 时,表示空闲,200 时表示忙碌;上料允许为 100 时代表允许上料,为 200 时代表不允许机床上下料;工业机器人控制字为 100 时代表进入系统运行状态。具体变量见表 4-17。

表 4-17　上下料变量

变量名称	类型	说明
IEC.UserDefineIntIn［0］	INT	工业机器人控制字
IEC.UserDefineIntIn［1］	INT	示教号
IEC.UserDefineIntIn［2］	INT	上料允许
IEC.UserDefineIntOUT［0］	INT	工业机器人状态
IEC.UserDefineIntOUT［2］	INT	工业机器人机床上料请求

工业机器人系统开始运行由工业机器人控制字进行控制,工业机器人上下料流程由 PLC 指定,相关变量为示教号,分别由工业机器人仓库取料、工业机器人仓库放料、机床上料、机床下料四个流程控制,每个流程由 PLC 发送指令控制执行。在机床上下料过程中,系统启动前对工业机器人进行复位,复位完成后由 PLC 启动上下料流程,工业机器人开始运行,PLC 先判断工业机器人状态,根据工业机器人状态发送示教号,工业机器人接收指令完成指定流程,指定流程根据 WHILE 循环执行,直至系统接收 PLC 指令停止运行,主程序流程如图 4-25 所示。

根据零件类型到仓库取料,PLC 发送工业机器人仓库取料指令,工业机器人进入仓库取料流程,工业机器人状态变为运行中,流程开始。取零件需要装载末端执行器,先执行末端执行器检测并装载,再执行仓库取料。仓库取料流程如图 4-26 所示。

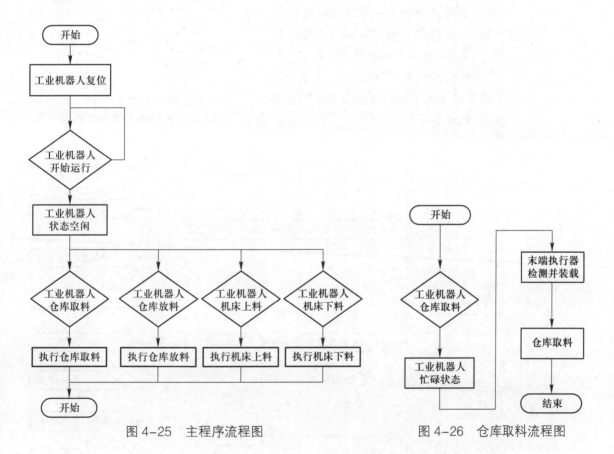

图 4-25　主程序流程图　　　　　　　　图 4-26　仓库取料流程图

仓库放料流程和取料流程类似不做赘述,以下为工业机器人机床上料流程。根据零件类型到机床上料,PLC 发送工业机器人机床上料指令,工业机器人进入机床上料流程,工业机器人状态变为运行中,流程开始。先发送工业机器人空闲请求,若为忙碌,则等待 2 s,直至为空闲,再发出机床上料请求,PLC 控制机床门开,工业机器人判断机床能否上料,之后执行末端执行器检测并装载,再执行机床上料。工

业机器人机床放料流程如图 4-27 所示。

3. 程序结构设计

根据工业机器人在数控机床上下料的流程和要求,工业机器人上下料程序结构可按照功能划分程序。主程序用于执行 PLC 指令调用相关流程;系统复位对工业机器人上下料系统进行复位;末端执行器单元分为末端执行器检测、末端执行器取和末端执行器放程序,末端执行器取放程序由末端执行器检测进行判断调用;仓库单元可分为仓库检测、仓库取、仓库放和末端执行器 I/O 控制四个程序;数控单元可大致分为末端执行器 I/O 控制、机床上料和机床下料三个程序;此外还有 OFFS 功能程序。工业机器人数控机床上下料程序结构示意图如图 4-28 所示。

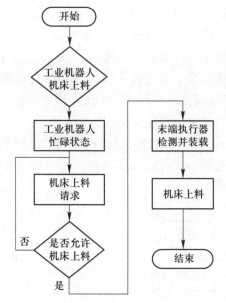

图 4-27 工业机器人机床上料流程图

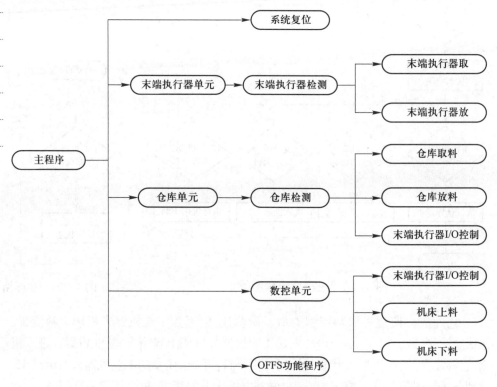

图 4-28 机床上下料程序结构示意图

4.3.3 机床上下料程序编制

1. PickPartFromCnc 程序编制

在仓库单元程序中,以仓库取料程序 PickPartFromStore 为例进行介绍,其他程序请自行设计。PickPartFromCnc 程序见表 4-18。

表 4-18 PickPartFromCnc 程序详情

行号	程序	程序说明
1	IF(IEC.UserDefineIntIn[6]>0) AND(IEC.UserDefineIntIn[6]< 4)THEN	如果零件位于第一行,则零件类型为电机基座
2	PartPosInCnc:= BasePosInCnc	电机基座位置赋值给 PartPosInCnc
3	ELSIF IEC.UserDefineIntIn[6]>3 THEN	否则零件位于第二行,零件类型为电机成品
4	PartPosInCnc:= MotorPosInCnc	电机成品位置赋值给 PartPosInCnc
5	END_IF	结束判断
6	PTP(CncHome)	工业机器人移动至机床工作原点
7	CALL OpenGrip()	调用手爪工具张开程序
8	IEC.EXDO[15]:= FALSE	加工中心夹具松开
9	WAIT IEC.EXDI[15]= FALSE	等待加工中心夹具松开完毕
10	OFFS(PartPosInCnc,0.0,0.0,150.)	在 Transit 的 Z 轴正方向平移 150 mm
11	Lin(PartPosInCnc,speed)	工业机器人移动至平移后的位置
12	CALL CloseGrip()	调用手爪工具夹紧程序
13	Lin(Transit)	工业机器人移动至平移后的位置
14	PTP(CncHome)	工业机器人移动至机床工作原点

2. 机床上下料主程序编写

主程序的编制见表 4-19。

表 4-19 main 程序详情

行号	程序	程序说明
1	CALL Reset()	工业机器人初始化
2	WaitTime(2000)	等待 2 s
3	WHILE IEC.UserDefineIntIn[0]=100 DO	如果工业机器人控制字为100,进入循环
4	IEC.UserDefineIntOUT[0]:= 100	发送工业机器人状态为空闲
5	IF IEC.UserDefineIntIn[1]= 11 THEN	如果示教号为11
6	IEC.UserDefineIntOUT[0]:= 200	发送工业机器人状态为忙碌
7	WaitTime(2000)	等待 2 s

行号	程序	程序说明
8	CALL ToolCheck()	调用末端执行器检测程序
9	CALL PickPartFromStore()	调用仓库取料程序
10	WaitTime(2000)	等待2 s
11	ELSIF IEC.UserDefineIntIn[1]=12 THEN	如果示教号为12
12	IEC.UserDefineIntOUT[0]:= 200	工业机器人状态变为忙碌状态
13	WaitTime(2000)	等待2 s
14	CALL ToolCheck()	调用末端执行器检测程序
15	CALL PutPartToStore()	调用仓库放料程序
16	WaitTime(2000)	等待2 s
17	ELSIF IEC.UserDefineIntIn[1]=21 THEN	如果示教号为21
18	IEC.UserDefineIntOUT[0]:= 200	工业机器人状态变为忙碌状态
19	WaitTime(2000)	等待2 s
20	IEC.UserDefineIntOUT[2]:= 100	工业机器人请求上料
21	IF IEC.UserDefineIntIn[2]:=100	如果接收到上料允许信号
22	CALL ToolCheck()	调用末端执行器检测程序
23	CALL PickPartFromCnc()	调用机床上料程序
24	WaitIsFinished()	等待上一步完成
25	WaitTime(2000)	等待2 s
26	IEC.UserDefineIntOUT[2]:= 0	工业机器人请求上料信号复位
27	WaitIsFinished()	等待上一步完成
28	END_IF	结束判断
29	ELSIF IEC.UserDefineIntIn[1]=22 THEN	如果示教号为22
30	IEC.UserDefineIntOUT[0]:= 200	工业机器人状态变为忙碌状态
31	WaitTime(2000)	等待2 s
32	IEC.UserDefineIntOUT[2]:= 100	工业机器人请求上料
33	IF IEC.UserDefineIntIn[2]:=100	如果接收到上料允许信号
34	CALL ToolCheck()	调用末端执行器检测程序
35	CALL PutPartToCnc()	调用机床下料程序
36	WaitIsFinished()	等待上一步完成
37	WaitTime(2000)	等待2 s
38	IEC.UserDefineIntOUT[2]:= 0	工业机器人请求上料信号复位
39	WaitIsFinished()	等待上一步完成
40	END_IF	结束判断
41	END_IF	结束判断
42	END_WHILE	结束循环

4.3.4 机床上下料调试

在机床上下料系统中,通过编制机器人上下料程序和示教机器人上下料项目中的点位,完成机床上下料程序的编制。为保证程序正常运行,通过 HMI 绑定仓位运行测试,调试验证机床上下料系统运行。调试步骤如下。

(1) 开启 FANUC 数控机床设备,将关节基座加工程序"06001"用 U 盘导入机床中并设定主程序,如图 4-29 所示。

(2) 操作机床面板,打开"工件坐标系"界面,完成对刀,如图 4-30 所示。

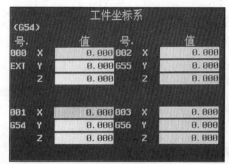

图 4-29　机床程序界面　　　　　图 4-30　机床对刀

(3) 开启 FANUC 数控机床设备,并将机床的模式切换到"自动模式",如图 4-31 所示。

(4) 使用博图软件下载"Znzz1X-PLC 程序(初级 - 网孔版 - 应用编程)"到 PLC 和 HMI 中,如图 4-32 所示。

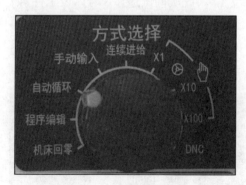

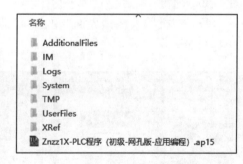

图 4-31　机床模式示意图　　　　　图 4-32　PLC 程序示意图

(5) 打开工业机器人示教器"变量监测"界面,通过勾选"RB_Interface_On: BOOL"和"XPLC_Server_req:BOOL"变量,建立 MCD 和 PLC 的通信连接,通信建立如图 4-33 所示。

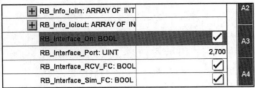

图 4-33 机器人通信建立

（6）在外部信号配置中，选中"TCP"选项卡，单击右侧"刷新"图标，直至服务器状态信息为"可访问"，单击"确定"按钮，工业机器人与 MCD 通信连接成功，如图 4-34 所示。

（7）在 HMI 界面单击"操作界面"下的"手动测试"按钮，使系统进入手动测试模式，如图 4-35 所示。

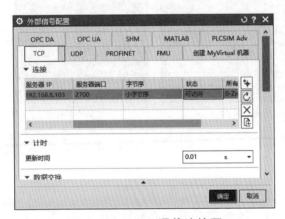

图 4-34 MCD 通信连接图

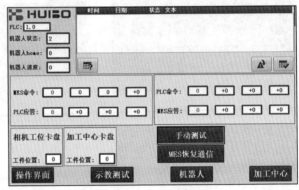

图 4-35 HMI 操作界面

（8）在"机器人测试界面"选择任意库位工件，此次调试选择 3 号库位工件，如图 4-36 所示。

（9）在"机器人测试界面"单击"自动流程"，系统进入关节基座加工流程，如图 4-37 所示。

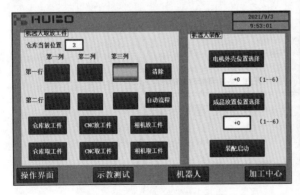

图 4-36 库位选择示意图

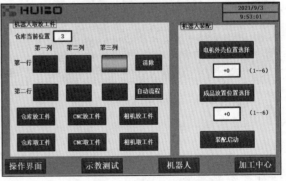

图 4-37 流程开始示意图

（10）启动工业机器人设备，加载项目"Work"中的"main"程序，切换到"自动"模式，并运行该程序，如图4-38所示。

（11）在MCD中观测工业机器人和加工中心是否正确运行，完成工业机器人拾取工件加工入库流程，如图4-39所示。

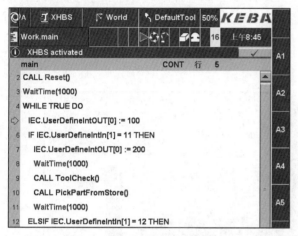

图4-38 机器人程序运行

图4-39 上下料系统运行观测图

（12）在"机器人测试界面"单击"清除"按钮，将关节基座加工流程清除，选中"5号库位"单击"自动流程"按钮，系统进入电机外壳加工流程，按照（1）~（11）的流程完成电机外壳加工的调试流程，如图4-40所示。

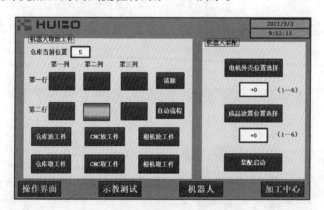

图4-40 电机外壳库位选定

项 目 拓 展

1. 基于图4-41所示的仿真工作站和半实物仿真系统，在示教器中创建工业机器人控制任务，编写工业机器人程序，实现用工业机器人完成关节部件的上料、

输送、装配和入库过程。

运行要求如下：

（1）系统复位：为工业机器人编写复位程序，完成工业机器人回到工作原点，机床夹具张开，机床回到工作原点操作。

（2）关节基座装配：编写快换工具取放程序、仓库取放程序和仓库检测程序。在 HMI 选中指定库位，启动装配后，工业机器人自动取快换工具，工业机器人将关节基座装配至水平变位机上的定位模块，定位气缸伸出固定关节基座，HMI 界面如图 4-42 所示。

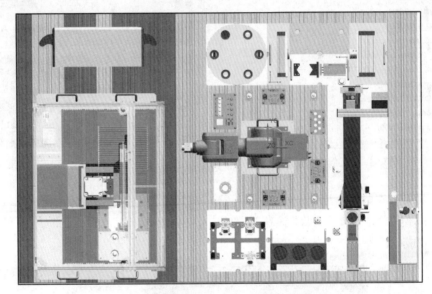

图 4-41　仿真工作站

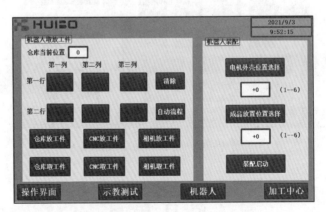

图 4-42　机器人流程控制界面

（3）电机成品装配：编写电机成品装配程序，完成电机成品出库，装配到电机基座中，将输出法兰正确搬运至关节基座内，并顺时针旋转 90°。

（4）法兰装配：编写法兰斜面装配程序，完成快换工具切换，井式上料模块输出法兰到输送带末端，变位机自动面向工业机器人一侧翻转20°，工业机器人拾取输出法兰。

（5）成品入库：编写入库流程程序，完成工业机器人快换工具切换，变位机自动运行至水平位置，工业机器人抓取成品，工业机器人将成品入库。

2. 基于图4-41所示的仿真工作站和半实物仿真系统，在示教器中创建工业机器人控制任务，编写工业机器人程序实现电机外壳和关节基座的加工，电机外壳和关节基座指定入库过程。

运行要求如下：

（1）系统复位：为工业机器人编写复位程序，完成工业机器人回到工作原点、机床夹具张开、机床回到工作原点操作。

（2）电机外壳加工：编写快换工具取放程序、旋转供料模块控制程序、机床上料程序。完成工业机器人取快换工具，控制旋转供料模块旋转至抓取位，工业机器人拾取电机外壳，工业机器人完成电机机床上料，并加工。

（3）电机外壳入库：编写入库程序、入库检测程序、机床下料程序。在HMI指定入库位置，工业机器人从机床下料，工业机器人将电机外壳放置到指定仓库位置，HMI界面如图4-43所示。

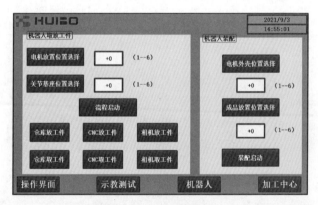

图4-43 流程控制图

（4）关节基座加工：编写关节基座加工流程程序。完成工业机器人拾取，由HMI指定关节基座位置，工业机器人将关节基座放置到加工中心完成工件加工。

（5）关节基座入库：编写关节基座入库流程程序，完成工业机器人从机床取关节基座成品，工业机器人将关节基座成品按照HMI指定位置入库。

项目五　智能制造系统虚拟调试

 证书技能要求

智能制造生产管理与控制职业技能等级要求(中级)	
2.3.1	能够根据工作任务要求,进行智能制造单元系统运行前相关参数的检查、测试和确认
2.3.2	能够根据工作任务要求,对智能制造单元进行故障的排查和处理,完成系统运行前的准备
2.3.3	能够根据工作任务要求,对智能制造单元各设备之间的通信进行测试
2.4.1	能够根据工作任务要求,给定不同产品工艺流程,完成智能制造单元系统的调整。利用虚拟调试工具使用给定的 PLC 和 MES 程序,完成 MES 管控软件与 PLC,PLC 与数控机床、工业机器人、检测装置、RFID 系统、立体仓库、可视化等系统的联调

 项目引入

　　智能制造的生产场景复杂多变,智能制造生产线投入使用之前,工作人员需要到现场进行设备调试,为有效解决现场调试存在的成本高、周期长、风险大等问题,使用 PLC、数控系统、工业机器人控制器等实物设备与仿真软件组成的虚拟调试系统来进行前期的工程设计和生产线验证是非常有必要的。

　　生产线数字化设计与仿真集机电概念设计、数据驱动模型、数字化环境下的编程调试等数字化技术于一体,通过"虚—虚""虚—实"结合的虚拟调试对产品和生产工艺进行反复的修改和验证,最终将结果映射到真实的物理环境中。虚拟仿真和调试是产品正式上线运行之前的重要工作,通过系统的部分调试、整体联调等测试方法让系统的稳定性和可靠性得到验证。

　　本项目包括虚拟调试工作站搭建、虚拟调试环境配置、智能制造系统仿真调试 3 个任务,通过对智能制造单元产品定制场景进行分析,设计任务流程,根据所设计的任务流程,对虚拟调试平台进行环境搭建、单元功能调试、虚拟环境配置和虚拟调试,实现智能制造产品生产与装配的虚拟调试。

知识目标

1. 了解虚拟仿真原理；
2. 掌握基本机电对象与执行器的设计与应用；
3. 掌握仿真序列过程控制；
4. 了解 OPC UA 通信协议；
5. 了解 PLCSIM Advanced 高级仿真器；
6. 了解硬件虚拟调试技术；
7. 掌握软件虚拟调试技术。

能力目标

1. 能够根据任务要求，搭建虚拟调试工作站；
2. 能够根据任务要求，为虚拟调试工作配置参数；
3. 能够根据任务要求，配置通信协议通信参数；
4. 能够根据任务要求，对配置参数进行调试；
5. 能够根据任务要求，对工艺流程进行点位示教；
6. 能够根据任务要求，对工艺流程进行仿真序列设计；
7. 能够根据任务要求，对虚拟调试系统进行工艺流程调试。

平台准备

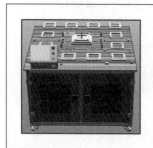		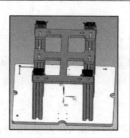	
A 型实训平台模型	IRB120 模型	快换工具架	数控加工模块

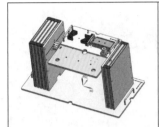			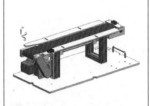
变位机模块	立体仓库模型	关节零件模型	输送带模块
	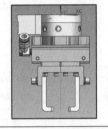	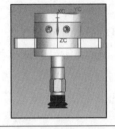	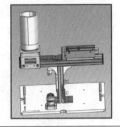
弧口手爪工具模型	平口手爪工具模型	吸盘工具模型	井式上料模块

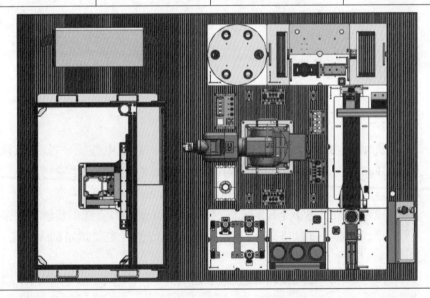

任务 5.1　虚拟调试工作站搭建

教学课件
任务 5.1

任务提出

为在工程设计阶段发现错误,减少工程设计时间和成本,减少现场调试时间和项目成本,可在虚拟环境下搭建实际场景来验证工程设计,提高工程开发质量。在西门子 NX MCD 提供的机电概念技术中对模型进行参数设计,使模型具有与实际功能相同的电气特性,从而验证模型的可实施性。

本任务通过分析汇博机器人的智能制造生产单元产品场景,在 NX MCD 中搭建虚拟调试工作站,包括传送带、变位机单元功能配置及调试。主要包括以下内容:

1. 模型导入及布局;
2. 单元功能配置;
3. 单元功能调试。

知识准备

微课
传输面

5.1.1　传输面

传输面是将所选平面转化为"传送带"的一种机电特征,一旦有其他物体放置在传输面上,此物体将会按照传输面指定的速度和方向被运输到其他位置。传输面的运动轨迹可以根据用户需求设定为直线,也可以是圆。

根据传送带类型不同,系统可设置相应的传输面,直线型传输面主要指定直线运动的矢量方向,如图 5-1(a)所示。圆弧型传输面主要指定圆弧中心点和半径,如图 5-1(b)所示。

直线和圆弧型传输面的设置除了运动类型不同,其他参数都相同,参数说明见表 5-1。

表 5-1　传输面参数说明

运动类型	选项	描述
传送带面	选择面	选择一个或多个平面作为传输面
直线	指定矢量	指定传输面的传输方向
	速度 / 平行	指定在传输方向上的速度大小
	速度 / 垂直	指定在垂直于传输方向上的速度大小
	起始位置	直线运动起始位置的数据

运动类型	选项	描述
圆	中心点	选择一个点作为圆弧运动的圆心
	中间半径	圆弧运动中间半径
	中间速度	圆弧运动中间速度
	起始位置	圆弧运动起始位置的数据
参数	碰撞体	勾选"创建碰撞体"会自动创建平面碰撞体
	名称	定义传输面的名称

(a) 直线型传输面   (b) 圆弧型传输面

图 5-1　传输面

5.1.2　传感器

传感器作为智能制造系统的重要信号来源,用于触发系统中各个带有传感器对象组件的碰撞事件,或者被设定为信号适配的传感器,如模拟传送带末端检测工件是否到位。

距离传感器可检测对象与传感器之间的距离。将距离传感器附加到刚体中,基于固定点来创建检测区域,或者将传感器附加到移动的物体上,都可实现距离的

微课
距离传感器

反馈和控制。同时,可选择输出信号,将距离传感器的信号缩放为常数、电压或电流。

距离传感器参数设置窗口包括刚体、形状、输出,如图5-2所示。

距离传感器设置窗口的各参数说明见表5-2。

表5-2 距离传感器参数说明

运动类型	选项	描述
刚体	选择对象	选择一个刚体对象
形状	指定点	距离传感器起始点
	指定矢量	距离传感器矢量方向
	开口角度	距离传感器开口角度
	范围	距离传感器检测物料范围
输出	量度类型	可以选择电压、电流、常量,通常默认即可
	输出范围下限	距离传感器检测到物体时输出范围下限
	输出范围上线	距离传感器检测到物体时输出范围上限
	名称	定义距离传感器的名称

5.1.3 对象源及对象收集器

微课
对象源及对象
收集器

1. 对象源

对象源可在特定时间间隔创建多个外表、属性相同的对象,模拟不断产生相同物体的情况,如模拟井式上料模块不断供料。

"对象源"对话框包括要复制的对象、复制事件和名称等参数项,如图5-3所示。

图5-2 距离传感器　　　　　图5-3 "对象源"对话框

"对象源"对话框各参数说明见表5-3。

表5-3 "对象源"对话框各参数说明

选项	描述
选择对象	指定要复制的对象
基于时间	在指定间隔时间后,对象源复制选择的对象
每次激活时一次	在对象源激活时,复制一次选择的对象
名称	对象源的名称

2. 对象收集器

对象收集器与对象源的作用相反,它能使对象源生成的对象消失。当对象源生成的对象与对象收集器发生碰撞时,就会消除这个对象,如虚拟传送带末端的碰撞传感器检测到物料后,通过对象收集器可以让物料消失。

"对象收集器"对话框包括对象收集触发器、收集的来源和名称等参数项,如图5-4所示。

"对象收集器"对话框各参数说明见表5-4。

图5-4 "对象收集器"对话框

表5-4 "对象收集器"对话框各参数说明

选项	描述
选择碰撞传感器	选择触发对象收集器的碰撞传感器
任意	任意对象源对象都可被收集
仅选定的	仅选定的对象源对象可以被收集,需要指定对象源
名称	对象收集器的名称

5.1.4 运行时参数及表达式

在机电概念设计的调试中,可以在系统中增加信号参数,这些参数可以是运行时参数和信号等形式。这些信号参数在机电概念设计中,可以作为各种不同模块或者机器设备之间进行信息交互的数字接口。

1. 运行时参数

运行时参数是在仿真运行过程中,为实现对仿真对象进行计算、修改和查看而定义的参数类型。它的基本目标是创建可重用的、包含物理参数的高级功能对象,这些对象中的物理变量可以被其他对象引用。通过对运行时参数进行修改,可影响当前对象的特性。在"运行时参数"对话框中可以创建多个布尔型、整型、双精度型和字符串型的参数,如图5-5所示。

微课
运行时参数及
表达式

"运行时参数"对话框各参数说明见表 5-5。

表 5-5　"运行时参数"对话框各参数说明

选项	描述
参数列表	显示运行时参数所包含的参数
参数属性	用于添加参数,包含名称、类型和值
名称	运行时参数的名称

2. 运行时表达式

使用运行时表达式命令可以给运行时参数定义表达式或条件语句,可以在多个运行时参数之间建立关系。在函数中使用机电一体化概念设置,可以确定输出范围,开发一些逻辑功能等。

"运行时表达式"对话框包括要赋值的参数、输入参数和表达式等参数项,如图 5-6 所示。

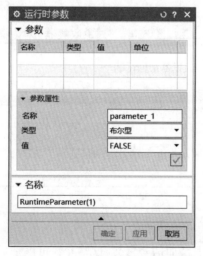

图 5-5　"运行时参数"对话框　　　　图 5-6　"运行时表达式"对话框

"运行时表达式"对话框各参数说明见表 5-6。

表 5-6　"运行时表达式"对话框各参数说明

选项	描述
要赋值的参数	选择需要赋值的对象,在属性中选择需要赋值的参数
输入参数	选择输入对象的参数名称,单击"添加参数"右侧按钮,则该参数被添加到列表中

选项	描述
参数列表	显示添加的输入参数
表达式	对输入参数进行计算的表达式,结果赋给"要赋值的参数"

任务实施

5.1.5　模型导入及布局

使用模型导入及布局功能可以搭建智能制造生产单元,智能制造生产单元由汇博机器人、立体仓库、传送带、变位机、加工中心等模型组成,模型导入及布局操作步骤见表5-7。

微课
模型导入及布局

表5-7　模型导入及布局操作步骤

步骤	操作说明	示意图
1	在NX MCD中单击"打开",在弹出的"打开"对话框中找到"0-Znzz1X(智能制造系统).prt"模型,单击"确定"按钮	 
2	模型加载过程中可能会出现某部件已卸载的警告,单击"确定"按钮即可	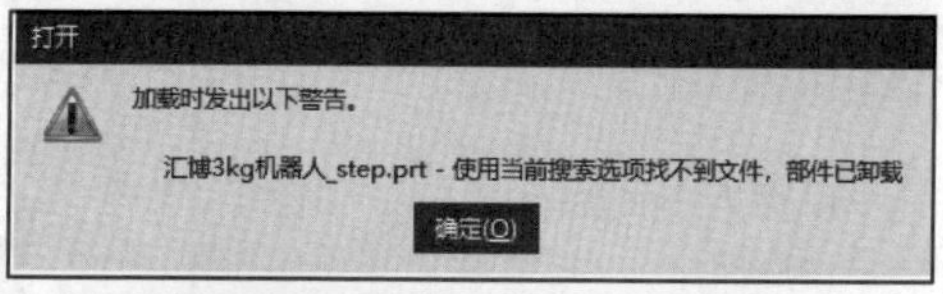 

步骤	操作说明	示意图
3	在"打开"对话框中找到"机器人"文件夹,浏览并选中"汇博3 kg机器人_step.prt",加载至工作站中	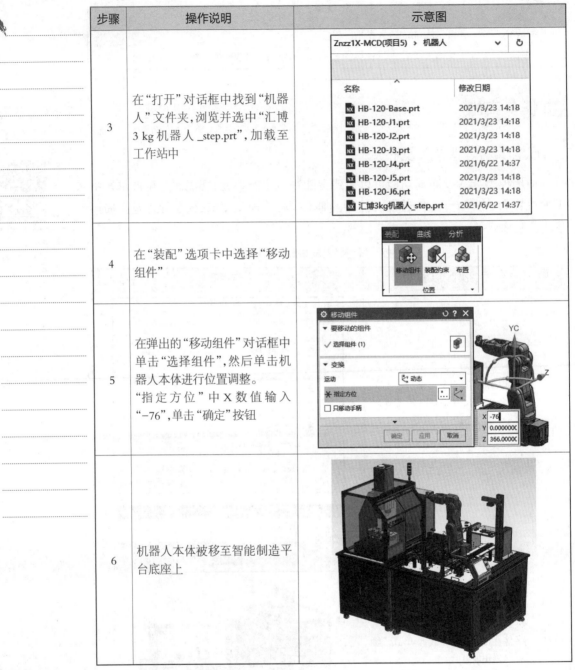
4	在"装配"选项卡中选择"移动组件"	
5	在弹出的"移动组件"对话框中单击"选择组件",然后单击机器人本体进行位置调整。"指定方位"中X数值输入"−76",单击"确定"按钮	
6	机器人本体被移至智能制造平台底座上	

5.1.6 单元功能配置

1. 传送带单元配置

对传送带单元功能配置,实现推料气缸伸出,物料被推至传送带,启动传送带,运输到指定位置,停止传送带的功能,具体操作步骤见表5−8。

微课
单元功能配置

表 5-8　传送带单元配置操作步骤

步骤	操作说明	示意图
1	打开"对象源"对话框,设置"选择对象"为"法兰刚体",其"触发"设置为"每次激活时一次","名称"设置为"物料对象源",单击"确定"按钮	
2	打开"运行时表达式"对话框,"要赋值的参数"选择步骤 1 创建的"物料对象源","属性"选择"活动" 在"输入参数"中设置"选择对象"为"传送带前端检测工件传感器","参数名称"选择"已触发",将参数"别名"命名为"已出仓"。 在"表达式"下的"公式"中输入"IF(已出仓)Then(true)ELSE(false),单击"确定"按钮。 当物料仓库的物料传感器感知到没有毛坯件时,将对象源的属性"活动"赋值为 true,重新生成毛坯件	
3	打开"信号适配器"对话框,设置"选择机电对象"为"井式上料推料板位置控制","参数名称"为"位置",其"别名"命名为"井式供料推杆位置"。 在"信号"中添加一个"bool"类型数据,"输入 / 输出"设置为"输入","名称"设置为"推杆伸出缩回控制"。 在"公式"中编写控制条件语句"IF(井式上料推杆位置)Then(75)Else(0)","名称"设置为"井式上料模块信号",单击"确定"按钮	

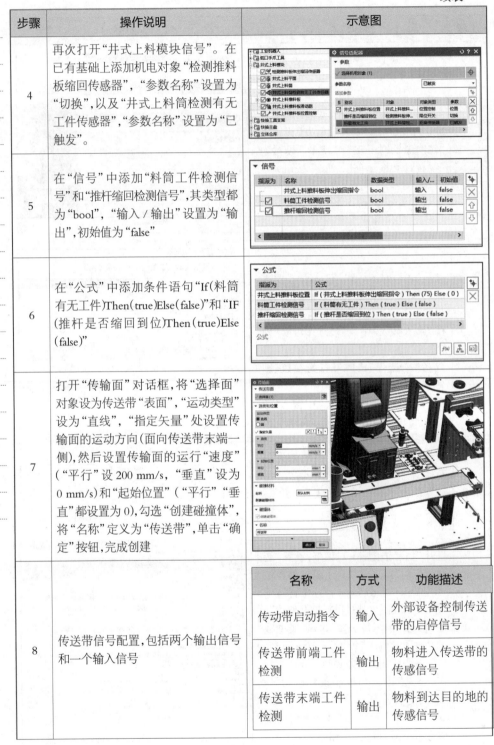

步骤	操作说明	示意图
4	再次打开"井式上料模块信号"。在已有基础上添加机电对象"检测推料板缩回传感器","参数名称"设置为"切换",以及"井式上料筒检测有无工件传感器","参数名称"设置为"已触发"。	
5	在"信号"中添加"料筒工件检测信号"和"推杆缩回检测信号",其类型都为"bool","输入/输出"设置为"输出",初始值为"false"	
6	在"公式"中添加条件语句"If(料筒有无工件)Then(true)Else(false)"和"IF(推杆是否缩回到位)Then(true)Else(false)"	
7	打开"传输面"对话框,将"选择面"对象设为传送带"表面","运动类型"设为"直线","指定矢量"处设置传输面的运动方向(面向传送带末端一侧),然后设置传输面的运行"速度"("平行"设200 mm/s,"垂直"设为0 mm/s)和"起始位置"("平行""垂直"都设置为0),勾选"创建碰撞体",将"名称"定义为"传送带",单击"确定"按钮,完成创建	
8	传送带信号配置,包括两个输出信号和一个输入信号	(见下表)

名称	方式	功能描述
传动带启动指令	输入	外部设备控制传送带的启停信号
传送带前端工件检测	输出	物料进入传送带的传感信号
传送带末端工件检测	输出	物料到达目的地的传感信号

步骤	操作说明	示意图
9	再次打开"信号适配器"对话框,设置"选择机电对象"为传送带中传输面 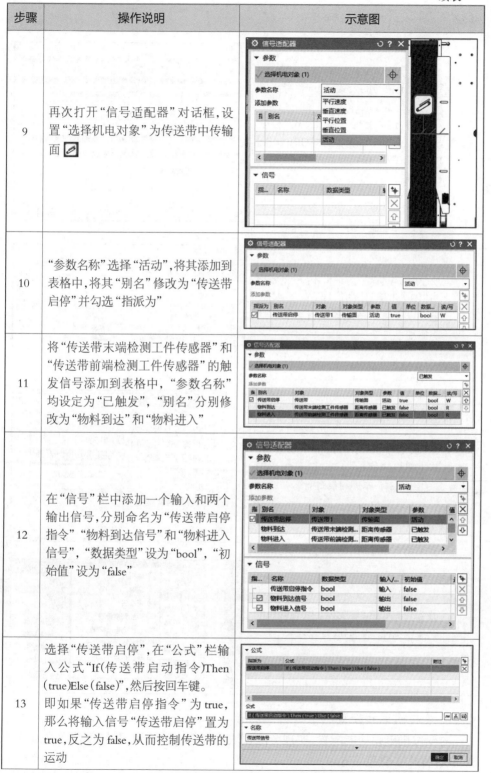	
10	"参数名称"选择"活动",将其添加到表格中,将其"别名"修改为"传送带启停"并勾选"指派为"	
11	将"传送带末端检测工件传感器"和"传送带前端检测工件传感器"的触发信号添加到表格中,"参数名称"均设定为"已触发","别名"分别修改为"物料到达"和"物料进入"	
12	在"信号"栏中添加一个输入和两个输出信号,分别命名为"传送带启停指令""物料到达信号"和"物料进入信号","数据类型"设为"bool","初始值"设为"false"	
13	选择"传送带启停",在"公式"栏输入公式"If(传送带启动指令)Then(true)Else(false)",然后按回车键。 即如果"传送带启停指令"为 true,那么将输入信号"传送带启停"置为 true,反之为 false,从而控制传送带的运动	

步骤	操作说明	示意图
14	设置输出信号的公式,勾选信号栏里的"指派为",选择"物料到达信号"和"物料进入信号",在"公式"栏分别输入公式"If(物料到达)Then(true)Else(false)"和"If(物料进入)Then(true)Else(false)"	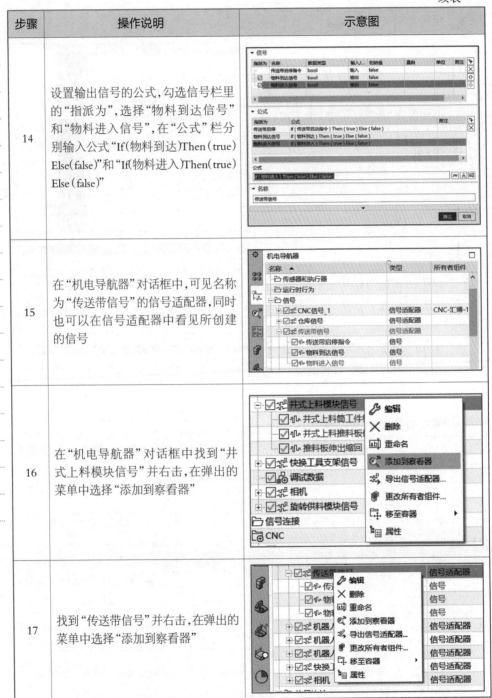
15	在"机电导航器"对话框中,可见名称为"传送带信号"的信号适配器,同时也可以在信号适配器中看见所创建的信号	
16	在"机电导航器"对话框中找到"井式上料模块信号"并右击,在弹出的菜单中选择"添加到察看器"	
17	找到"传送带信号"并右击,在弹出的菜单中选择"添加到察看器"	

2. 变位机单元配置

对变位机单元功能配置,实现装配模块推杆伸出和缩回,翻转模块角度旋转功能,具体操作步骤见表5-9。

表 5-9　变位机单元配置操作步骤

步骤	操作说明	示意图
1	"装配模块 V 形夹具位置控制"对象中"机电对象"选择"装配模块 V 形夹具滑动副"对象。"约束"中的"目标"设为"0",后面通过外部设备进行控制	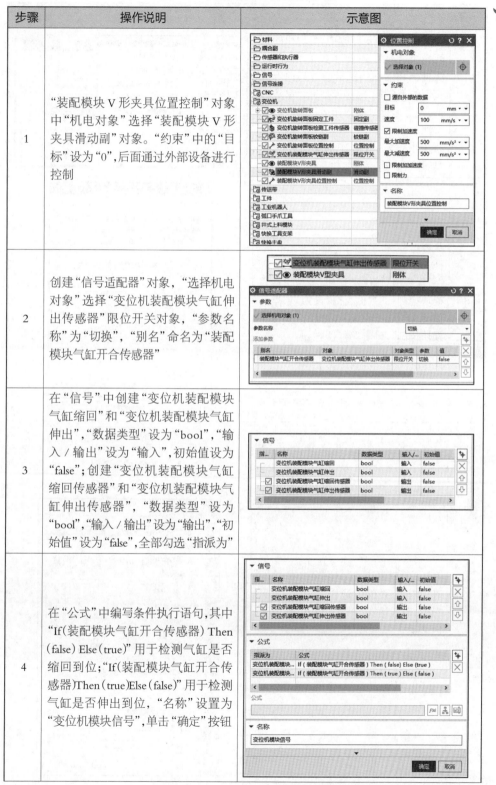
2	创建"信号适配器"对象,"选择机电对象"选择"变位机装配模块气缸伸出传感器"限位开关对象,"参数名称"为"切换","别名"命名为"装配模块气缸开合传感器"	
3	在"信号"中创建"变位机装配模块气缸缩回"和"变位机装配模块气缸伸出","数据类型"设为"bool","输入/输出"设为"输入",初始值设为"false";创建"变位机装配模块气缸缩回传感器"和"变位机装配模块气缸伸出传感器","数据类型"设为"bool","输入/输出"设为"输出","初始值"设为"false",全部勾选"指派为"	
4	在"公式"中编写条件执行语句,其中"If(装配模块气缸开合传感器)Then(false)Else(true)"用于检测气缸是否缩回到位;"If(装配模块气缸开合传感器)Then(true)Else(false)"用于检测气缸是否伸出到位,"名称"设置为"变位机模块信号",单击"确定"按钮	

步骤	操作说明	示意图
5	由于在后续调试过程中,变位机的翻转模块是不需要翻转的,以及装配模块伸出和缩回控制是通过其他方式实现的,但为了能对模型进行参数验证,通过运行时参数和运行时表达式实现。 右击"信号",在弹出的菜单中选择"新建"→"运行时参数"	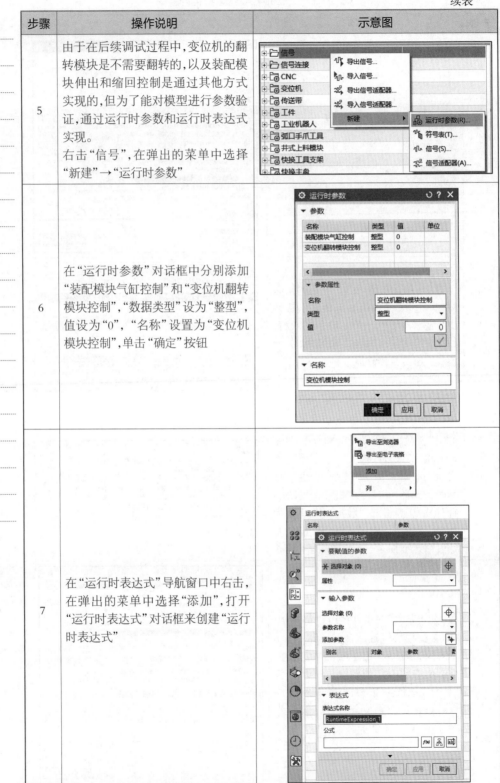
6	在"运行时参数"对话框中分别添加"装配模块气缸控制"和"变位机翻转模块控制","数据类型"设为"整型",值设为"0","名称"设置为"变位机模块控制",单击"确定"按钮	
7	在"运行时表达式"导航窗口中右击,在弹出的菜单中选择"添加",打开"运行时表达式"对话框来创建"运行时表达式"	

步骤	操作说明	示意图
8	"要赋值的参数"下的"选择对象"选择"装配模块 V 形夹具位置控制","属性"为"位置";"输入参数"中"选择对象"选择刚创建的"变位机模块控制","参数名称"设为"装配模块气缸控制","别名"设为"PushPose","表达式名称"设为"气缸控制_1","公式"设为"PushPose",单击"确定"按钮	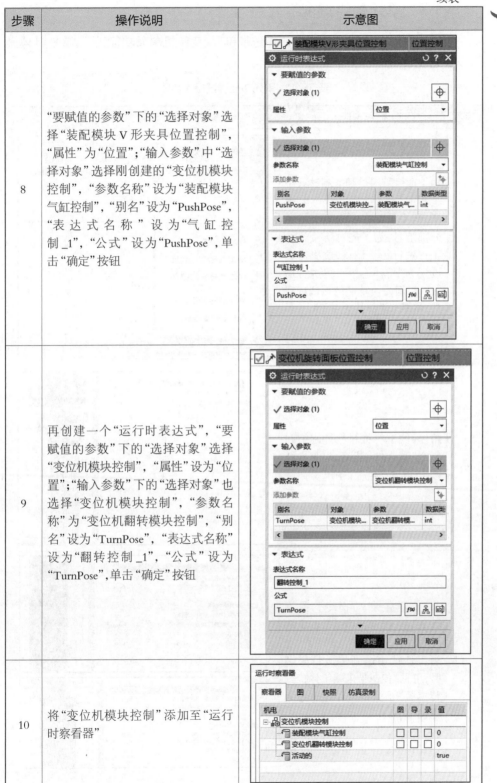
9	再创建一个"运行时表达式","要赋值的参数"下的"选择对象"选择"变位机模块控制","属性"设为"位置";"输入参数"下的"选择对象"也选择"变位机模块控制","参数名称"为"变位机翻转模块控制","别名"设为"TurnPose","表达式名称"设为"翻转控制_1","公式"设为"TurnPose",单击"确定"按钮	
10	将"变位机模块控制"添加至"运行时察看器"	

5.1.7 单元功能调试

通过仿真播放功能对所配置的传送带单元、变位机单元功能进行调试,具体操作步骤见表 5-10。

表 5-10 单元功能调试操作步骤

步骤	操作说明	示意图
1	由于项目所提供智能制造系统工程有部分外部信号已配置了,但由于现在还未配置其他外部信号,为了能对所设计的工程进行仿真调试,这里需先设置为"断开连接",再进行播放。后面模块功能仿真调试同理,将不再进行赘述	断开连接 添加组件 导出至 ECAD 导出载荷曲线 导出凸轮曲线 设计协同 符号表 信号映射 外部信号配置 MCD 信号服务器配置 MCD 信号服务器信息 导出信号映射连接 导入信号映射连接 断开连接 断开仿真中所有外部连接。
2	将"井式上料推料板伸出缩回指令"置为"true"后,可见推杆伸出,同时法兰被推出	井式上料模块信号 井式上料推料板伸出缩回指令 true 井式上料筒工件检测传感器 false 推料板伸出缩回 true 活动的 true
3	将"传送带启动指令"置为"true"后,推送至传送带的工件开始输送。 当工件被输送到传送带末端时,可见"传送带末端工件检测传感器"检测到工件时被置为"true"	传送带信号 传送带启动指令 true 传送带前端工件检测传感器 false 传送带末端工件检测传感器 false 活动的 true 井式上料模块信号 井式上料推料板伸出缩回指令 true 井式上料筒工件检测传感器 true 推料板伸出缩回 true 活动的 true 传送带信号 传送带启动指令 false 传送带前端工件检测传感器 false 传送带末端工件检测传感器 true 活动的 true 井式上料模块信号 井式上料推料板伸出缩回指令 true 井式上料筒工件检测传感器 false 推料板伸出缩回 true 活动的 true

步骤	操作说明	示意图
4	单击"播放",将"装配模块气缸控制"值设为"40",可见装配模块气缸伸出;将值更改为"0",可见装配模块气缸缩回	□□□ 40 变位机模块控制 / 装配模块气缸控制 / 变位机翻转模块控制 □□□ 0 / 活动的 true / 变位机模块控制 / 装配模块气缸控制 □□□ 0 / 变位机翻转模块控制 □□□ 0 / 活动的 true
5	将"变位机翻转模块控制"值设为"20",可见翻转模块到20°位置;将值更改为"0",可见翻转模块回到水平位置	变位机模块控制 / 装配模块气缸控制 □□□ 0 / 变位机翻转模块控制 □□□ 20 / 活动的 true / 变位机模块控制 / 装配模块气缸控制 □□□ 0 / 变位机翻转模块控制 □□□ 0 / 活动的 true

任务 5.2　虚拟调试环境配置

教学课件
任务 5.2

任务提出

　　虚拟调试支持并行设计和数字化样机调试,使用该技术可以使相关的产品在项目初期就能够实现机构模型联调。在虚拟调试环境下配置实际所需要的通信协议,并对通信所需要的数据进行配置,可将通信协议所配置的数据与 NX MCD 模

型所提供的接口衔接起来,实现双方数据交互功能。

本任务通过在 NX MCD 中配置实际所需要的通信协议,根据所配置通信协议来设计通信所需要的数据,完成对工业机器人、加工中心、传送带、变位机,以及旋转供料模块等单元数据映射。通过数据映射实现虚拟调试工作站与实际通信设备数据的无缝衔接,进一步操作真实的设备来驱动虚拟模型的运动和交互,并对所配置功能进行验证。本任务包括以下内容:

1. 配置 TCP/IP 通信信号;
2. 配置 OPC UA 通信信号;
3. 通信信号调试。

知识准备

微课
OPC UA

5.2.1　OPC UA

OPC UA(Unified Architecture,统一架构)是 OPC 标准的下一代标准,通过提供一个完整的、安全可靠的跨平台架构,以获取实时和历史的数据和时间。OPC UA 基于 OPC 基金会提供的新一代技术,提供安全、可靠和独立于各厂商的平台,实现原始数据和预处理的信息从制造层级到生产计划或 ERP 层级的传输。通过 OPC UA,每个授权的应用、每个授权的人员在任何时间、任何地点都可使用所有需要的信息。

OPC UA 位于 TCP/IP Socket 传输层,如图 5-7 所示。这意味着,传输层在终端用户之间提供透明的数据传输,向上层提供可靠的数据传输服务。

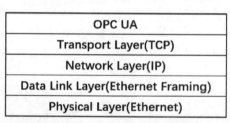

图 5-7　OPC UA 协议层

OPC UA 集成了之前所有 OPC 的特性信息,且更加开放,Windows/Linux 系统都能兼容,同时也拓展了对象类型,支持更复杂的数据类型,比如变量、方法和事件,并在协议层和应用层都集成了安全功能,更加安全,且易于配置使用。

随着西门子 CPU 不断迭代更新,在 S7- 1500 PLC 中也集成了 OPC UA 功能,如图 5-8 所示。可以直接在 S7- 1500 PLC 上运行 OPC UA,无须再去配置 Windows 系统的 COM/DCOM 来运行。

同时,西门子 NX MCD 也提供了 OPC UA 功能,如图 5-9 所示,通过 TIA(博途)软件的 OPC UA 来搭建虚拟调试环境。

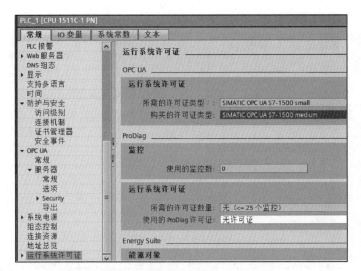

图 5-8 S7-1500 PLC 集成的 OPC UA

图 5-9 MCD OPC UA

任务实施

5.2.2 配置 TCP/IP 通信信号

在智能制造单元系统中,工业机器人与 NX MCD 模型数据交互所使用的通信协议是 TCP/IP。通过配置 TCP/IP 通信信号,完成对工业机器人的六轴数据、变位机、传送带、旋转供料模块等信号的配置。这些信号类型划分为两大类,分别是接收数据和发送数据,见表 5-11。接收数据是指外部设备采集 NX MCD 中信号数据,而发送数据是指 NX MCD 采集外部设备发过来的信号数据。

微课
配置 TCP/IP
通信信号

表 5-11 配置 TCP/IP 协议通信数据表

信号类型	名称	数据类型	偏移量	说明
接收数据	EXDI4	Bool	100.3	传送带末端工件检测传感器
	EXDI7	Bool	100.6	变位机装配模块气缸缩回传感器
	EXDI8	Bool	100.7	变位机装配模块气缸伸出传感器
	EXDI15	Bool	101.6	预留信号
	EXDI9	Bool	101.0	旋转供料模块信号
发送数据	Rob_J1	Real	96	机器人轴 1 角度位置
	Rob_J2	Real	100	机器人轴 2 角度位置
	Rob_J3	Real	104	机器人轴 3 角度位置
	Rob_J4	Real	108	机器人轴 4 角度位置

信号类型	名称	数据类型	偏移量	说明
发送数据	Rob_J5	Real	112	机器人轴 5 角度位置
	Rob_J6	Real	116	机器人轴 6 角度位置
	Rob_J7	Real	120	机器人轴 7 角度位置
	DO1_1	Bool	244.1	YV1_ 机器人手爪信号
	DO1_2	Bool	244.2	YV2_ 机器人手爪信号
	DO1_3	Bool	244.3	YV3_ 机器人手爪信号
	DO1_4	Bool	244.4	YV4_ 机器人手爪信号
	DO1_5	Bool	244.5	YV5_ 机器人手爪信号
	EXDO2	Bool	252.1	井式上料推料板伸出缩回指令
	EXDO7	Bool	252.6	变位机装配模块气缸缩回
	EXDO8	Bool	252.7	变位机装配模块气缸伸出
	EXDO16	Bool	253.7	保留信号
	EXDO15	Bool	253.6	传送带启动指令
	Rob_S1	Real	132	机器人轴 1 角速度
	Rob_S2	Real	136	机器人轴 2 角速度
	Rob_S3	Real	140	机器人轴 3 角速度
	Rob_S4	Real	144	机器人轴 4 角速度
	Rob_S5	Real	148	机器人轴 5 角速度
	Rob_S6	Real	152	机器人轴 6 角速度

接收数据和发送数据信号配置的操作步骤见表 5-12。

表 5-12　配置 TCP/IP 通信信号操作步骤

步骤	操作说明	示意图
1	在"信号"中查看 CNC 信号、变位机信号、仓库信号等	信号 CNC信号　信号适配器 变位机模块控制　运行时参数 变位机模块信号　信号适配器 仓库信号　信号适配器 传送带信号　信号适配器 机器人手爪信号　信号适配器 机器人速度　信号适配器 机器人轴位置　信号适配器 井式上料模块信号　信号适配器 快换工具支架信号　信号适配器 相机　信号适配器 旋转供料模块信号　信号适配器 旋转机控制参数　运行时参数

步骤	操作说明	示意图
2	在"自动化"组中单击"外部信号配置",在弹出的菜单中选择"外部信号配置"	仿真序列 电子凸轮 运行时 NC 外部信号配置 自动化 符号表 信号映射 外部信号配置 MCD 信号服务器配置 MCD 信号服务器信息 导出信号映射连接 导入信号映射连接 断开连接
3	选择"TCP"选项卡,添加通信对象,"服务器 IP"设为"192.168.8.103","服务器端口"设为"2700","字节序"设为"小字节序"	外部信号配置 OPC DA　OPC UA　SHM　MATLAB　PLCSIM A TCP　UDP　PROFINET　FMU　创建 MyVirtual 连接 连接名称　服务器 IP　服务器端口　字节序　状态 Connection 0　192.168.8.103　2700　小字节序　未知
4	在"数据交换"中单击 添加接收数据,"接收数据缓冲区大小"设为"112",其中的信号具体参照表 5-11 接收数据栏进行配置	数据交换 接收数据 接收数据缓冲区大小　112 名称　数据类型　偏置 EXDI4　Bool　100.3 EXDI7　Bool　100.6 EXDI8　Bool　100.7 EXDI15　Bool　101.6 EXDI9　Bool　101.0
5	在"发送数据"中配置发送信号数据,"发送数据缓冲区大小"设为 280,其中的信号具体参照表 5-11 发送数据栏进行配置	发送数据 发送数据缓冲区大小　280 名称　数据类型　偏置 Rob_J1　Real　96 Rob_J2　Real　100 Rob_J3　Real　104 Rob_J4　Real　108 Rob_J5　Real　112 Rob_J6　Real　116 Rob_J7　Real　120 DO1_1　Bool　244.1 DO1_2　Bool　244.2 DO1_3　Bool　244.3 DO1_4　Bool　244.4 DO1_5　Bool　244.5 EXDO2　Bool　252.1 EXDO7　Bool　252.6 EXDO8　Bool　252.7 EXDO16　Bool　253.7 EXDO15　Bool　253.6 Rob_S1　Real　132 Rob_S2　Real　136 Rob_S3　Real　140 Rob_S4　Real　144 Rob_S5　Real　148 Rob_S6　Real　152

步骤	操作说明	示意图
6	在"自动化"组中单击"外部信号配置",在弹出的菜单中选择"信号映射"	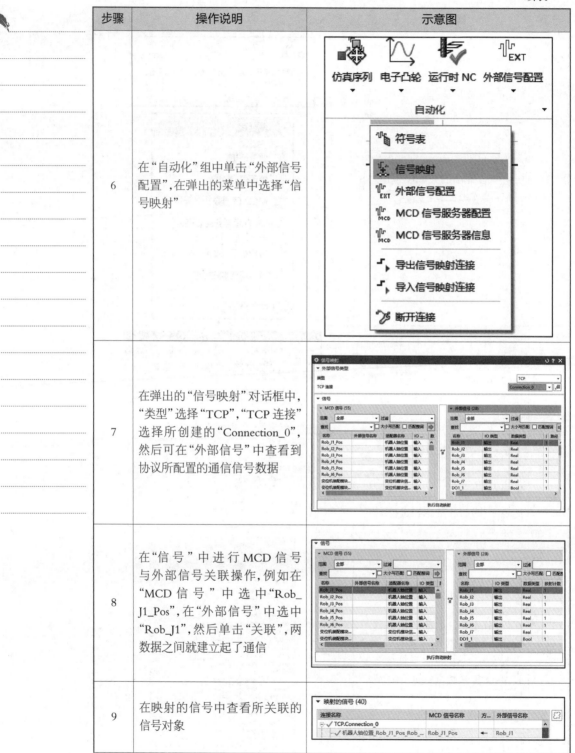
7	在弹出的"信号映射"对话框中,"类型"选择"TCP","TCP连接"选择所创建的"Connection_0",然后可在"外部信号"中查看到协议所配置的通信信号数据	
8	在"信号"中进行 MCD 信号与外部信号关联操作,例如在"MCD 信号"中选中"Rob_J1_Pos",在"外部信号"中选中"Rob_J1",然后单击"关联",两数据之间就建立起了通信	
9	在映射的信号中查看所关联的信号对象	

步骤	操作说明	示意图
10	完成其他 MCD 信号和外部信号配置	TCP.Connection_0 机器人轴位置 Rob_J1_Pos_Rob_... Rob_J1_Pos ← Rob_J1 机器人轴位置 Rob_J2_Pos_Rob_... Rob_J2_Pos ← Rob_J2 机器人轴位置 Rob_J3_Pos_Rob_... Rob_J3_Pos ← Rob_J3 机器人轴位置 Rob_J4_Pos_Rob_... Rob_J4_Pos ← Rob_J4 机器人轴位置 Rob_J5_Pos_Rob_... Rob_J5_Pos ← Rob_J5 机器人轴位置 Rob_J6_Pos_Rob_... Rob_J6_Pos ← Rob_J6 机器人轴位置 Rob_J7_Pos_Rob_... Rob_J7_Pos ← Rob_J7 机器人手爪信号 YV1_DO1_1 YV1 ← DO1_1 机器人手爪信号 YV2_DO1_2 YV2 ← DO1_2 机器人手爪信号 YV3_DO1_3 YV3 ← DO1_3 机器人手爪信号 YV4_DO1_4 YV4 ← DO1_4 机器人手爪信号 YV5_DO1_5 YV5 ← DO1_5 并式上料信号_并式上料推料板伸... EXDO2 变位机模块信号_变位机装配模块... 变位机装配模块气... EXDO7 变位机模块信号_变位机装配模块... 变位机装配模块气... EXDO8 传送带信号_传送带启动指令_EXD... 传送带启动指令 EXDO16 传送带信号_传送带末端工件检测... 传送带末端工件检... EXDI4 变位机模块信号_变位机装配模块... 变位机装配模块气... EXDI7 变位机模块信号_变位机装配模块... 变位机装配模块气... EXDI8 旋转供料模块信号_EXDI9_EXDI9 EXDI9 → EXDI9 机器人速度_Rob_S1_Rob_S1 Rob_S1 ← Rob_S1 机器人速度_Rob_S2_Rob_S2 Rob_S2 ← Rob_S2 机器人速度_Rob_S3_Rob_S3 Rob_S3 ← Rob_S3 机器人速度_Rob_S4_Rob_S4 Rob_S4 ← Rob_S4 机器人速度_Rob_S5_Rob_S5 Rob_S5 ← Rob_S5
11	信号全部配置完成后,在"信号连接"中查看所映射信号数据	信号连接 Connection_0 变位机模块信号_变位机装配模块气缸伸出_EXDO8 信号映射连接 变位机模块信号_变位机装配模块气缸伸出传感器_EXDI8 信号映射连接 变位机模块信号_变位机装配模块气缸缩回_EXDO7 信号映射连接 变位机模块信号_变位机装配模块气缸缩回传感器_EXDI7 信号映射连接 传送带信号_传送带末端工件检测传感器_EXDI4 信号映射连接 传送带信号_传送带启动指令_EXDO16 信号映射连接 机器人手爪信号_YV1_DO1_1 信号映射连接 机器人手爪信号_YV2_DO1_2 信号映射连接 机器人手爪信号_YV3_DO1_3 信号映射连接 机器人手爪信号_YV4_DO1_4 信号映射连接 机器人手爪信号_YV5_DO1_5 信号映射连接 机器人速度_Rob_S1_Rob_S1 信号映射连接 机器人速度_Rob_S2_Rob_S2 信号映射连接 机器人速度_Rob_S3_Rob_S3 信号映射连接 机器人速度_Rob_S4_Rob_S4 信号映射连接 机器人速度_Rob_S5_Rob_S5 信号映射连接 机器人速度_Rob_S6_Rob_S6 信号映射连接 机器人轴位置_Rob_J1_Pos_Rob_J1 信号映射连接 机器人轴位置_Rob_J2_Pos_Rob_J2 信号映射连接 机器人轴位置_Rob_J3_Pos_Rob_J3 信号映射连接 机器人轴位置_Rob_J4_Pos_Rob_J4 信号映射连接 机器人轴位置_Rob_J5_Pos_Rob_J5 信号映射连接 机器人轴位置_Rob_J6_Pos_Rob_J6 信号映射连接 机器人轴位置_Rob_J7_Pos_Rob_J7 信号映射连接 并式上料模块信号_并式上料推料板伸出缩回指令_EXDO2 信号映射连接 旋转供料模块信号_EXDI9_EXDI9 信号映射连接

5.2.3 配置 OPC UA 通信信号

NX MCD 模型数据与西门子 PLC1500 数据交互所使用的通信协议是 OPC UA。配置 OPC UA 通信信号,完成加工中心数据配置。其中包括机械坐标系 X、Y、Z 和安全门,以及当前主轴工具号和主轴转数等数据,操作步骤见表 5-13。

微课
配置 OPC UA
通信信号

表 5-13　配置 OPC UA 通信信号操作步骤

步骤	操作说明	示意图
1	在"外部信号配置"对话框中,选中"OPC UA"选项卡,单击添加按钮。第一次使用 OPC UA,需要建立一个应用程序实例证书,其中参数自定义	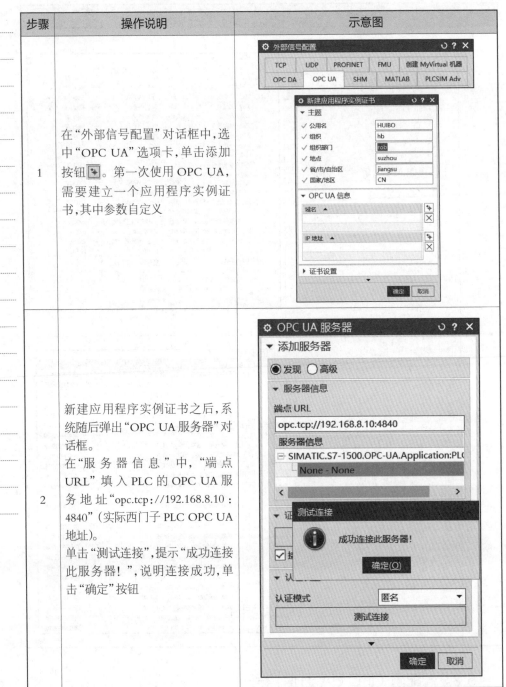
2	新建应用程序实例证书之后,系统随后弹出"OPC UA 服务器"对话框。 在"服务器信息"中,"端点URL"填入 PLC 的 OPC UA 服务地址"opc.tcp://192.168.8.10 : 4840"(实际西门子 PLC OPC UA 地址)。 单击"测试连接",提示"成功连接此服务器!",说明连接成功,单击"确定"按钮	

步骤	操作说明	示意图
3	"服务器信息"栏中就有了 OPC UA 通信对象,如果通信连接正常,可在"标记"中查看到西门子 S7-1500 PLC 提供的通信数据	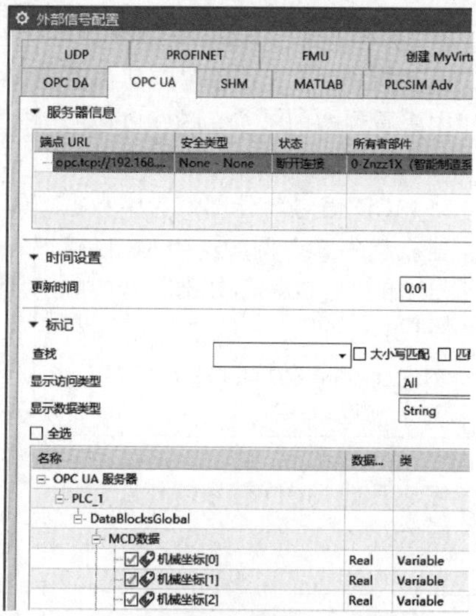
4	在"自动化"组中,单击"外部信号配置",在弹出的菜单中选择"信号映射"	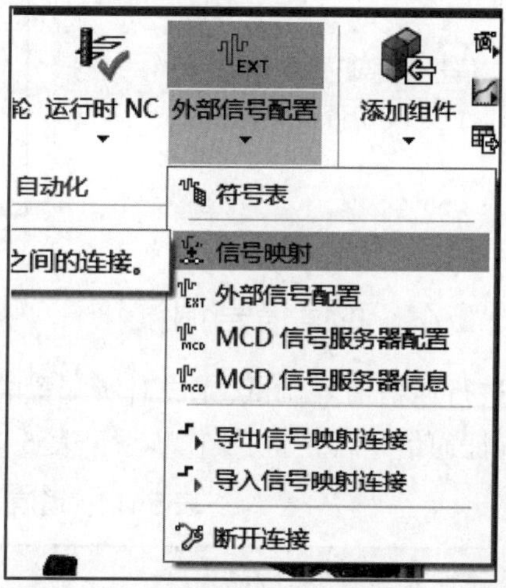
5	在"标记"中勾选"全选"后,单击"确定"按钮	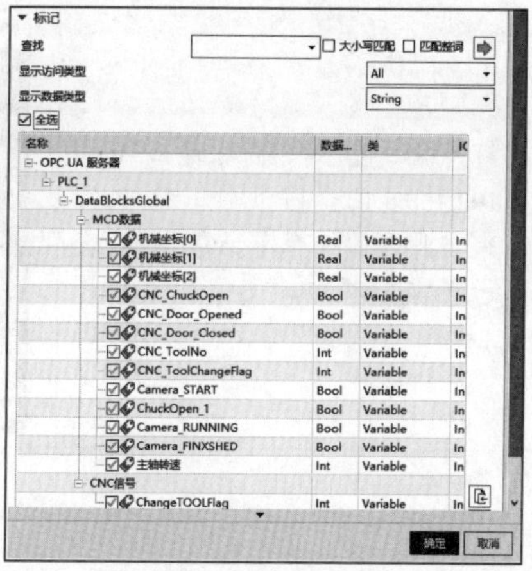

步骤	操作说明	示意图
6	在"信号映射"对话框中,"类型"选择"OPC UA",可在外部信号中查看到西门子 S7-1500 PLC 所提供的通信数据。 将 MCD 信号与外部信号中数据建立起关联。例如选中 MCD 信号中的"X_Pos"与外部信号中的"机械坐标[0]",单击映射图标 🐷,实现两者数据的关联	
7	完成其他 MCD 信号与外部信号映射	
8	信号全部配置完成后,可在"信号连接"项中查看所映射的信号数据	

5.2.4 通信信号调试

进行通信信号调试,完成对所配置的 TCP/IP 通信信号和 OPC UA 通信信号测试,验证通信是否正常,操作步骤见表 5-14。

表 5-14 通信信号调试操作步骤

步骤	操作说明	示意图
1	打开命令提示符窗口,输入"ping 192.168.8.103"按下回车键,收到来自此网段 4 个字节数据包,表示通信正常	

步骤	操作说明	示意图
2	打开发那科系统机床数据服务软件"ServiceMonitor",确认 PLC 和发那科都显示"正常"(两者已建立通信)	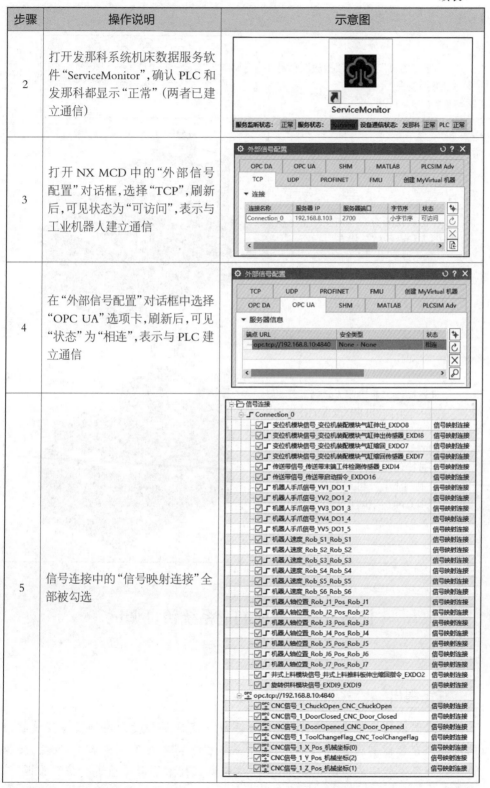
3	打开 NX MCD 中的"外部信号配置"对话框,选择"TCP",刷新后,可见状态为"可访问",表示与工业机器人建立通信	
4	在"外部信号配置"对话框中选择"OPC UA"选项卡,刷新后,可见"状态"为"相连",表示与 PLC 建立通信	
5	信号连接中的"信号映射连接"全部被勾选	

步骤	操作说明	示意图
6	单击"仿真"组中的"播放",运行虚拟工程	播放 停止 捕捉布置 仿真
7	在仿真视图查看当前实际工业机器人和设备位姿状态	
8	通过操作工业机器人示教器移动某一个方向,可见 NX MCD 模型中工业机器人会随着示教器所控制的某个方向进行移动。 通过操作发那科 CNC 控制面板,控制"门开",可见 NX MCD 模型中 CNC 门也打开了	

任务 5.3   智能制造系统仿真调试

任务提出

　　虚拟调试技术带来的变革,可以让系统的调试不再受到现场设备安装状态的限制。在智能制造系统搭建时,由于系统程序需要在工业机器人、夹具、传输设施等设备安装完成后整体调试,使用虚拟调试技术可以提前进行仿真验证,缩短现场调试的周期。同时,生产线运行状态、工业机器人设备信息、报警信息等触摸屏画面内容也可在虚拟调试的过程中得到验证。通过虚拟调试技术,可以在工程设计阶段更早地发现错误,减少现场调试时间和项目成本,提高工程开发质量。

本任务虚拟调试是对智能制造单元产品系统的可行性、可靠性进行全方位的验证。通过对智能制造产线工艺流程进行分析,完成对加工中心单元配置和仿真序列、虚拟调试功能。通过功能设计,既能实现实际工业机器人设备和加工中心设备动作,也能实时驱动 NX MCD 模型随之动作。利用"虚—实"相结合方式,完成智能制造产线工艺流程整个过程。

本任务主要包括以下内容:

1. 配置加工中心单元;
2. 仿真序列程序设计;
3. 智能制造虚拟调试。

🦾 知识准备

5.3.1 对象变换器

微课
对象变换器

对象变换器(Object Transformer)的作用是模拟 NX MCD 中运动对象外观的改变。如模拟待加工物料与加工成品之间的转换,如图 5-10 所示。

"对象变换器"对话框包括变换触发器、变换源、变换为、名称等参数项,如图5-11 所示。

图 5-11 "对象变换器"对话框

(a) 转换前

(b) 转换后

图 5-10 物料转换对比

"对象变换器"对话框各参数说明见表 5-15。

表 5-15 "对象变换器"对话框各参数说明

选项	描述
参数列表	显示运行时参数对象的参数
名称	设置参数名称
类型	显示可用参数类型
值	指定参数初始值
☑	将在参数属性部分中定义的参数添加到运行时参数对象
名称	定义运行时参数名称

5.3.2 仿真序列

仿真序列是 NX MCD 中的控制元素,通常使用仿真序列可以控制执行机构(如速度控制中的速度、位置等)、运动副(如移动副的连接件)等。除此之外,在仿真序列中还可以创建条件语句来确定何时触发改变。NX MCD 中的仿真序列有两种基本类型:基于时间的仿真序列和基于事件的仿真序列。

在仿真对象中,每个对象都有一个或者多个参数,都可以通过创建仿真序列修改预设值。通过仿真序列可以控制 NX MCD 中的任何对象。"仿真序列"对话框包括机电对象、持续时间、运行时参数、条件等参数项,如图 5-12 所示。

"仿真序列"对话框各参数说明见表 5-16。

图 5-12 "仿真序列"对话框

表 5-16 "仿真序列"对话框各参数说明

选项	描述
机电对象	选择需要修改参数值的对象,如速度控制、滑动副
持续时间	指定该仿真序列的持续时间
运行时参数	在"运行时参数"列表中列出了"机电对象"中所选对象的所有可以修改的参数。"设置":勾选代表修改此参数的值;名称:参数名称;值:修改参数的值;单位:参数单位;输入输出:定义该参数是否可以被 MCD 之外的软件识别
条件	选择条件对象,以这个对象的一个或多个参数创建条件表达式,用于控制这个仿真序列是否执行

5.3.3 智能制造产线工艺流程

智能制造产线工艺流程的产品生产分三个阶段：毛坯、加工品和成品，如图5-13所示。

微课
智能制造产线
工艺流程

(a) 毛坯　　　　　　　(b) 加工品　　　　　　　(c) 成品

图 5-13　关节生产过程

其中，关节成品由关节基座、减速器和法兰组成，如图5-14所示。

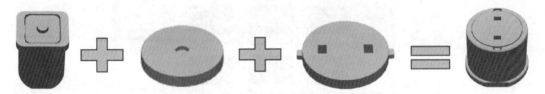

图 5-14　关节成品的组成

1. 工业机器人点位示教

操作工业机器人示教器，控制 NX MCD 中工业机器人模型完成对快换工具、立体仓库、传送带、加工中心、变位机装配等单元程序的点位示教。另外，在操作工业机器人示教点位过程中，参照表5-17所示程序说明，运行程序完成各模块点位示教。

表 5-17　工业机器人程序说明

序号	程序名	程序说明
1	PickPartFromStore	仓库取工件
2	PutPartToStore	仓库放工件
3	PickPartFromCnc	CNC 取工件
4	PutPartToCnc	CNC 放工件
5	PickPartFromCamera	相机取工件
6	PutPartToCamera	相机放工件

注意：工具程序在所对应程序已添加，在运行程序过程中，对工具点位进行示教即可。

2. 零件加工上下料

零件加工上下料调试是通过 HMI 界面发送示教号给机器人，让机器人执行任务流程。为了确保 HMI 界面发送示教号准确，每次发送示教号前都需要知道当前机器人的运行状态，见表 5-18，只有当机器人运行状态为空闲时，HMI 界面发送的示教号才有效。

表 5-18　机器人运行状态说明

接口名	功能说明	示教号
IEC.UserDefineIntOut［0］	机器人状态控制字	100 代表空闲
		200 代表忙碌

通过 HMI 界面上的机器人取放工件栏，对智能制造单元零件加工上下料进行调试，如图 5-15 所示。

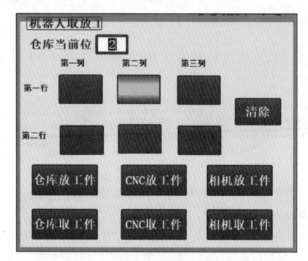

图 5-15　HMI—机器人取放工件

其中包括仓库仓位选择、仓库放 / 取工件、CNC 放 / 取工件、相机放 / 取工件等功能。每一个功能按钮都有不同的示教号，通过控制这些功能按钮发送不同的示教号给机器人端，执行所对应的程序，见表 5-19。

表 5-19　HMI 界面功能按钮说明

序号	程序名	HMI 界面名称	示教号
1	PickPartFromStore	仓库取工件	11
2	PutPartToStore	仓库放工件	12
3	PickPartFromCnc	CNC 取工件	21
4	PutPartToCnc	CNC 放工件	22
5	PickPartFromCamera	相机取工件	31
6	PutPartToCamera	相机放工件	32

零件加工上下料调试流程如下：

（1）HMI 上选取立体仓库中 2 号仓位的关节基座毛坯，单击 HMI 上的"仓库取工件"按钮，工业机器人自动更换弧口手爪工具，从立体仓库上取出工件。

（2）单击 HMI 上的"CNC 放工件"按钮，工业机器人将关节基座放入数控加工模块，工装夹具夹紧关节基座。

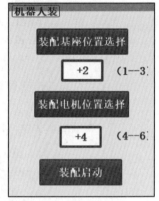

（3）单击 HMI 上的"CNC 取工件"按钮，工业机器人从数控加工模块中取出关节基座。

（4）单击 HMI 上的"仓库放工件"按钮，工业机器人将关节基座放回立体仓库指定仓位。

3. 关节零件装配

通过 HMI 上的机器人装配栏，对智能制造单元关节零件进行装配，如图 5-16 所示。

其中，机器人装配栏包括装配基座位置选择、装配电机位置选择、装配启动功能。装配启动功能按钮也有示教号，可单击"装配启动"按钮发送示教号给机器人端，执行产品装配流程，见表 5-20。

图 5-16　HMI—机器人装配

表 5-20　HMI 界面装配启动按钮说明

程序名	HMI 界面名称	示教号
Assembly	产品装配	40

关节产品装配流程前关节基座放置的位置如图 5-17（a）所示；减速器和输出法兰放置的位置如图 5-17（b）所示；电机放置的位置如图 5-17（c）所示。

（a）立体仓库初始化

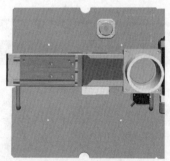
（b）井式上料模块初始化

（c）旋转供料模块初始化

图 5-17　工件初始化位置

关节零件装配流程如下：

（1）在装配基座位置选择中输入 2，装配电机位置选择无须输入，输入完成后，单击"装配启动"按钮。

（2）工业机器人自动安装弧口手爪工具，从立体仓库指定仓位抓取关节基座，将关节基座搬运至处于水平状态变位机的装配模块上，工业机器人松开关节基座，

装配模块气缸伸出固定关节基座。

（3）关节基座装配完成后，工业机器人自动更换平口手爪工具，从旋转供料模块抓取电机，将电机装配至变位机上的关节基座中。

（4）电机装配完成后，变位机面向工业机器人一侧旋转 20°，使变位机处于减速器和输出法兰装配状态。

（5）工业机器人控制井式上料模块的上料气缸伸出，将料筒中的减速器推出，2 s 后上料气缸缩回。

（6）减速器上料完成后，输送带立即开始运行，将减速器输送至输送带末端，待末端传感器检测到工件 3 s 后输送带自动停止。

（7）工业机器人自动更换吸盘手爪，从输送带末端抓取减速器，将减速器装配至关节基座中。

（8）重复上述步骤（5）和（6），工业机器人从输送带模块抓取输出法兰，将输出法兰装配至关节基座中。

（9）关节成品装配完成后，工业机器人自动更换弧口手爪工具，将关节成品放入立体仓库指定 2 号仓位后，工业机器人卸载工具，再回到安全原点位姿。

📠 任务实施

5.3.4　配置加工中心单元

对加工中心单元进行配置，实现当机器人将关节基座毛坯放置到夹持器，且毛坯与碰撞传感器碰撞时，启动对关节基座毛坯做转换处理，使毛坯转换为成品功能。操作步骤见表 5-21。

表 5-21　配置加工中心单元操作步骤

步骤	操作说明	示意图
1	在使用对象变换器的过程中，先确认加工中心已放置关节基座成品模型	

微课
配置加工中心
单元

步骤	操作说明	示意图
2	创建"对象源"，在"对象源"对话框中，"选择对象"选择立体仓库中的"关节基座毛坯"，"复制事件"设为"每次激活时一次"，"名称"设为"关节基座毛坯对象源"，单击"确定"按钮	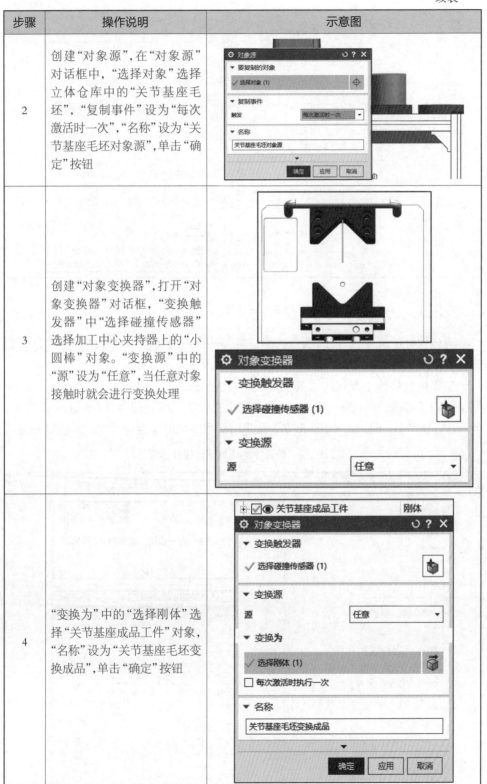
3	创建"对象变换器"，打开"对象变换器"对话框，"变换触发器"中"选择碰撞传感器"选择加工中心夹持器上的"小圆棒"对象。"变换源"中的"源"设为"任意"，当任意对象接触时就会进行变换处理	
4	"变换为"中的"选择刚体"选择"关节基座成品工件"对象，"名称"设为"关节基座毛坯变换成品"，单击"确定"按钮	

步骤	操作说明	示意图
5	在"机电导航器"中将"对象源"和"对象变换器"从"基本机电对象"中拖拽至"工件"容器当中	

5.3.5　仿真序列程序设计

通过设计仿真序列程序,实现内部信号与外部信号交互。当外部信号状态改变时,NX MCD也执行相应的状态;当内部信号状态改变时,外部信号也执行相应的状态。

主要包括快换主盘取放工具、加工中心、变位机固定释放工件、关节成品工件装配、法兰工件装配等仿真序列程序设计。其中有些仿真序列程序已在环境中提供,因为设计方法类似,下面以其中典型案例来进行仿真序列程序设计,操作步骤见表5-22。

表5-22　仿真序列程序设计操作步骤

步骤	操作说明	示意图
1	在"自动化"组中选择"仿真序列"	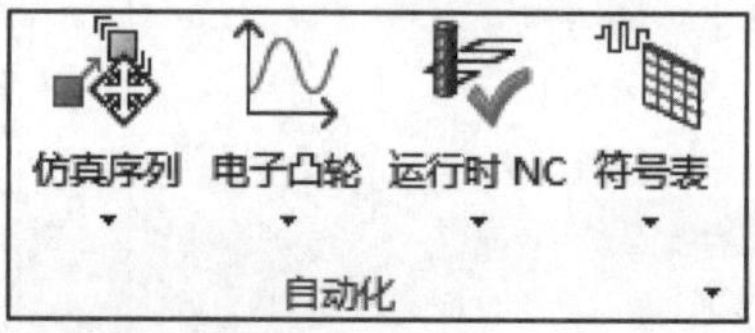
2	编写主盘取工具程序。"机电对象"中"选择对象"选择"快换主盘取放快换工具"。在"运行时参数"中勾选"连接件"	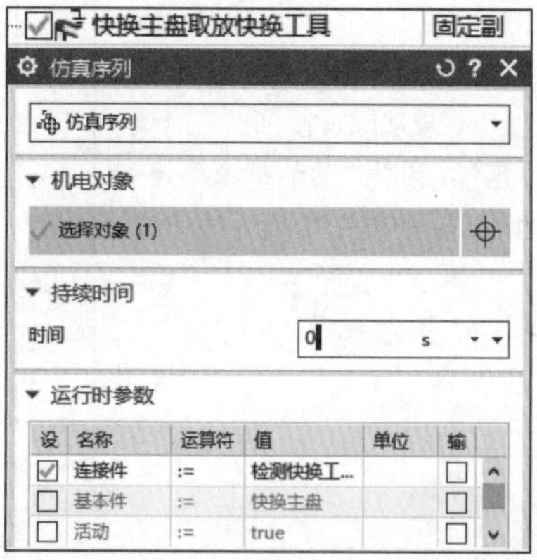

微课
仿真序列程序
设计

步骤	操作说明	示意图
3	"运行时参数"勾选"连接件"后,将"编辑参数"中"选择"设为"触发器中的对象","选择连接件"为"检测快换工具传感器"对象	☑ 检测快换工具传感器　碰撞传感器 ▼ 运行时参数 设 名称 运算符 值 单位 编 ☐ 连接件 := 检测快换工... ☐ ☐ 基本件 := 快换主盘 ☐ ☐ 活动 := true ☐ ▼ 编辑参数 选择　触发器中的对象 √ 选择 连接件 (1)
4	添加信号,如添加"YV1",将"选择条件对象"设为"机器人手爪信号"。 用同样的方法对快换主盘取放快换工具进行添加。"名称"为"主盘取工具"("主盘放工具"),单击"确定"按钮。 如果快换主盘取放快换工具连接件为空,并且YV1为false,并且YV2为true,则执行取工具	☑ 机器人手爪信号　信号适配器 ☑ YV1 信号 ☑ YV2 信号 ☑ YV3 信号 ☑ YV4 信号 ☑ YV5 信号 ▼ 条件 如果 对象 参数 运算符 值 ☐ If 快换主盘取放快换工具 连接件 == (null) And YV1 值 == false And YV2 值 == true ▼ 编辑条件参数 ▼ 选择对象 √ 选择条件对象 (1) ▼ 名称 主盘取工具 ▼ 确定　取消
5	"机电对象"选择"快换主盘取放快换工具"对象。 在"运行时参数"中勾选"连接件"。其中"选择连接件"无须定义,因为主盘放工具是对抓取物体执行操作	☑ 快换主盘取放快换工具　固定副 ⚙ 仿真序列 ⟳ ? ✕ 仿真序列 ▼ ▼ 机电对象 √ 选择对象 (1) ▼ 持续时间 时间 0 s ▼ ▼ 运行时参数 设 名称 运算符 值 单位 输 ☑ 连接件 := (null) ☐ ☐ 基本件 := 快换主盘 ☐ ☐ 活动 := true ☐ ▼ 编辑参数 选择 刚体 选择 连接件 (0)

步骤	操作说明	示意图
6	在"条件"中编写:如果快换主盘取放快换工具连接件不为空,并且YV1为true,并且YV2为false,则执行放工具。其中一些变量添加与之前同理。"名称"设为"主盘放工具",单击"确定"按钮	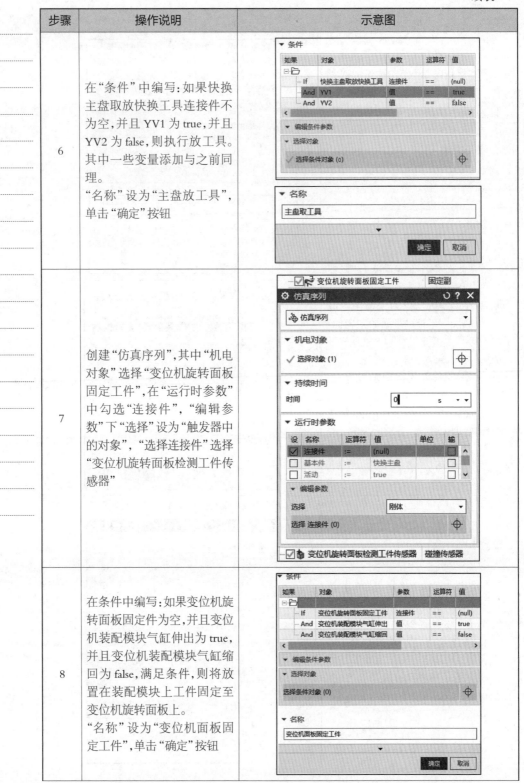
7	创建"仿真序列",其中"机电对象"选择"变位机旋转面板固定工件",在"运行时参数"中勾选"连接件","编辑参数"下"选择"设为"触发器中的对象","选择连接件"选择"变位机旋转面板检测工件传感器"	
8	在条件中编写:如果变位机旋转面板固定件为空,并且变位机装配模块气缸伸出为true,并且变位机装配模块气缸缩回为false,满足条件,则将放置在装配模块上工件固定至变位机旋转面板上。"名称"设为"变位机面板固定工件",单击"确定"按钮	

步骤	操作说明	示意图
9	"机电对象"中"选择对象"选择"变位机旋转面板固定工件",在"运行时参数"中勾选"连接件"	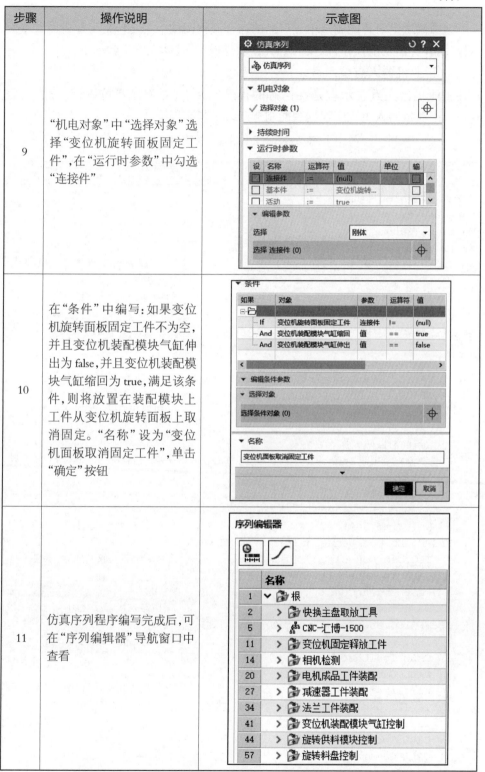
10	在"条件"中编写:如果变位机旋转面板固定工件不为空,并且变位机装配模块气缸伸出为 false,并且变位机装配模块气缸缩回为 true,满足该条件,则将放置在装配模块上工件从变位机旋转面板上取消固定。"名称"设为"变位机面板取消固定工件",单击"确定"按钮	
11	仿真序列程序编写完成后,可在"序列编辑器"导航窗口中查看	

微课
虚拟调试

5.3.6 虚拟调试

虚拟调试是对智能制造单元产品的综合流程调试。主要包括工业机器人点位示教、HMI 界面功能操作，以及 NX MCD 软件操作，具体操作步骤如下。

1. 工业机器人点位示教

工业机器人点位示教是在已有的程序框架上，对程序点位进行示教，见表5-23。工业机器人主程序根据智能制造产线工艺流程设计。

表5-23 工业机器人主程序

工业机器人主程序	说明

```//KAIROVersion 2.20CALL Reset()WaitTime(2000)WHILE TRUE DO IEC.UserDefineIntOUT[0]:= 100 WaitTime(500) IF IEC.UserDefineIntIn[1]= 11 THEN IEC.UserDefineIntOUT[0]:= 200 CALL ToolCheck() CALL StoragePick() WaitTime(500) ELSIF IEC.UserDefineIntIn[1]= 12 THEN IEC.UserDefineIntOUT[0]:= 200 CALL ToolCheck() CALL StoragePut() WaitTime(500) ELSIF IEC.UserDefineIntIn[1]= 21 THEN IEC.UserDefineIntOUT[0]:= 200 CALL ToolCheck() CALL CncPickCheck() WaitTime(500) ELSIF IEC.UserDefineIntIn[1]= 22 THEN IEC.UserDefineIntOUT[0]:= 200 CALL ToolCheck() CALL CncPutCheck() WaitTime(500) ELSIF IEC.UserDefineIntIn[1]= 31 THEN IEC.UserDefineIntOUT[0]:= 200 CALL ToolCheck() CALL CameraPickCheck() WaitTime(500) ELSIF IEC.UserDefineIntIn[1]= 32 THEN IEC.UserDefineIntOUT[0]:= 200 CALL ToolCheck() CALL CameraPutCheck() WaitTime(500)```	UserDefineIntOUT[0] 为机器人状态控制字：
	=100 机器人状态空闲；
	=200 机器人状态运行中；
	//=11 机器人从仓库取料
	
	//=12 机器人放回仓库示教号
	
	// 机器状态:运行中
	
	//=21 机器人从 CNC 取出示教号；
	
	// 机器人状态:运行中
	
	//=22 机器人放 CNC 示教号；
	
	// 机器人状态:运行中
	
	//=31 机器人取相机工件；
	
	// 机器人状态:运行中
	//=32 机器人放相机工件；
	
	// 机器人状态:运行中

工业机器人主程序	说明

ELSIF IEC.UserDefineIntIn[1]= 40 THEN
    IEC.UserDefineIntOUT[0]:= 200
    CALL Assemble()
    WaitTime(500)
  END_IF
END_WHILE
	//=40 装配;
	
	// 机器人状态:运行中

主要包括快换工具点、立体仓库点、输送带点、装配模块点、旋转供料模块点、加工中心点示教,示教点说明见表 5-24。

表 5-24　示教点说明

序号	目标点名称	存储类型	获取方式	说明
1	HuKouToolPos	变量	示教	弧口手爪工具
2	PingKouToolPos	变量	示教	平口手爪工具
3	XiPanToolPos	变量	示教	吸盘工具
4	StorePos1~6	变量	示教	立体仓库 1~6 料位
5	BaseInCnc	变量	示教	关节基座放置到 CNC 夹持器中点
6	BaseInTurn	变量	示教	关节基座放置到变位机上装配模块中点
7	MotorInRotate	变量	示教	旋转供料模块上电机外壳抓取点
8	MotorInTurn	变量	示教	电机外壳放置到关节基座中点
9	ReducerInConv	常量	示教	传送带上减速器 / 法兰工件抓取点
10	ReducerInTurn	变量	示教	减速器工件放置到变位机上关节基座中点
11	FlangeInTurn	常量	示教	法兰工件放置到变位机上关节基座中点
12	TempToolPos	常量	示教	用于点位赋值的未知点
13	PartInStore	变量	示教	关节基座成品入库点

快换工具点、立体仓库点、输送带点、装配模块点、旋转供料模块点、加工中心点位示教示意见表 5-25。

表 5-25　点位示教示意表

序号	目标点名称	示意图	序号	目标点名称	示意图
1	HuKouToolPos		2	PingKouToolPos	

序号	目标点名称	示意图	序号	目标点名称	示意图
3	XiPanToolPos		8	MotorInTurn	
4	StorePos2		9	ReducerInConv	
5	BaseInCnc		10	ReducerInTurn	
6	BaseInTurn		11	FlangeInTurn	
7	MotorInRotate		12	PartInStore	

2. 智能制造产线工艺流程调试

操作 HMI 界面上的功能按钮,发送不同的示教号给工业机器人端,完成对智能制造产线工艺流程调试,具体操作步骤见表 5-26。

表 5-26　智能制造产线工艺流程调试操作步骤

步骤	操作说明	示意图	步骤	操作说明	示意图
1	单击"仿真"组中的"播放",运行虚拟工程	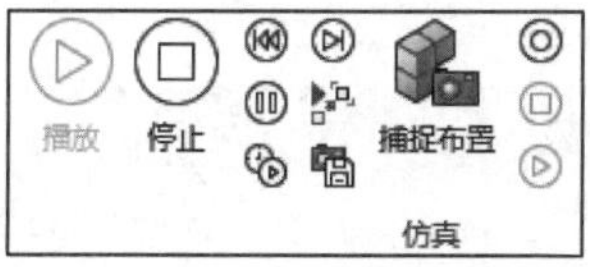	4	机器人抓取关节零件后,在HMI界面上单击"CNC放工件"按钮,发送示教号 22 给机器人。随后,在 HMI 界面上单击"CNC取工件"按钮,发送示教号 21 给机器人	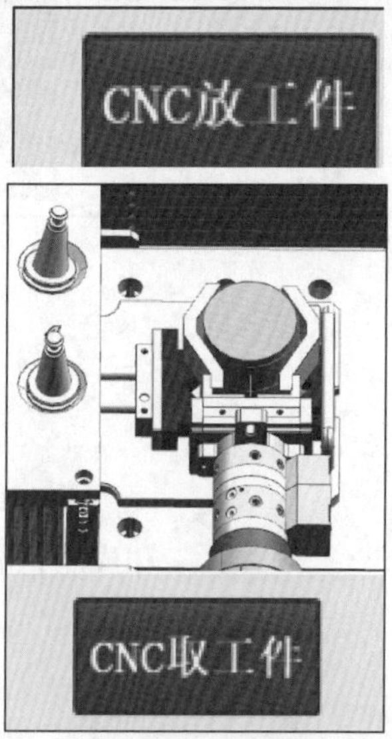
2	在 HMI 界面中选择工件所在仓位,选择第一行、第二列	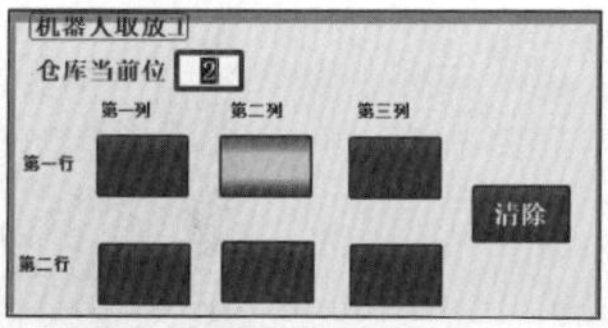	5	机器人抓取已加工关节零件后,在HMI界面上单击"仓库放工件"按钮,发送示教号 12 给机器人	
3	仓位选择完成后,单击"仓库取工件"按钮,发送示教号 11 给机器人		6	在 HMI 界面上输入装配基座位置"2"后,单击"装配启动"按钮,发送示教号 40 给机器人	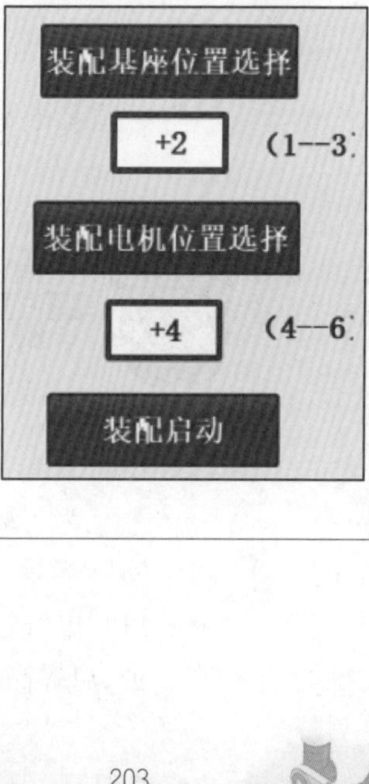

步骤	操作说明	示意图	步骤	操作说明	示意图
7	关节装配完成后,机器人将成品放回到仓库2号位置	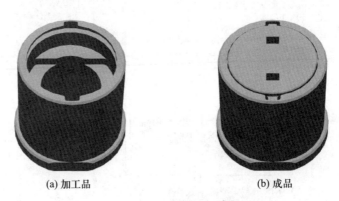			

项目拓展

现有某工厂生产关节产品,该关节产品生产过程分为两个阶段,分别是加工品和成品,如图 5-18 所示。

(a) 加工品　　　　　　　(b) 成品

图 5-18　关节生产过程

其中关节成品由电机成品、减速器和法兰组成,如图 5-19 所示。

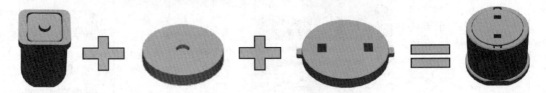

图 5-19　关节成品组成

为了验证工程方案,减少现场调试时间和项目成本。要求在虚拟环境下搭建实际场景,如图 5-20 所示。关节产品工艺流程组成包括多个模块:工业机器人、PLC 电气控制、数控加工中心、智能制造管控软件。利用虚拟调试技术进行仿真验证,可提高工程开发质量。

关节产品生产工艺流程要求如下：

（1）操作工业机器人示教器，控制 NX MCD 机器人模型完成对快换工具、立体仓库、输送带、加工中心、变位机等单元程序点位示教。另外，在操作工业机器人示教点位过程中，参照表 5-27 所示程序，通过运行程序完成各模块点位示教。

表 5-27 工业机器人程序说明

序号	程序名	程序说明
1	PickPartFromStore	仓库取工件
2	PutPartToStore	仓库放工件
3	PickPartFromCnc	CNC 取工件
4	PutPartToCnc	CNC 放工件
5	PickPartFromCamera	相机取工件
6	PutPartToCamera	相机放工件

注意：工具程序在所对应程序已添加，在运行程序过程中，完成对工具点位进行示教即可。

（2）通过 HMI 上的机器人装配栏，对关节进行装配，如图 5-21 所示。

图 5-20　虚拟调试工作站

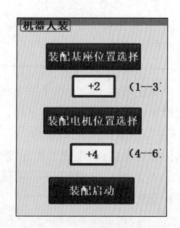

图 5-21　HMI 机器人装配

其中，机器人装配栏包括装配基座位置选择、装配电机位置选择、装配启动功能。装配启动功能按钮也有示教号，操作装配启动发送示教号给机器人端，可执行产品装配流程，见表 5-28。

表 5-28　HMI 界面装配启动按钮说明

程序名	HMI 界面名称	示教号
Assembly	产品装配	40

关节产品装配流程前关节工件、电机工件放置位置,如图 5-22(a) 所示。减速和法兰工件放置位置,如图 5-22(b) 所示。

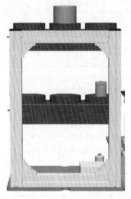
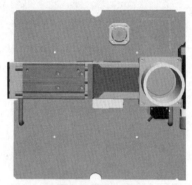

(a) 立体仓库初始化　　　　　　　　　(b) 井式供料初始化

图 5-22　关节产品工件初始化位置

关节产品装配流程如下:

① 在装配基座位置选择中输入 2,装配电机位置选择输入 4,输入完成后,单击装配启动按钮。

② 工业机器人自动安装弧口手爪工具,从立体仓库指定仓位抓取关节基座,将关节基座搬运至处于水平状态变位机的装配模块上,工业机器人松开关节基座,装配模块气缸伸出固定关节基座。

③ 关节基座装配完成后,工业机器人自动更换平口手爪工具,从立体仓库 4 号料位抓取电机,将电机装配至变位机上的关节基座中。

④ 电机装配完成后,变位机面向工业机器人一侧旋转 20°,使变位机处于减速器和输出法兰装配状态。

⑤ 工业机器人控制井式上料模块的上料气缸伸出,将料筒中的减速器推出,2s 后上料气缸缩回。

⑥ 减速器上料完成后,输送带立即开始运行,将减速器输送至输送带末端,待末端传感器检测到工件,3 s 后输送带自动停止。

⑦ 工业机器人自动更换吸盘工具,从输送带末端抓取减速器,将减速器装配至关节基座中。

⑧ 重复上述步骤⑤和⑥,工业机器人从输送带模块抓取输出法兰,将输出法兰装配至关节基座中。

⑨ 关节成品装配完成后,工业机器人自动更换弧口手爪工具,将关节成品放入立体仓库指定 2 号仓位后,机器人卸载工具,再回到安全原点位姿。

项目六　智能制造系统交互控制

证书技能要求

智能制造证书技能要求（中级）	
2.3.1	能够根据工作任务要求，进行智能制造单元系统运行前相关参数的检查、测试和确认
2.3.2	能够根据工作任务要求，对智能制造单元进行故障的排查和处理，完成系统运行前的准备
2.3.3	能够根据工作任务要求，对智能制造单元各设备之间的通信进行测试
2.4.1	能够根据工作任务要求，给定不同产品工艺流程，完成智能制造单元系统的调整。利用虚拟调试工具使用给定的 PLC 和 MES 程序，完成 MES 管控软件与 PLC、PLC 与数控机床、工业机器人、检测装置、RFID 系统、立体仓库、可视化等系统的联调

项目引入

　　人机交互（Human-Machine Interaction，HMI），是指人与计算机之间使用某种对话语言，以一定的交互方式，为完成确定任务的人与计算机之间的信息交换过程。系统可以是各种各样的机器，也可以是计算机化的系统和软件。为了系统的可用性或者用户友好性，通常会设计相应的人机交互界面，用户通过人机交互界面与系统交流，并进行操作。

　　智能制造系统中所有设备与设备之间、设备与人之间都可以互通互联，并与云端资源互通互联，构建完整的"互联网＋制造"体系。智能制造不是简单的机器替代人的劳动，而是人与设备融合为一体，发挥各自的优势，形成新的生产能力与创造力。

　　智能制造系统包含加工中心、工业机器人、PLC、人机界面、MES 系统等元素，在智能制造生产过程中，生产人员通过 MES 添加工艺流程，完成生产任务的下发，调试人员通过人机界面完成智能制造系统的功能调试。各单元之间的通信交互是保证智能制造系统有条不紊地生产运行不可或缺的必要条件，PLC 承担了与各元素的通信交互以及流程控制等任务。

　　本项目包括 PLC 与工业机器人通信编程、PLC 与 MES 通信编程和智能制造系统交互控制调试，学习 TCP/IP 通信、S7 通信、HMI 编程，实现智能制造系统各单元之间的交互控制及应用。

知识目标

1. 了解工业机器人与 PLC 通信方式；
2. 了解 PLC 与 MES 的交互方式；
3. 了解 HMI 设计界面的基本操作方法；
4. 掌握 PLC 指令的使用方法；
5. 掌握人机交互界面的设计；
6. 掌握人机交互综合调试的方法。

能力目标

1. 能够正确编写工业机器人与 PLC 通信接口；
2. 能够通过 PLC 编写与工业机器人的 TCP/IP 通信程序；
3. 能够通过 PLC 编写对工业机器人的控制程序；
4. 能够在 PLC 中编写与 MES 的通信交互程序；
5. 能够针对调试任务设计合适的 HMI 交互界面；
6. 能够操作人机交互界面完成手动调试。

平台准备

S7-1500 PLC	触摸屏	Siemens NX	TIA Portal V15

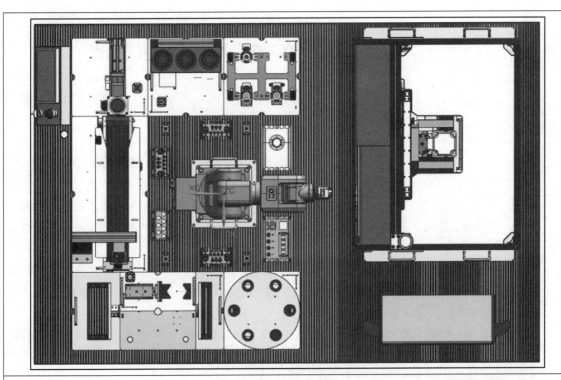

汇博智能制造系统

任务 6.1　PLC 与工业机器人通信编程

任务提出

随着工厂网络从封闭的局域网走向与外部互联互通,PLC 的通信模式也随之改变。PLC 可以通过 ProfiNet、CC-Link、DeviceNet 等协议组网构成更加复杂的控制系统。智能制造的前提是采集数据,工厂的物资管理、设备管理等数据都要融入 MES 系统中,这样才能使企业生产制造、物流仓储、营销管理等实现全面的数字化和智能化。

在智能制造系统中,合理高效的通信是各单元之间能够合理有效运行的必要条件,工业机器人在智能制造系统中作为执行单元是不可或缺的一部分,PLC 与工业机器人通信可以将工业机器人接入控制系统。

本任务通过学习制定相应通信接口,编写 PLC 和工业机器人通信控制程序,实现 PLC 对工业机器人不同工作任务的调度功能。本任务包含以下内容:

1. PLC 与工业机器人通信程序编写;
2. PLC 与工业机器人交互及测试。

知识准备

6.1.1　PLC 与工业机器人通信接口

1. PLC 通信指令

PLC 作为高度集成化的工业装备,通常都支持多种外部通信方式,需根据应用场景来选择。TCP/IP 传输协议,是在网络使用中的最基本的通信协议。使用 TCP 通信建立连接时采用客户端服务器模式,这种模式又常常被称为主从式架构,属于一种网络通信架构,将通信的双方以客户端(Client)与服务器(Server)的身份区分开来。

在本项目 PLC 与工业机器人的通信中,PLC 作为服务器,工业机器人作为客户端主动建立连接,PLC 与工业机器人通信地址见表 6-1。

微课
PLC 与工业机器人通信接口

表 6-1　PLC 与工业机器人通信地址表

单元名称	地址	端口	连接方式
工业机器人	192.168.8.103	无	主动
PLC	192.168.8.10	2001	被动

PLC 与工业机器人通信使用开放式通信下的 TSEND_C(发送)和 TRCV_C(接

收)指令,如图6-1所示。TSEND_C指令用来设置并建立通信连接并通过现有通信连接发送数据,TRCV_C指令用来设置并建立通信连接并通过现有通信连接接收数据。

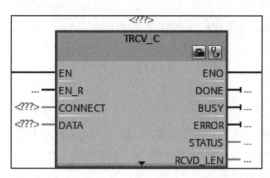
(a) 接收指令

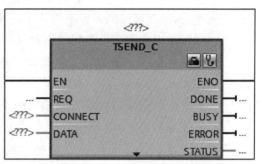
(b) 发送指令

图6-1 开放式通信指令

开放式通信指令参数说明见表6-2。

表6-2 开放式通信指令参数说明

TSEND_C		TRCV_C	
参数名称	说明	参数名称	说明
EN	功能块使能	EN	功能块使能
REQ	在上升沿启动发送作业	EN_R	在上升沿启动接收作业
CONT	0:断开通信连接 1:建立并保持通信连接	CONT	0:断开通信连接 1:建立并保持通信连接
LEN	可选参数(隐藏) 通过作业发送的最大字节数	LEN	可选参数(隐藏) 通过作业接收的最大字节数
CONNECT	指向连接描述结构的指针(此处单击功能块右上角的开始组态图标进入组态即可)	ADHOC	可选参数(隐藏) TCP协议选项使用点对点模式
DATA	指向发送区的指针,该发送区包含要发送数据的地址和长度	CONNECT	指向连接描述结构的指针(此处单击功能块右上角的开始组态图标进入组态即可)
ADDR	包含指向系统数据类型TADDR_Param的指针	DATA	指向接收区的指针,该接收区包含要接收数据的地址和长度
COM_RST	可选参数(隐藏)。重置连接:0表示不相关;1表示重置现有连接	ADDR	包含指向系统数据类型TADDR_Param的指针
—		COM_RST	可选参数(隐藏)。重置连接:0表示不相关;1表示重置现有连接

2. PLC 与工业机器人通信接口

在生产过程的实时交互系统中,工业数据的实时交互及其相关接口的设计尤为重要,PLC 通过工业网络与工业机器人建立通信,通信接口是双方建立通信的重要窗口。PLC 向工业机器人发送的信息及接收工业机器人的信息都需要通过接口来进行,数据接口的设计就成为建立通信过程中的重要步骤。

数据接口的设计需要根据对象的功能需求来进行。接口在实际使用中对于一些异常数据或者附加数据要能够一并处理,这就要求数据接口具有容错性以及灵活性。

PLC 数据接口为输入和输出两类,输入数据包含工业机器人发送过来的运行状态等数据,输出数据包含 PLC 要发送的运行指令等数据。输入 / 输出数据可在 PLC 中建立数据块来完成,分别存放 PLC 发送和接收的数据,可命名为 DB_PLC_STATUS 和 DB_RB_CMD,对应输出状态和接收命令。

DB_PLC_STATUS 作为发送给工业机器人的数据块,包含对工业机器人的动作命令、仓库物料等信息。DB_RB_CMD 则用于接收工业机器人运行状态反馈等信息,PLC 通过这两个数据块的收发实现与工业机器人的交互控制,如图 6-2 所示。

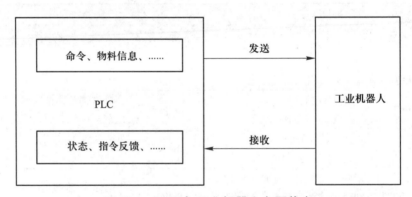

图 6-2 PLC 与工业机器人交互信息

PLC 与工业机器人通信接口定义见表 6-3。

表 6-3 PLC 与工业机器人通信接口定义

DB_PLC_STATUS		
名称	数据类型	说明
RbtControlCmd	Int	工业机器人控制字
RbtTeachNo	Int	示教号
LoadAllow	Int	上料允许
AssemblePos1	Int	装配位置 1
AssemblePos2	Int	装配位置 2

DB_PLC_STATUS		
名称	数据类型	说明
StorePos	Int	仓库位置
DiviceNo	Int	取料设备编号
WpType	Int	工件类型
PLC 自定义数据 real	Array［0..15］of Real	预留 16 个 Real 型自定义数据
库位物料	Array［0..5］of USInt	仓库料况
库位信息	Array［0..5］of USInt	物料信息
旋转供料模块状态	Int	旋转供料模块状态
旋转供料指令执行反馈	Int	旋转供料指令反馈
相机状态	Array［0..15］of Int	相机控制字
相机数据	Array［0..15］of Real	相机数据信息
RFID 状态反馈	Int	RFID 控制字
RFID_SEARCHNO	Int	RFID 搜寻序号
RFID 读取信息	Array［0..31］of Char	RFID 内容

DB_RB_CMD		
名称	数据类型	说明
RbtCurrentState	Int	工业机器人状态字:100 为空闲,200 为忙
LoadAsk	Int	上料请求
RB 自定义数据 real	Array［0..15］of Real	预留 16 个 Real 型自定义数据
库位物料	Array［0..5］of USInt	仓库料况
库位信息	Array［0..5］of USInt	物料信息
旋转供料系统命令	Int	旋转供料系统命令
旋转供料运行指令	Int	旋转供料指令
相机命令	Array［0..15］of Int	相机控制字
相机数值	Array［0..15］of Real	相机数据信息
RFID 指令	Int	RFID 控制字
RFID_STEPNO	Int	RFID 搜寻序号
RFID 待写入信息	Array［0..31］of Char	RFID 内容

3. 通信数据解析

大小端模式是对于数据在内存地址中的不同的存放方式。不同的平台对于数据的存储方式会有所不同,实现跨平台通信则大小端是不能忽视的问题。大端模式是指数据的高字节保存在内存的低地址中,而数据的低字节保存在内存的高地址中。小端模式是指数据的高字节保存在内存的高地址中,而数据的低字节保

存在内存的低地址中。例如一个十六进制数据:0X12345678,对应的内存地址为:0X00~0X03,在大小端的存储地址见表6-4。

表6-4 大小端模式数据存放地址

	大端模式				小端模式			
地址	0X00	0X01	0X02	0X03	0X00	0X01	0X02	0X03
数据	0X12	0X34	0X56	0X78	0X78	0X56	0X34	0X12

由于大小端模式的不同,通信双方接收到的数据无法直接使用,需要对接收到的数据进行数据处理之后再使用。PLC在高低字节处理时,可使用SWAP指令更改字节的排列顺序,并将结果保存在指定的操作数中。SWAP指令支持的数据类型为WORD、DWORD和LWORD。

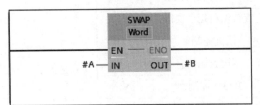

图6-3 SWAP指令处理Int型数据

Int型数据处理需要将SWAP指令的类型参数设置为Int型数据,对应的长度为WORD(16位)。例如一个十六进制Int型数据A=16#1234,使用梯形图编程处理的程序如图6-3所示。

使用SWAP指令处理Int型数据前后的值见表6-5。

表6-5 Int型数据处理

	转换前(A)	转换后(B)
数据	16#1234	16#3412

PLC接收到的Real型数据的原始数据为DWORD型,需要先使用SWAP指令将DWORD高低字节转换,再使用DWORD_TO_REAL指令将DWORD数据转换成Real型数据。要发送的Real型数据则先将Real型数据转换成DWORD数据,再使用SWAP指令处理。例如一个实数C=12.34,它的十六进制表示为16#414570A3,在SCL语言中使用REAL_TO_DWORD和SWAP指令处理的程序如图6-4所示。

```
1  #D := SWAP_DWORD(REAL_TO_DWORD (#C));
```

图6-4 SWAP指令处理Real型数据

数据转换前后数据值见表6-6。

表6-6 Real型数据处理

发送的数据	
转换前	12.34
REAL_TO_DWORD转换后	16#414570A3
SWAP_DWORD转换后	16#A3704541

接收的数据	
转换前	16#A3704541
SWAP_DWORD 转换后	16#414570A3
DWORD_TO_REAL 转换后	12.34

PLC 与工业机器人在通信中,使用了不同的大小端模式,PLC 使用的是大端模式,工业机器人使用的是小端模式,由于工业机器人端仅提供通信数据接口,所以PLC 端需要对输入/输出数据同时做交换处理。将要发送的数据交换后发送至工业机器人,将接收到的工业机器人数据交换后使用。在 PLC 发送以及接收的数据块中,需要各添加一个数据区用于存放交换的数据和接收的数据,此处以结构体的形式来表现不同的数据区,见表 6-7。

表 6-7　数　据　接　口

数据块	结构体	说明
DB_PLC_STATUS	PLC_Send_Data	数据处理后要发送的数据
	PLC_Status	要发送的数据
DB_RB_CMD	PLC_RCV_Data	接收的数据
	RB_CMD	数据处理后接收的数据

6.1.2　工业机器人通信控制程序设计

在智能制造生产过程中,工业机器人作为执行机构承担了上下料的工作任务。工业机器人从仓库取料,放料至加工设备,加工完成后从加工设备取料,放料至仓库,工作流程如图 6-5 所示。

微课
工业机器人通
信控制程序设
计

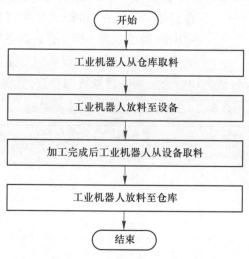

图 6-5　工业机器人工作流程

PLC 控制工业机器人工作的程序可参照表 6-8 内容设计。

表 6-8　PLC 控制工业机器人程序

程序名	说明
Store_To_Rbt	出库程序
Rbt_to_Store	入库程序
Rbt_to_Device	放料程序
Device_to_Rbt	取料程序

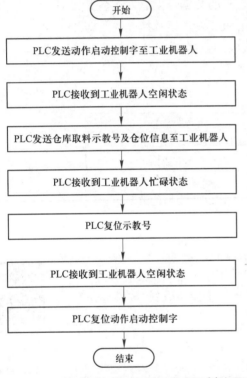

图 6-6　PLC 控制工业机器人仓库取料流程

四个动作程序在结构上类似,以出库程序为例,PLC 发送动作启动控制字至工业机器人。此处以示教号作为 PLC 控制工业机器人进入不同动作程序的指令,当 PLC 接收到工业机器人空闲状态后,发送仓库取料示教号及仓位信息至工业机器人。接收到工业机器人忙碌状态后复位示教号。工业机器人工作完成后再次发送空闲状态,PLC 接收到工业机器人空闲状态复位动作启动控制字,工业机器人动作流程结束,具体流程如图 6-6 所示。

流程控制可在函数块中使用梯形图编写。合理地使用函数块能够使程序结构更加清晰,逻辑更完整。函数块包含背景数据块和程序两个部分,背景数据块中包含输入变量(InPut)、输出变量(OutPut)、输入/输出变量(InOut)、静态变量(Static)、临时变量(Temp)。输入变量(InPut)、输出变量(OutPut)以及输入/输出变量(InOut)是函数块与外界交互的接口,静态变量(Static)和临时变量(Temp)是函数块内部使用的局部变量,不同的是静态变量储存上一次的赋值可以直接使用,而临时变量在使用前就需要对变量初始化。可在背景数据块中添加相应背景数据参数,见表 6-9。

表 6-9　工业机器人动作流程背景数据块

名称	数据类型	说明
Input		
Start	Bool	程序启动
Rst	Bool	程序复位
取料仓位	Int	取料仓位号
取料设备	Int	取料设备类型

名称	数据类型	说明
取料设备编号	Int	取料设备号
工件类型	Int	工件类型
Output		
RbtFinish	Bool	工业机器人动作完成
Done	Bool	程序运行结束
Static		
Step	Int	步序
ErrorCode	Int	错误码

背景数据块中的步序可以用来做流程控制,确保当前函数在执行时能够按照编程要求逐步运行,可参照如下示例实现。

通过步序控制完成将变量 A(Int 型数据)加 5,再乘以 5 的流程,程序如下。

(1) 程序开始,将步序赋值为 1,如图 6-7 所示。

图 6-7　步序 1

(2) 判断当前步序为 1,执行 A 加 5 指令,0.5 s 后将步序赋值为 2,如图 6-8 所示。

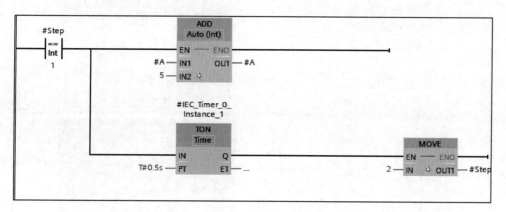

图 6-8　步序 2

(3) 判断当前步序为 2,执行 A 乘以 5 指令,0.5 s 后将步序赋值为 0,表示流程运行结束,如图 6-9 所示。

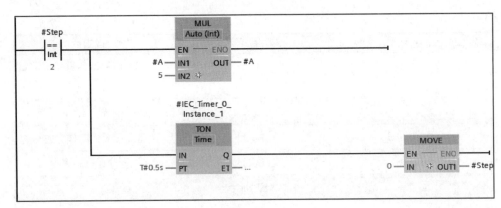

图6-9 步序3

任务实施

6.1.3 编写与工业机器人通信程序

1. 编写通信程序

PLC与工业机器人通信程序包括发送与接收数据和通信数据解析,建立通信发送和接收数据的具体实施步骤见表6-10。

表6-10 编写通信程序操作步骤

步骤	操作说明	示意图
1	新建数据块,在项目树下的程序块中双击"添加新块"打开"添加新块"对话框	
2	选择"数据块",类型选择"全局DB",更改名称为"DB_PLC_STATUS",单击"确定"按钮	

步骤	操作说明	示意图
3	选中添加好的数据块并右击,在弹出的菜单中选择"属性",在"常规"选项卡下的"属性"中取消勾选"优化的块访问"	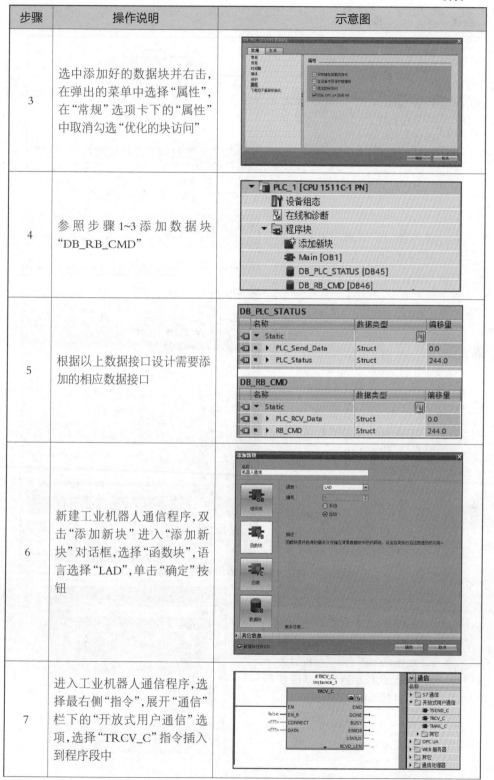
4	参照步骤1~3添加数据块"DB_RB_CMD"	
5	根据以上数据接口设计需要添加的相应数据接口	
6	新建工业机器人通信程序,双击"添加新块"进入"添加新块"对话框,选择"函数块",语言选择"LAD",单击"确定"按钮	
7	进入工业机器人通信程序,选择最右侧"指令",展开"通信"栏下的"开放式用户通信"选项,选择"TRCV_C"指令插入到程序段中	

步骤	操作说明	示意图
8	选中"TRCV_C"功能块,单击右下角属性,在"属性"选项卡中单击"组态"	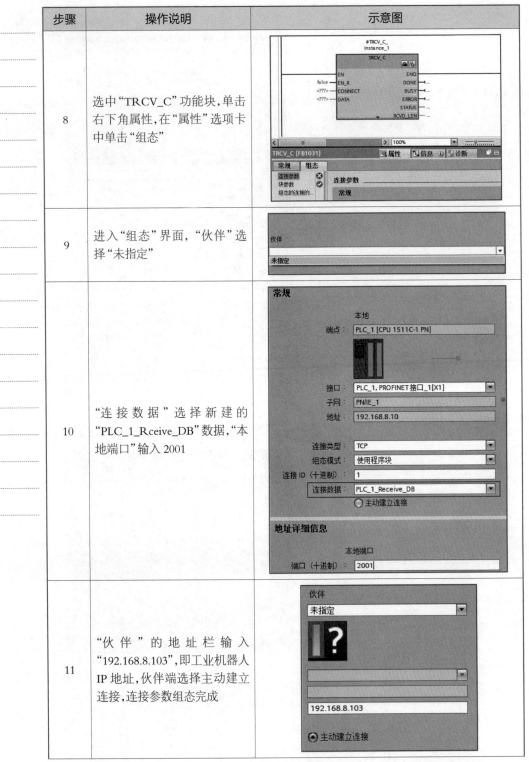
9	进入"组态"界面,"伙伴"选择"未指定"	
10	"连接数据"选择新建的"PLC_1_Rceive_DB"数据,"本地端口"输入2001	
11	"伙伴"的地址栏输入"192.168.8.103",即工业机器人IP地址,伙伴端选择主动建立连接,连接参数组态完成	

步骤	操作说明	示意图
12	添加指令的输入参数,使用"EN_R","CONT"为Ture,DATA使用指针指向要发送的数据	
13	同样方法添加"TSEND_C"指令,"REQ"参数使用"TRCV_C"指令的完成信号触发,"CONNECT"参数选择上述"TRCV_C"指令组态完成的数据	

2. 编写数据解析程序

编写工业机器人通信数据解析程序操作步骤如下。

(1) 新建通信数据解析函数块,如图 6-10 所示。

图 6-10 新建数据解析函数块

(2) 在数据块 DB_PLC_STATUS 中,需要将原始数据 PLC_Status 经过解析存放至待发送数据 PLC_Send_Data 中,Int 型数据以工业机器人控制字 RbtControlCmd

为例,其他 Int 型数据按照相同方式编写,见表6–11。

表6–11　发送 Int 型数据处理示例

```
"DB_PLC_STATUS".PLC_Send_Data.RbtControlCmd:=SWAP_WORD("DB_PLC_
STATUS".PLC_Status.RbtControlCmd);
```

（3）Real 型数据以 PLC 自定义数据 real［0］为例,其他 Real 型数据按照相同方式编写,见表6–12。

表6–12　发送 Real 型数据处理示例

```
"DB_PLC_STATUS".PLC_Send_Data.PLC 自定义数据 real[0]:=SWAP_DWORD(REAL_
TO_DWORD("DB_PLC_STATUS".PLC_Status.PLC 自定义数据 real[0]));
```

（4）在数据块 DB_RB_CMD 中,需要将接收到的数据 PLC_RCV_Data 经过解析存放至数据 RB_CMD 中,Int 型数据以工业机器人状态 RbtCurrentState 为例,其他 Int 型数据按照相同方式编写,见表6–13。

表6–13　接收 Int 型数据处理示例

```
"DB_RB_CMD".RB_CMD.RbtCurrentState:= SWAP_WORD("DB_RB_CMD".PLC_RCV_
Data.RbtCurrentState);
```

（5）Real 型数据以 RB 自定义数据 real［0］为例,其他需要处理的数据只需要更换变量名即可,见表6–14。

表6–14　接收 Real 型数据处理示例

```
"DB_RB_CMD".RB_CMD.RB 自定义数据 real[0]:= DWORD_TO_REAL(SWAP_DWORD("DB_
RB_CMD".PLC_RCV_Data.RB 自定义数据 real[0]));
```

6.1.4　PLC 与工业机器人交互及测试

编写与工业机器人交互控制程序的具体操作步骤见表6–15。

表6–15　PLC 与工业机器人交互及测试操作步骤

微课
PLC 与工业机
器人交互及测
试

步骤	操作说明	示意图
1	新建工业机器人从仓库中取料函数块,此处命名为"Store_To_Rbt",语言选择为"LAD",单击"确定"按钮	

步骤	操作说明	示意图
2	进入函数块,打开函数块上方的背景数据块,按照上述设计的数据在背景数据块中添加变量	
3	在程序段中编写程序,通过输入触点 Start 触发程序启动	
4	判断工业机器人状态为空闲,发送取料仓位、取料设备编号以及工件类型至工业机器人	
5	向工业机器人发送启动工业机器人控制字和仓库取料示教号	
6	工业机器人接收到示教号后,开始取料动作,发送工业机器人忙碌状态至 PLC,PLC 接收到反馈后将示教号清零	

步骤	操作说明	示意图
7	工业机器人取料完成后,发送工业机器人空闲状态至PLC,PLC判断工业机器人为空闲状态,将完成标志位置位、工业机器人启动控制字、错误码和步序清零	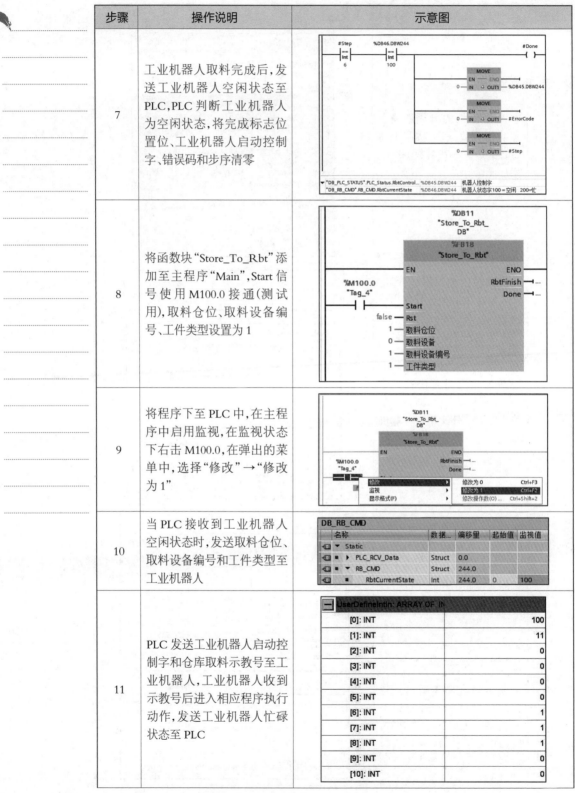
8	将函数块"Store_To_Rbt"添加至主程序"Main",Start信号使用M100.0接通(测试用),取料仓位、取料设备编号、工件类型设置为1	
9	将程序下至PLC中,在主程序中启用监视,在监视状态下右击M100.0,在弹出的菜单中,选择"修改"→"修改为1"	
10	当PLC接收到工业机器人空闲状态时,发送取料仓位、取料设备编号和工件类型至工业机器人	
11	PLC发送工业机器人启动控制字和仓库取料示教号至工业机器人,工业机器人收到示教号后进入相应程序执行动作,发送工业机器人忙碌状态至PLC	

步骤	操作说明	示意图
12	PLC接收到工业机器人忙碌状态	DB_RB_CMD | 名称	数据...	偏移量	起始值	监视值
▼ Static				
▶ PLC_RCV_Data	Struct	0.0		
▼ RB_CMD	Struct	244.0		
■ RbtCurrentState	Int	244.0	0	200	
13	PLC将示教号清零,等待工业机器人动作完成	UserDefineIntin: ARRAY OF IN [0]: INT — 100 [1]: INT — 0 [2]: INT — 0 [3]: INT — 0 [4]: INT — 0 [5]: INT — 0 [6]: INT — 1 [7]: INT — 1 [8]: INT — 1 [9]: INT — 0 [10]: INT — 0
14	工业机器人动作完成后,发送工业机器人空闲状态至PLC,PLC接收到工业机器人空闲状态	DB_RB_CMD | 名称	数据...	偏移量	起始值	监视值
▼ Static				
▶ PLC_RCV_Data	Struct	0.0		
▼ RB_CMD	Struct	244.0		
■ RbtCurrentState	Int	244.0	0	100	
15	PLC将启动工业机器人控制字清零,交互流程结束	UserDefineIntin: ARRAY OF IN [0]: INT — 0 [1]: INT — 0 [2]: INT — 0 [3]: INT — 0 [4]: INT — 0 [5]: INT — 0 [6]: INT — 1 [7]: INT — 1 [8]: INT — 1 [9]: INT — 0

任务6.2　PLC与MES通信编程

教学课件
任务6.2

任务提出

MES是智能制造的核心,MES对于生产信息实施监控,向上对计划层进行传导,

向下对执行层进行控制,将企业上层生产计划系统与车间下层的设备控制系统联系起来。PLC 作为设备和装置的控制器,除了传统的逻辑控制、顺序控制、运动控制和安全控制功能之外,还承担着智能制造赋予的数据采集与分发等任务。在智能制造系统中,PLC 不仅仅是机械装备和生产线的控制器,而且还是制造信息的采集器和转发器。

本任务中 MES 和 PLC 通过 S7 通信协议进行单边通信,利用 MES 的通信接口编写 PLC 与 MES 的交互程序,并完成对 MES 命令码的解析,实现 MES 任务的分发功能。本任务包含以下内容:

1. PLC 与 MES 通信交互程序编制;
2. PLC 与 MES 通信应用。

知识准备

6.2.1　S7 通信协议

MES 与 PLC 的通信为单边通信,MES 通过 S7 通信协议,对 PLC 的数据块进行读写操作。S7 通信协议是西门子 S7 系列 PLC 内部集成的一种通信协议,是一种运行在传输层之上的(会话层、表示层、应用层)、经过特殊优化的通信协议,其信息传输可以基于 MPI 网络、PROFIBUS 网络或者以太网。

S7 通信支持两种方式:基于客户端(Client)/服务器(Server)的单边通信;基于伙伴(Partner)/伙伴(Partner)的双边通信。

(1) 客户端(Client)/服务器(Server)模式是最常用的通信方式,也称为 S7 单边通信。在该模式中,只需要在客户端一侧进行配置和编程;服务器一侧只需要准备好需要被访问的数据,不需要任何编程(服务器的“服务”功能是硬件提供的,不需要用户软件的任何设置)。客户端是在 S7 通信中资源的索取者,而服务器则是资源的提供者。服务器(Server)通常是 PLC 的 CPU,它的资源就是其内部的变量、数据等。客户端通过 S7 通信协议,对服务器的数据进行读取或写入的操作。常见的客户端包括人机交互界面(HMI)、编程计算机(PG/PC)等。当两台 PLC 进行 S7 通信时,可以将其中一台 PLC 设置为客户端,另一台 PLC 设置为服务器,如图 6-11 所示。

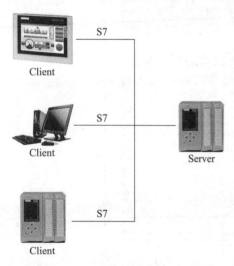

图 6-11　S7 通信协议客户端/服务器单边通信

很多基于 S7 通信协议的软件都是在扮演着客户端的角色,例如 OPC Server,虽然它的名字中有 Server,但在 S7 通信中它其实是客户端的角色。客户端/服务器模式的数据流动是单向的。也就是说,只有客户端能操作服务器的数据,而服务器不能对客户端的数据进行操作。如果需要双向的数据操作,必须使用伙伴/伙伴通信模式,如图 6-12 所示。

(2) 伙伴/伙伴通信模式也称为 S7 双边通信,也有人称其为客户端—客户端

模式,该通信方式有如下几个特点:

① 通信双方都需要进行配置和编程。

② 通信需要先建立连接。主动请求建立连接的是主动伙伴(Active Partner),被动等待建立连接的是被动伙伴(Passive Partner);

③ 当通信建立后,通信双方都可以发送或接收数据。

在本项目中,MES 作为 S7 通信的客户端,对 PLC 的数据块进行数据的写入与读取,而 PLC 端无须做任何设置,直接在 PLC 程序中使用 MES 写入的数据即可,如图 6-13 所示。

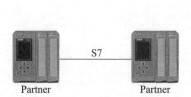

图 6-12 S7 通信协议伙伴 / 伙伴通信

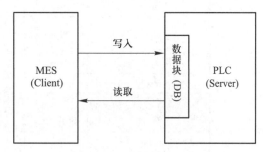

图 6-13 MES 与 PLC 通信

6.2.2 PLC 与 MES 通信程序设计

1. MES 通信接口

MES 与 PLC 通过 S7 通信协议进行单边通信,以 PLC 作为服务器,MES 作为客户端,MES 直接访问 PLC 的数据块进行数据读写,实现 MES 与 PLC 的通信。MES 端已定义相应的通信接口,将 PLC 操作的 DB 块固定为 DB8 和 DB16,DB8 内为 PLC 与 MES 的交互接口,DB16 内为仓库数据。PLC 端声明的数据块编号必须用 8 和 16,可命名为"DB_MesData"(DB8)和"装配仓位号"(DB16)。

微课
PLC 与 MES 通信程序设计

DB_MesData 数据块中主要包含 MesToPlc 和 PlcToMes 两个部分,MesToPlc 包含了 MES 发送给 PLC 的命令码、对 PLC 命令响应码以及一些附加信息;PlcToMes 包含了 PLC 响应码、PLC 命令码以及各单元反馈的状态,交互数据接口见表 6-16。

表 6-16 MES 交互接口

MesToPlc		
名称	数据类型	说明
MesCmdCode	Int	MES 命令码
取料设备	Int	取料设备类型:00 表示仓库,12 表示 CNC,21 表示测量,31 表示机器人
放料设备	Int	放料设备类型:00 表示仓库,12 表示 CNC,21 表示测量,31 表示机器人
取料设备编号	Int	同类型设备编号

MesToPlc		
名称	数据类型	说明
放料设备编号	Int	同类型设备编号
工件料位	Int	仓位号
夹具号	Int	夹具号
工件类型	Int	工件类型
加工工件的中间状态	Int	加工工件的中间状态
CmdAck	Int	命令响应码
StorePos	Int	工件位置
设备类型	Int	设备类型:00 表示仓库类,11 表示车削类,12 表示铣削类,21 表示测量类
设备编号	Int	同类型设备编号
result	Int	结果
PlcToMes		
名称	数据类型	说明
PlcAckCode	Int	PLC 响应码
取料设备	Int	取料设备类型
放料设备	Int	放料设备类型
取料设备编号	Int	同类型设备编号
放料设备编号	Int	同类型设备编号
工件料位	Int	仓位号

装配仓位号中主要包含装配时各工件及半成品工件的仓位号,用于发送给工业机器人完成装配动作,包括设备编号、仓位号和工件类型等。装配仓位号数据接口见表 6-17。

表 6-17　装配仓位号数据接口

配件仓位		
名称	数据类型	说明
配件仓位[0]	Array [0..4]of Int	配件 1 仓位信息
配件仓位[1]	Array [0..4]of Int	配件 2 仓位信息
配件仓位[2]	Array [0..4]of Int	配件 3 仓位信息
配件仓位[3]	Array [0..4]of Int	配件 4 仓位信息
配件仓位[4]	Array [0..4]of Int	配件 5 仓位信息
配件仓位[5]	Array [0..4]of Int	配件 6 仓位信息

成品仓位		
名称	数据类型	说明
仓库号	Int	设备编号
仓位号	Int	仓位号
产品类型	Int	产品类型
总装配数量	Int	装配零件总数量
备用	Int	备用

2. MES 交互程序设计

MES 利用 DB_MesData 数据块中的接口与 PLC 进行通信交互,发送需要处理的工艺信息,PLC 命令码与响应码接收 MES 命令并做出反馈,将工艺信息解析处理后调度工业机器人执行相应动作。MES 与 PLC 交互流程如图 6-14 所示。

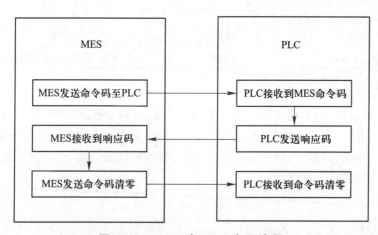

图 6-14　MES 与 PLC 交互流程

在生产过程中,PLC 需要多次与 MES 进行交互,使用函数块将处理 MES 命令码这一交互过程封装为函数可以提高编程效率。函数块的输入接口与 MES 的指令数据连接,输出接口与 PLC 反馈给 MES 的数据连接。当 PLC 接收到的 MES 命令与需要处理的 MES 命令号相同时,函数块处理交互命令。根据通信交互需求规划函数块的背景数据块接口,各参数说明见表 6-18。

表 6-18　PLC 应答 MES 函数块参数说明

Input		
名称	数据类型	说明
StartRevCmd	Bool	接收命令允许
Reset	Bool	复位程序块
Continue	Bool	处理完毕,继续执行

Input		
名称	数据类型	说明
MesCmdAddr	Word	PLC 接收 MES 发送命令的地址
WaitCmdWord	Word	该块需要处理的 MES 命令号
Output		
名称	数据类型	说明
MesParmOK	Bool	MES 命令附加参数读允许
Done	Bool	MES 命令交互完成信号
Static		
名称	数据类型	说明
StepRecord	Int	步序
WaitContinue	Bool	继续执行前等待
InOut		
名称	数据类型	说明
PlcReplyAddr	Word	PLC 应答 MES 命令地址

3. MES 命令解析程序设计

MES 发送命令码,通知 PLC 完成停止、复位、启动、调度等指令,其中 PLC 在接收到停止、复位、启动指令后,只需要发出相应的执行动作即可。PLC 在接收到调度指令后,需要对调度的目标设备进行分析,将解析结果分发至执行机构。各命令码及其作用见表 6-19。

表 6-19 命 令 码

命令码	说明	处理方式
90	发送系统启动指令	直接将相应指令置位
91	发送系统停止指令	
100	发送系统复位指令	
102	发送加工调度命令	分析附加信息,解析对应动作

PLC 在接收到 MES 命令码完成交互后,根据 MES 指令执行不同的动作,命令码为 90、91、100 时,交互后将相应的系统命令置位。当命令码为 102 时,交互后将附加信息进行分析,此时 PLC 需要根据取料设备类型、放料设备类型解析出当前调度指令的种类,再调用对应的工业机器人动作程序。根据规划的数据接口,当取料设备为 0,放料设备为 31 时,执行仓库出库程序;当取料设备为 31,放料设备为 12 或 21 时,执行设备上料程序;当取料设备为 12 或 21,放料设备为 31 时,执行设备下料程序;当取料设备为 31,放料设备为 0 时,执行仓库入库程序。PLC 处理 MES 命令码的过程如图 6-15 所示。

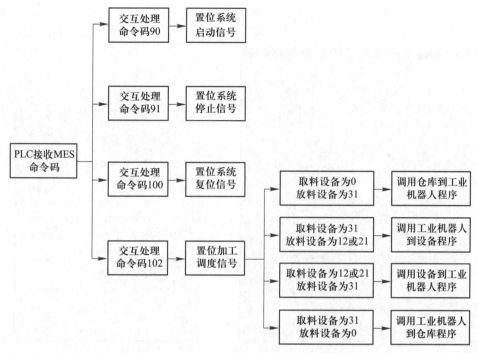

图 6-15　PLC 处理 MES 命令码的过程

任务实施

6.2.3　PLC 与 MES 通信交互

微课
PLC 与 MES 通信交互

PLC 与 MES 的通信交互是一个相互应答的过程,PLC 在接收到 MES 的命令码后,需要对命令码做出响应并反馈至 MES,MES 收到反馈后,将命令码复位,形成完整的交互过程。

1. MES 通信交互程序编写

MES 交互函数块的编写具体操作步骤如下。

(1) 新建函数块,名称可参考"MesCmdExchange",然后单击"确定"按钮,如图 6-16 所示。

(2) 打开函数块的背景数据块,参照表 6-18 在背景数据块中添加接口变量,包括 Input、Output、InOut 和 Static,如图 6-17 所示。

(3) 编写程序段,接收到的命令码与当前程序需要处理的命令码相同,启动信号置位,进入程序流程,如图 6-18 所示。

(4) 将 MES 命令码赋值给 PLC 响应码,PLC 做出响应,如图 6-19 所示。

(5) 接收到指定的 MES 命令,MES 命令的附加参数可读,如图 6-20 所示。

(6) 接收到的 MES 命令码为 0,MES 命令交互完成,输出完成信号,并将 PLC 对 MES 的应答码以及步序清零,如图 6-21 所示。

图 6-16 添加 MES 交互函数块

MesCmdExchange		
	名称	数据类型
	▼ Input	
	StartRevCmd	Bool
	Reset	Bool
	Continue	Bool
	MesCmdAddr	Word
	WaitCmdWord	Word
	▼ Output	
	MesParmOK	Bool
	Done	Bool
	▼ InOut	
	PlcReplyAddr	Word
	▼ Static	
	StepRecord	Int
	WaitContinue	Bool

图 6-17 MES 交互函数背景数据块

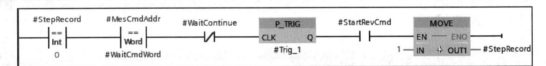

图 6-18 命令码解析

图 6-19 PLC 响应

图 6-20 MES 附加参数可读

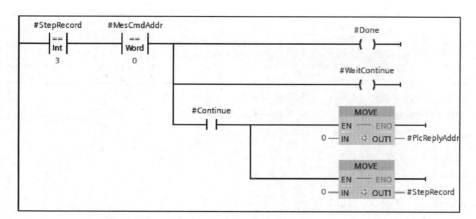

图 6-21　交互完成

2. MES 通信交互函数块应用

使用 MES 交互函数块 MesCmdExchange 处理指令的操作步骤如下。

（1）编写 MES 停止命令块，该块需要处理的 MES 命令码为 91，启动信号为 TRUE，当 MES 命令码为 91 时，该块执行，结束后将停止指令置位，如图 6-22 所示。

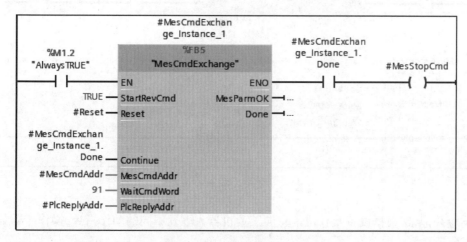

图 6-22　停止命令处理

（2）编写 MES 复位命令块，该块需要处理的 MES 命令码为 100，当 MES 命令码为 100 时，该块执行，结束后将复位指令置位，如图 6-23 所示。

（3）编写 MES 启动命令块，该块需要处理的 MES 命令码为 90，当 MES 命令码为 90 时，该块执行，结束后将启动指令置位，如图 6-24 所示。

6.2.4　MES 命令解析

PLC 在与 MES 交互后，需要根据 MES 下发的命令做出相应的控制。以工业机器人调度为例，PLC 接收并处理命令码 102 后，对 MES 下发的设备及仓位信息做出

微课
MES 命令解析

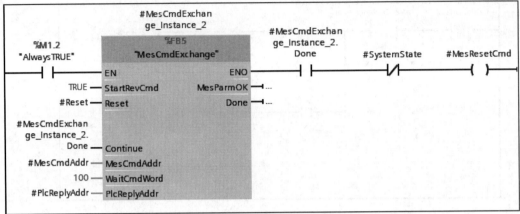

图 6-23　复位指令处理

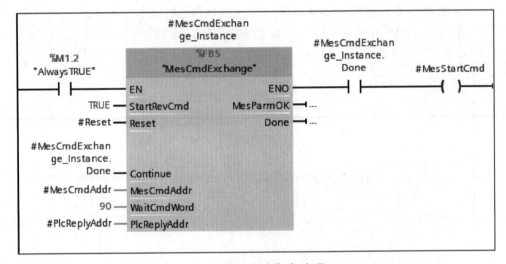

图 6-24　启动命令处理

响应并记录,根据设备及仓位信息向工业机器人下发不同的动作指令,操作步骤如下所示。

(1) 编写 MES 工业机器人调度命令块,处理的 MES 命令码为 102。命令码 102 处理完毕后,将取放料设备类型、取放料设备编号及仓位号记录至中间变量并发送至对应的响应接口,如图 6-25 所示。

(2) 对 MES 发过来的参数进行校验,当目标设备中有工件时产生报警,如图 6-26 所示。

(3) 根据取放料设备号进行调度,共四种情况:① 仓库到工业机器人;② 工业机器人到设备;③ 设备到工业机器人;④ 工业机器人到仓库。其中,00 表示仓库,12 表示 CNC,21 表示测量,31 表示工业机器人,如图 6-27 所示。

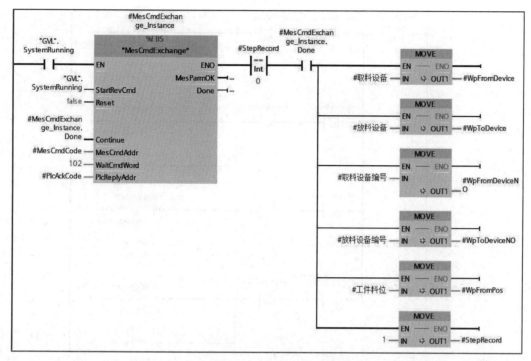

图 6-25　调度命令处理

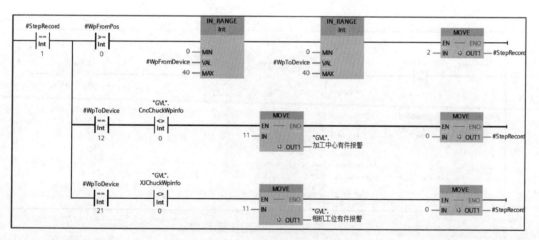

图 6-26　检测设备料况

（4）以出库为例，取料设备为仓库，放料设备为工业机器人，调用仓库到工业机器人程序，如图 6-28 所示。其他情况按照相同方法调用对应程序。

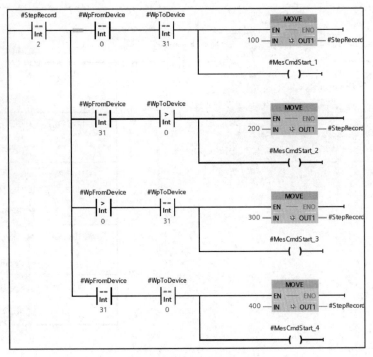

图 6-27　解析机器人动作

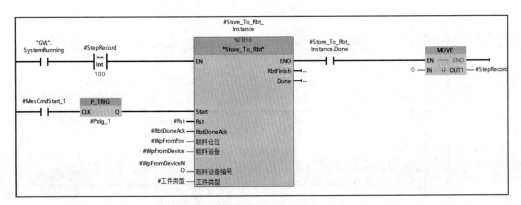

图 6-28　调用出库程序

任务 6.3　智能制造系统交互控制调试

任务提出

在工业智能转型中，需要对制造过程进行全流程监控。如何通过人与信息物理系统的感知融合,改善输入端的表征方式,达成"信息高效传输和人精准决策的协同共生",对于维系智能制造的高效性和稳定性有着举足轻重的作用。系统的运作、监管和决策完全取决于信息输入端的表征方式,即操作员执行排查、调度、应急通信等任务时,完全依赖可视化的信息呈现进行感知、分析判断、预测,并做出决策。信息可视化表征将极大地改善系统中的人(任务执行者)获取信息、知识推理、判断决策的认知绩效,达成实时交互的人机物闭环系统,实现操作员与生产运营层面的车间智能运作充分融合,即人机互融。

本任务通过学习人机交互界面的编程调试、MES端交互调试,完成对智能制造系统的交互调试。本任务包含以下内容:

1. 人机交互界面编程;
2. 智能制造系统交互调试。

知识准备

6.3.1 人机交互界面

人机交互界面(Human Machine Interaction,简称HMI),又称用户界面或使用者界面,是人与计算机之间传递、交换信息的媒介和对话接口,是计算机系统的重要组成部分,是系统和用户之间进行交互和信息交换的媒介,可以实现信息的内部形式与人类可以接受的外部形式之间的转换。

人机交互界面大量运用在工业与商业上,简单地区分为"输入"(Input)与"输出"(Output)两种,输入指的是由人来进行机械或设备的操作,如把手、开关、门、指令(命令)的下达或保养维护等,而输出指的是由机械或设备发出来的通知,如故障、警告、操作说明提示等,好的人机交互界面会帮助使用者更简单、更正确、更迅速地操作机械,也能使机械发挥最大的效能并延长使用寿命,而市面上所指的人机交互界面则多狭义地指软件人性化的操作接口。

微课
人机交互界面
及其设计

工业生产中所用到的人机交互界面通常为触摸屏。触摸屏类型按不同特点有几种不同的分类方法:一是按照触摸屏的工作原理和传输信息的介质,触摸屏可分为四种,分别为电阻式、电容感应式、红外线式以及表面声波式;二是从安装方式来分,触摸屏可以分为外挂式、内置式和整体式;三是从技术原理来区别触摸屏,可分为五个基本种类:矢量压力传感技术触摸屏、电阻技术触摸屏、电容技术触摸屏、红外线技术触摸屏及表面声波技术触摸屏。本项目中使用到的西门子TP700精智面板使用的是电阻技术触摸屏,如图6-29所示。

图6-29 西门子TP700精智面板

6.3.2 人机交互界面设计

1. HMI 基本元素使用

HMI 画面的编辑工具箱提供了相应的画面编辑工具,包括基本对象、元素、控件和图形四个大类,用户可在这四类中选取不同的对象进行 HMI 画面的设计。HMI 常用元素及其使用方法见表 6-20。

表 6-20　HMI 常用元素及其使用方法

图示	名称	说明
●	圆	圆形图案,可以填充图案作为指示灯
■	矩形	矩形图案,可以填充图案作为指示灯
A	文本域	添加文字信息
🖼	图形视图	可用于绑定系统图案或自定义图案
0.12	IO 域	可用于输入和显示过程值
▬	按钮	用于开关量输入,可填充图案作为指示灯显示当前状态
🕐5	日期 / 时间域	添加系统时间
✉!	报警视图	用于显示运行过程中的报警信息

2. 画面设计

操作界面,可以完成对设备交互的手动测试,包括工业机器人和 MES 的交互。要求调试界面包含工业机器人测试区域和 MES 测试区域,各区域通过人机交互界面的显示及输入完成对各自目标的调试功能。在编写调试界面时,需要将用到的通信接口绑定到人机交互界面变量中,其中包括 PLC 和工业机器人的交互接口,以及 PLC 和 MES 的交互接口。

在手动测试中,PLC 与工业机器人交互使用到的接口包括 PLC 对工业机器人的控制字、示教号、物料的仓位信息等,同时也需要在画面中实时显示工业机器人的当前状态(空闲、忙碌)。PLC 与 MES 交互使用到的接口包括 MES 下发的命令码、取放料设备类型及编号、物料信息等,PLC 对 MES 的响应码也需要能够通过人机交互界面反馈至 MES,接口可参照表 6-21 规划。

表 6-21　调试界面接口

	名称	数据类型
系统控制	交互测试模式	Bool
	数据清除	Bool
工业机器人交互	写入工业机器人控制字	Bool
	写入物料信息	Bool
	写入工业机器人示教号	Bool
	工业机器人状态	Int
	工业机器人控制字	Int
	物料信息	Array［0..2］of Int
	工业机器人示教号	Int
MES 交互	MES 命令码	Int
	取料设备类型	Int
	取料设备号	Int
	放料设备类型	Int
	放料设备号	Int
	工件料位	Int
	工件类型	Int
	PLC 响应码	Int
	PLC 响应 MES	Bool

　　人机界面与工业机器人交互流程为:确认工业机器人为空闲状态,操作 HMI 发送控制字、示教号和物料信息,工业机器人接收后执行程序并返回忙碌状态,操作 HMI 发送示教号清零指令。工业机器人运行完成后返回空闲状态,操作 HMI 发送控制字及物料信息清零指令,如图 6-30 所示。

　　人机交互界面与 MES 交互流程为:手动操作 MES 发送指令,查看确认 MES 命令码,操作 HMI 发送 PLC 响应码。MES 接收响应码后发送命令码清零指令,查看确认 MES 命令码为 0,操作 HMI 发送 PLC 响应码清零,如图 6-31 所示。

　　根据工作流程,人机交互界面可如图 6-32 所示设计。画面中包含了按钮、文本域、I/O 域等设计元素,其中所有的 I/O 域需绑定对应的变量,按钮根据需求设计按下取反和按下单次触发两种功能。

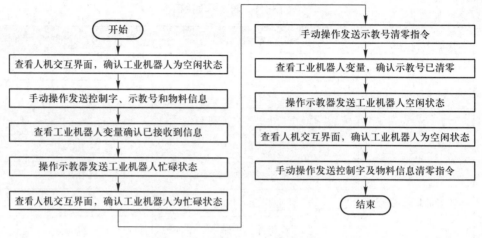

图 6-30　机器人交互手动测试

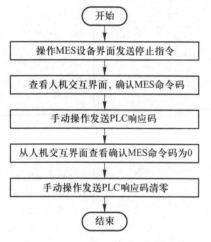

图 6-31　MES 交互手动测试

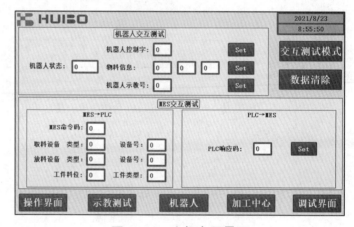

图 6-32　人机交互界面

🚚 任务实施

6.3.3　人机交互界面编程

1. 编写调试界面

调试界面用于对工业机器人及 MES 交互的手动测试,可以对交互过程中的异常状况进行明细定位,编写调试界面的操作步骤如下。

(1) 在 PLC 程序中新建数据块用于存放 HMI 所用到的变量,名称修改为"HMI",并根据需求添加相应变量,如图 6-33 所示。

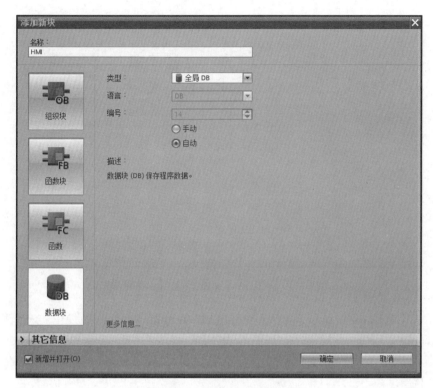

图 6-33 新建 HMI 数据块

（2）双击进入调试界面，在画面右侧添加"交互测试模式"和"数据清除"按钮，"交互测试模式"按钮为按下取反，"数据清除"按钮为按下单次触发，如图 6-34 所示。

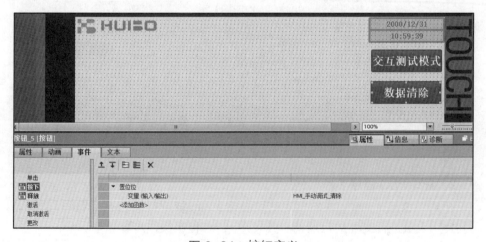

图 6-34 按钮定义

（3）添加"机器人交互测试"区域，I/O 域绑定至相应变量，按钮均为按下单次触发，如图 6-35 所示。

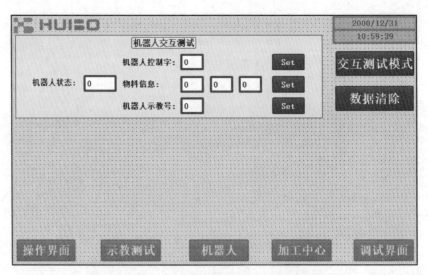

图 6-35 "机器人交互测试"区域编写

（4）用与图 6-35 所示"机器人交互区域"编写相同方法添加"MES 交互测试"功能区，绑定相应 I/O 域、按钮，如图 6-36 所示。

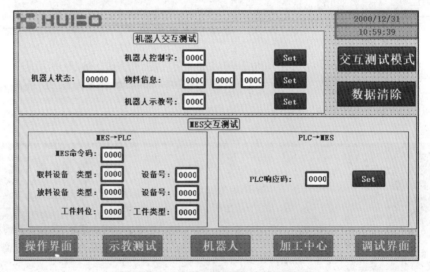

图 6-36 "MES 交互"功能区编写

2. 编写 PLC 程序

在调试模式下，调试界面绑定的变量需要与 PLC 对外界交互的接口关联，以达到使用人机进行交互的目的，编写对应的 PLC 程序操作步骤如下。

（1）在项目树中打开"程序块"，双击"添加新块"，在弹出的"添加新块"对话框中选择"函数块"，"名称"设为"交互测试"，如图 6-37 所示。

图 6-37 新建交互测试程序

（2）进入交互测试程序，编写机器人交互测试程序，在交互测试模式下，将机器人状态赋值至数据块"HMI"对应变量中，以三个"Set"按钮对应的变量控制机器人控制字、机器人示教号、物料信息赋值功能的接通，如图 6-38 所示。

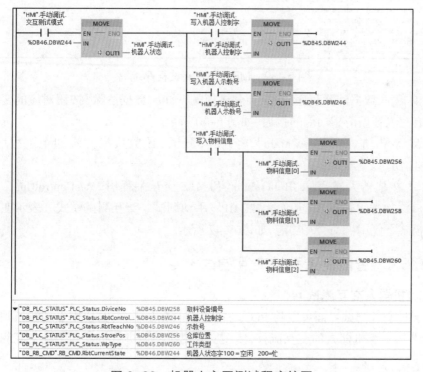

图 6-38 机器人交互测试程序编写

（3）编写 MES 交互测试程序，在交互测试模式下，将 MES 命令码、工件料位、取料设备类型、取料设备编号、放料设备类型、放料设备编号和工件类型赋值至数据块"HMI"对应变量中，以"Set"按钮对应的变量控制 PLC 响应码赋值功能的接通，如图 6-39 所示。

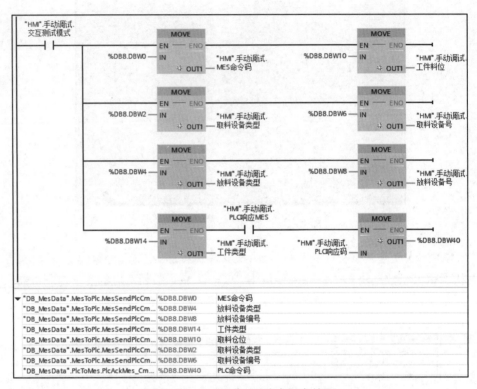

图 6-39　MES 交互测试程序编写

（4）编写数据清除程序，在交互测试模式下，以"数据清除"按钮对应的变量控制所有写入数据清零功能的接通，如图 6-40 所示。

（5）双击进入主程序"Main"，将"交互测试"函数块拖拽添加至主程序，如图 6-41 所示。

（6）在机器人主程序"RobotMain"和 MES 交互主程序"MesControlCmd"的使能入口添加常闭触点，绑定变量""HMI"_手动调试_交互测试模式"，表示在交互测试模式下停用自动交互功能，如图 6-42 所示。

6.3.4　智能制造系统交互调试

1. 机器人交互测试

通过交互测试界面可以将 PLC 与机器人的交互步骤化，使用手动测试画面可以完成 PLC 和机器人的交互流程，使用交互测试界面进行机器人手动交互测试步骤如下。

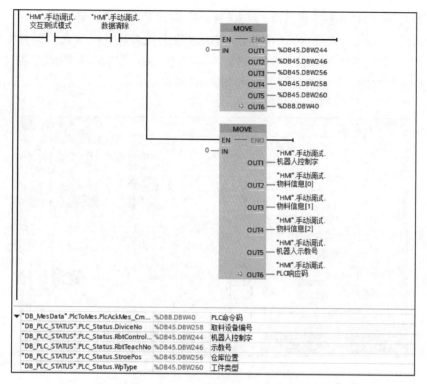

图 6-40 数据清除程序编写

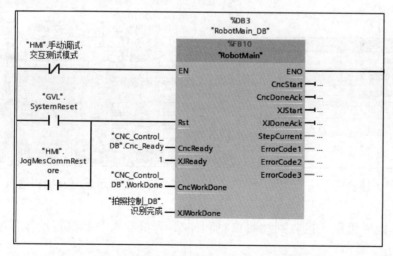

图 6-41 交互测试程序添加至主程序

图 6-42 交互测试模式切换功能编写

(1) 下载 PLC 和触摸屏程序,单击触摸屏"调试界面",进入调试界面,单击"交互测试模式"按钮,从机器人示教器中修改机器人状态为空闲状态。查看调试画面中"交互测试模式"按钮为绿色,机器人状态为 100。在触摸屏调试界面输入机器人控制字"100",单击"Set"按钮,如图 6-43 所示。

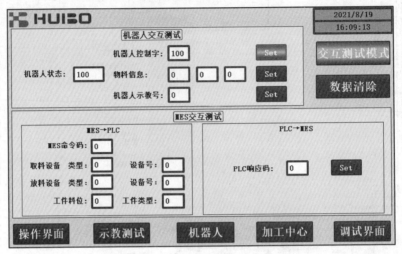

图 6-43　发送机器人控制字

(2) 此时机器人变量表中接收到控制字 100,如图 6-44 所示。

(3) 此时机器人应该进入启动状态,操作触摸屏界面发送物料信息和机器人示教号 11 至机器人,单击"Set"按钮发送(物料信息和机器人示教号各单击一次),如图 6-45 所示。

变量	数值
TOOLTYPE: USINT CONST	0
⊞ UD_INT: ARRAY OF INT CONS	
⊞ UD_REAL: ARRAY OF REAL C	
⊟ UserDefineIntIn: ARRAY OF IN	
[0]: INT	100
[1]: INT	0
[2]: INT	0

图 6-44　机器人接收指令

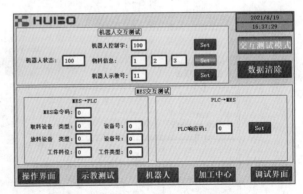

图 6-45　发送示教号及物料信息

(4) 此时机器人接收到物料信息和控制字,机器人开始执行动作程序,如图 6-46 所示。

(5) 在机器人示教器手动发送机器人忙碌状态至 PLC,此时触摸屏画面接收到机器人状态为 200,从触摸屏将机器人示教号清空,如图 6-47 所示。

变量	数值
— UserDefineIntIn: ARRAY OF IN	
[0]: INT	100
[1]: INT	11
[2]: INT	0
[3]: INT	0
[4]: INT	0
[5]: INT	0
[6]: INT	1
[7]: INT	2
[8]: INT	3

图 6-46 机器人接收示教号指令

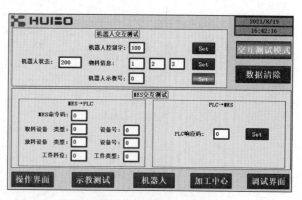

图 6-47 示教号清零

(6) 机器人执行完成后会发送机器人空闲状态至 PLC,在示教器手动修改机器人状态为空闲状态,如图 6-48 所示。

(7) 触摸屏显示的机器人状态为 100,在触摸屏将机器人控制字清空,机器人交互手动测试完成,单击"数据清除"按钮,将其他信息清空,如图 6-49 所示。

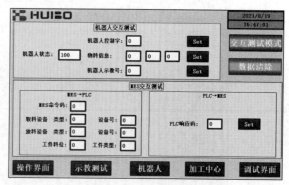

变量	数值
+ UD_REAL: ARRAY OF REAL (	
+ UserDefineIntIn: ARRAY OF IN	
— UserDefineIntOUT: ARRAY OF	
[0]: INT	100
[1]: INT	0
[2]: INT	0

图 6-48 在机器人手动发送状态字

图 6-49 交互结束

2. MES 交互测试

PLC 与 MES 交互同样可以通过交互测试界面步骤化,使用手动测试画面可以完成 PLC 和 MES 的交互流程,PLC 与 MES 和机器人分别建立通信即表示智能制造系统的通信交互功能已完成,使用交互测试界面进行 MES 手动交互测试步骤如下。

(1) 在触摸屏调试界面单击"交互测试模式"按钮,如图 6-50 所示。

(2) 单击 MES 界面的设备管理下的"总控操作",单击"停止"按钮,如图 6-51 所示。

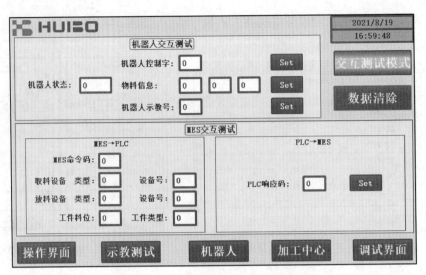

图 6-50　手动选择交互测试模式

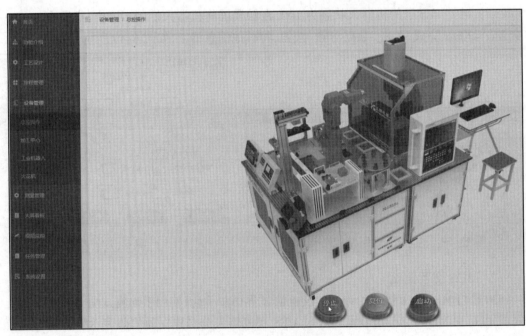

图 6-51　MES 发送停止命令

（3）此时触摸屏调试界面接收到 MES 命令码为 91,将此命令码输入至响应码,反馈至 MES,反馈完成后,MES 将命令码清零,触摸屏显示 MES 命令码为 0,MES 手动交互测试完成,将 PLC 响应码清零,如图 6-52 所示。

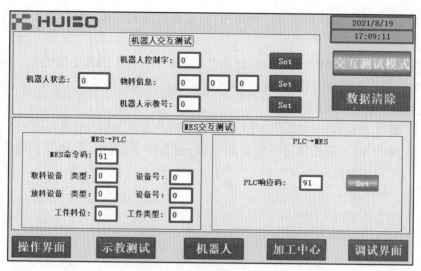

图 6-52 手动反馈响应码

项目拓展

1. 基于 PLC 与机器人已建立的通信环境,编写程序及触摸屏画面,完成触摸屏对机器人发送动作指令,包括仓库的取放工件、加工中心的取放工件以及相机的取放工件,要求如下:

(1) 编写控制机器人从各设备取放工件的 PLC 程序。

(2) 编写机器人控制主程序,在人机交互界面编写示教测试界面,如图 6-53 所示。

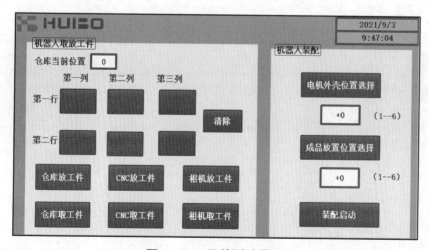

图 6-53 示教测试界面

(3) 手动操作示教测试界面的按钮,完成对机器人从各设备取放工件的任务分配。

2. 基于 PLC 与 MES 已建立的通信环境,编写程序将 MES 下发的指令解析并完成对机器人各动作的调用,通过 MES 绑定工艺完成订单下发,包括工件加工订单、配件装配订单,要求如下:

(1) 编写 PLC 程序,完成对 MES 指令的解析并发送至相应的执行单元。

(2) 操作 MES 完成对整体设备的调试,包含停止、复位、启动及不同的订单下发。

项目七　智能制造系统生产管控

证书技能要求

智能制造生产管理与控制证书技能要求(中级)	
2.3.2	能够根据工作任务要求,对智能制造单元进行故障的排查和处理,完成系统运行前的准备
3.1.2	能够根据工作任务要求和工艺文件模板,完成加工零件的生产工艺文件编制
3.2.1	能够根据工作任务要求,运用 MES 系统实现 MES 生产任务下发
3.2.2	能够根据工作任务要求,利用 MES 系统手动排程功能,实现机器人快换工具自动取放、数控机床自动上下料和立体仓库的自动上下料
3.2.3	能够根据工作任务要求,运用管控系统实现订单管理;能够根据工艺流程调整要求及加工结果,对零件订单进行返修和调整
3.2.4	能够根据工作任务要求,对零件订单加工信息进行统计,生成生产报告,满足管控要求

项目引入

　　制造业是国民经济的主体,是立国之本、兴国之器、强国之基。近十年来,我国制造业持续快速发展,已成为世界上制造业规模最大的国家。但与先进国家智能化程度相比还有较大差距,制造企业应加快向智能制造装备转型升级,提高制造企业的竞争力。

　　智能制造系统通过实时数据采集,将生产信息数据化、透明化,并对数据进行智能化分析和跟踪,为各级生产管理人员提供所需的实时生产数据,全面了解生产进度,实现生产透明化、精益化。智能制造系统掌控所有生产资源,包括设备、人员、物料信息,能快速应对生产现场的紧急情况,并对生产作业计划进行调整和合理调度,保证生产计划得到合理而快速地完成,解决企业生产信息得不到及时反馈、现场数据无法采集等问题,提升企业生产的管控能力,降低生产成本,提高生产效率,增强企业核心竞争力。

　　本项目包括产品 BOM 制作、订单与物料管理、生产运行与控制和数据采集与分析四个任务,学习产品分析、BOM 的概念、订单来源、物料的

管理、生产排程、产品装配、数据采集和分析等知识,完成基座零件的加工和关节产品的生产。

知识目标

1. 了解产品的 BOM 概念及制作 BOM 的方法;
2. 了解生产计划制订在 MES 中的定位;
3. 了解物料管理的概念和基本方法;
4. 了解智能制造系统生产排程的原理;
5. 掌握智能制造系统生产管理的基本流程;
6. 掌握智能制造系统设备监控操作方法。

能力目标

1. 能够使用 MES 创建定制产品和零件信息;
2. 能够根据加工零件信息制作 BOM 表;
3. 能够根据销售任务制定生产订单;
4. 能够根据订单任务合理分配、管理物料;
5. 能够使用智能制造系统对加工零件进行加工生产;
6. 能够使用智能制造系统对产品零件进行装配;
7. 能够使用智能制造系统监控单元设备的状态。

平台准备

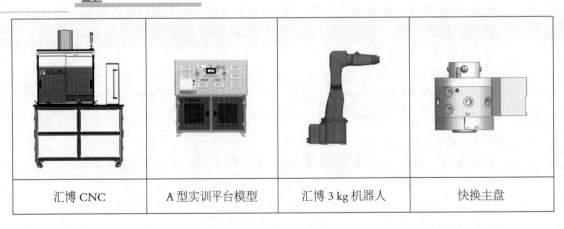

| 汇博 CNC | A 型实训平台模型 | 汇博 3 kg 机器人 | 快换主盘 |

吸盘工具	平口手爪工具	弧口手爪工具	快换工具支架
立体仓库	井式上料模块	输送带模块	相机检测模块
变位机模块	旋转供料模块	基座	电机
减速器	法兰		

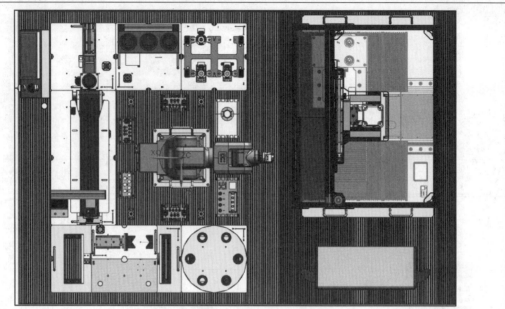

任务 7.1　产品 BOM 制作

任务提出

物料清单(Bill of Material,BOM)是企业信息化建设的核心,是贯穿各信息系统的主线。在产品的整个生命周期中,要经过工程设计、工艺制造设计和生产制造 3 个主要阶段,根据不同部门对 BOM 的不同需求,产生了名称十分相似但内容却差别很大的物料清单:设计物料清单(Engineering BOM,EBOM)、计划物料清单(Process BOM,PBOM)、制造物料清单(Manufacturing BOM,MBOM)等。完善产品的 BOM 信息,可以有效整合新技术、新标准、新理念,彻底打通各种 BOM 之间同步转换的壁垒,实现产品数据的全面数字化,为企业奠定夯实产品的数据基础,完善闭环管理,支撑制造企业经营业务高效、精准地运行,提高企业竞争力。

本任务通过学习关节产品 BOM 与设备管理的相关知识,在 MES 系统中搭建系统运行环境,配置系统设备,完成关节产品的 EBOM 和 PBOM 的添加。

本任务包含以下四个内容:

1. 运行环境准备;

2. 系统设备配置;

3. 关节产品 EBOM 创建;

4. 关节产品 PBOM 添加。

知识准备

7.1.1　产品 BOM 分析

对客户提供的关节产品的图纸进行分析,产品包含四个零件:输出法兰、减速器、电机成品和关节基座,如图 7-1 所示。其中输出法兰、减速器以及电机成品需要交予外协,由外协负责加工生产,关节基座由汇博智能制造系统通过加工关节基座毛坯制成。

微课
产品 BOM 分析

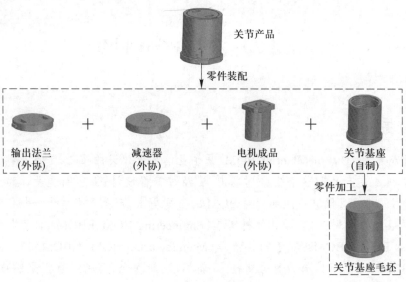

图 7-1 关节产品组成

1. BOM 分析

BOM 是产品结构的技术性描述文件,它表明了产品组件、子件、零件直到原材料之间的结构关系,以及每个组装件所需要的各下属部件的数量。BOM 是一种树形结构,称为产品结构树,以关节产品为例,具体表现形式如图 7-2 所示。关节产品是一个三级的 BOM 结构,表示关节产品由 1 个输出法兰、1 个减速器、1 个电机成品和 1 个关节基座组成。其中电机由 1 个电机端盖、1 个电机转子和 1 个电机外壳组成。

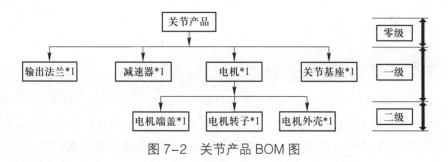

图 7-2 关节产品 BOM 图

2. EBOM 介绍

EBOM 主要是设计部门产生的数据,产品设计人员根据客户订单或者设计要求进行产品设计,生成包括产品名称、产品结构、明细表、汇总表、产品使用说明书、装箱清单等信息,这些信息是工艺、制造等后续部门的其他应用系统所需产品数据的基础。

在汇博智能制造 MES 系统的 EBOM 选项中,需要添加产品信息和配件信息,如图 7-3 所示。EBOM 信息根据图 7-2 的关节产品信息进行填写,产品名称为关节,其配件包含基关节座、电机、减速器和法兰。

工艺设计 / EBOM

关节　手动新建　图纸导入　全部删除　新手教程

	序号	产品名称	编号	产品型号	产品类型	产品状态	图纸名称	创建时间
☐	1	关节	PR2108170001	1	1	导入期		2021-08-17 13:30:50

序号	配件名称	配件编号	需求数量	配件来源	配件型号	配件类型	装配顺序	配件备注
1	法兰	PA2108170004	1	委外	1	1	4	
2	减速器	PA2108170003	1	委外	1	1	3	
3	电机	PA2108170002	1	委外	1	1	2	
4	基座	PA2108170001	1	自制	1	1	1	

图 7-3　EBOM 内容

3. PBOM 介绍

PBOM 是工艺设计部门以 EBOM 中的数据为依据，制订工艺计划、工序信息、生成计划 BOM 的数据。在汇博智能制造 MES 系统的 PBOM 选项中，需要添加自制关节基座的工艺信息，如图 7-4 所示。

序号	工艺名称	优先级	工艺描述	工时（秒）	夹具名称	自定义参数	设备类型	参数种类	NC程序	程序类型	工艺操作
1	获取仓位号	1		0			仓库类	0			编辑 删除
2	机器人去仓库抓取基座毛坯	2		0			机器人类	0			编辑 删除
3	机器人将基座毛坯放入机床并加工	3		0	虎钳夹具		铣削类	1	A011CNC-01.nc		工步信息 编辑 删除
4	加工完成，机器人从机床夹取基座零件	4		0			机器人类	0			编辑 删除
5	机器人将基座放入相机测量位置并测量	5		0			测量类	0			编辑 删除
6	测量后，机器人夹取基座	6		0			机器人类	0			编辑 删除
7	机器人将基座放入仓库	7		0			仓库类	0			编辑 删除

图 7-4　PBOM 内容

7.1.2 设备管理

设备是制造企业进行生产的主要物质硬件基础,制造企业的生产率、产品质量、生产成本都与设备直接相关。在汇博智能制造 MES 系统中,提供设备管理功能。如图 7-5 所示,设备配置界面可以添加 / 删除设备,添加的设备有仓库类、车削类、铣削类、测量类、机器人类和火花类,不同类别对应智能制造系统中不同的设备。

序号	名称	设备品牌	设备分类	设备索引编号	设备类别	设备编码	IP	端口号	设备备注	是否启用	是否虚拟	操作
1	井式上料仓库	仓库	仓库	3	仓库类	6	127.0.0.1	6004		启用	否	编辑 删除
2	加工中心	发那科CNC	铣削机床	1	铣削类	2	192.168.8.16	8193		启用	否	编辑 删除
3	工业机器人	汇博机器人	机器人	1	机器人类	1	192.168.8.103	8008		启用	否	编辑 删除
4	旋转供料仓库	仓库	仓库	2	仓库类	5	127.0.0.1	6003		启用	否	编辑 删除
5	检测相机	爱德华三坐标测量机	测量	1	测量类	3	127.0.0.1	6001		启用	否	编辑 删除
6	立体仓库	仓库	仓库	1	仓库类	4	127.0.0.1	6002		启用	否	编辑 删除

图 7-5 MES 设备配置界面

在汇博智能制造 MES 系统中,MES 中的配置的设备应与平台中用到的硬件设备保持一致。如表 7-1 所示,为本项目所用到的设备类型及各项设备参数,本项目使用了工业机器人设备、加工中心设备、检测相机设备及三个仓库设备。

表 7-1 平台设备一览表

序号	设备名称	IP 地址	端口	设备分类	设备类别	设备品牌	是否启用	是否虚拟
1	工业机器人	192.168.8.103	8008	机器人	机器人类	汇博机器人	是	否
2	加工中心	192.168.8.16	8193	铣削	铣削类	发那科 CNC	是	否
3	检测相机	127.0.0.1	6001	测量	测量类	爱德华三坐标测量机	是	否
4	立体仓库	127.0.0.1	6002	仓库	仓库类	仓库	是	否
5	旋转供料仓库	127.0.0.1	6003	仓库	仓库类	仓库	是	否
6	井式上料仓库	127.0.0.1	6004	仓库	仓库类	仓库	是	否

任务实施

7.1.3 运行环境准备

汇博智能制造 MES 系统生产加工前,需要对各单元模块进行初始化操作,具体操作步骤见表 7-2。

微课
运行环境准备

表 7-2 单元模块初始化操作步骤

步骤	操作说明	示意图
1	在 NX 软件中,编写并生成关节基座的加工程序"A011-CNC-01.nc"	A011CNC-01.nc - 记事本 文件(F) 编辑(E) 格式(O) 查看(V) 帮助(H) % O0802 N0010 G40 G17 G90 G54 N0020 M47 N0030 M79 N0040 G91 G28 Z0.0 N0050 T01 M06 N0060 T02 N0070 G00 G90 X6.046 Y-2.434 S7000 M03 N0080 G43 Z10.5 H01 N0090 Z.5
2	开启工业机器人设备,加载项目"ZnzzDemo"中的"main"程序,切换到"自动"模式,并运行该程序	A XHBS World DefaultTool 25% KEBA ZnzzDemo.main 16 上午8:27 XHBS activated main CONT 行 24 10 CALL PickPartFromStore() 11 WaitTime(1000) 12 ELSIF IEC.UserDefineIntIn[1] = 12 THEN 13 IEC.UserDefineIntOUT[0] := 200 14 WaitTime(1000) 15 CALL ToolCheck() 16 CALL PutPartToStore()
3	开启 FANUC 数控机床设备,并将机床的模式切换到"自动模式"	方式选择 连续进给 手动输入 X1 自动循环 X10 程序编辑 X100 机床回零 DNC
4	使用博图软件下载"Znzz1X-PLC 程序(初级-网孔版-应用编程)"程序到 PLC 程序	名称 AdditionalFiles IM Logs System TMP UserFiles XRef Znzz1X-PLC程序(初级-网孔版-应用编程).ap15

步骤	操作说明	示意图
5	打开"Znzz1X-MCD(中级-网孔版-应用编程)",并连上工业机器人和FANUC数控机床	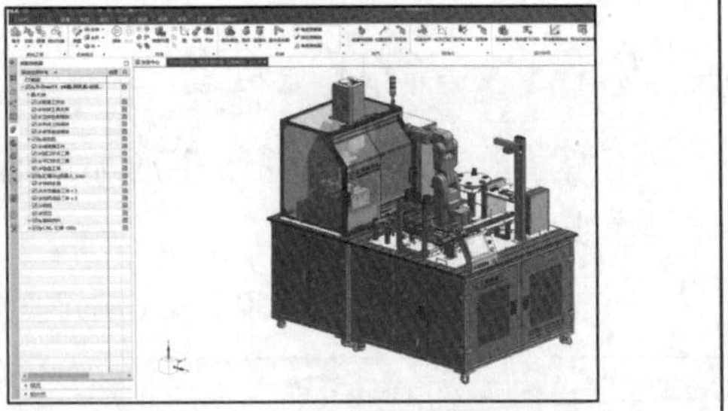 

7.1.4 系统设备配置

根据表7-1设备情况,在MES中进行设备配置,操作步骤如下:

(1) 单击"系统设置"选项下的"加工设备",如图7-6所示。

(2) 单击"设备",进入设备界面,若当前设备配置的情况与平台不一致,则需删除多余设备,添加缺少设备。单击"删除"按钮,即可删除对应的设备,如图7-7所示。

(3) 删除设备时,如果系统弹出图7-8所示的报错,则需要切换到"料仓管理"界面解除已经绑定了原料的仓位。

(4) 单击"排程管理"选项下的"料仓管理",如图7-9所示。

(5) 单击"清除当前所有库位"按钮,如图7-10所示。

(6) 回到"设备"界面,删除所有设备后,单击"添加设备"按钮,如图7-11所示。

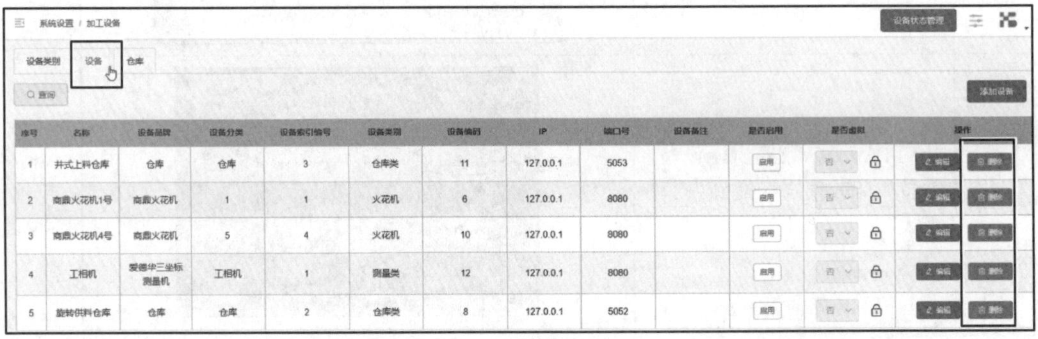

图 7-6 加工设备

图 7-7 MES 设备一览

微课
系统设备配置

删除失败原因:传入仓库的ids中存在已绑定原料的仓库,禁止删除

图 7-8 报错

图 7-9 料仓管理

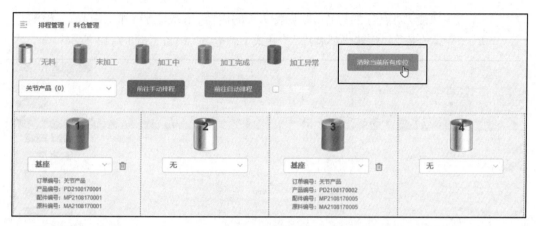

图 7-10　清除当前所有库位

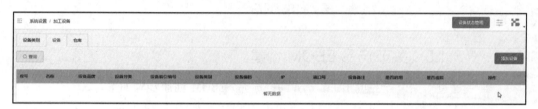

图 7-11　设备一览

（7）"设备名称"输入"工业机器人"，"IP 地址"输入"192.168.8.103"，"端口"输入"8008"，"设备分类"输入"机器人"，"设备类别"选择"机器人类"，"设备品牌"选择"汇博机器人"，"是否启用"选择"启用"，"是否虚拟"选择"否"，单击"提交"按钮，完成工业机器人设备的添加，如图 7-12 所示。

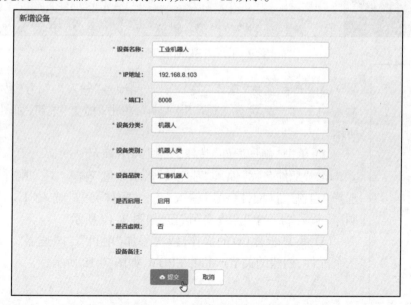

图 7-12　工业机器人设备的添加

(8) 重复步骤(7)的操作,参照表 7-1 的内容,依次添加"加工中心""检测相机""立体仓库""旋转供料仓库""井式上料仓库"设备,如图 7-13 所示。

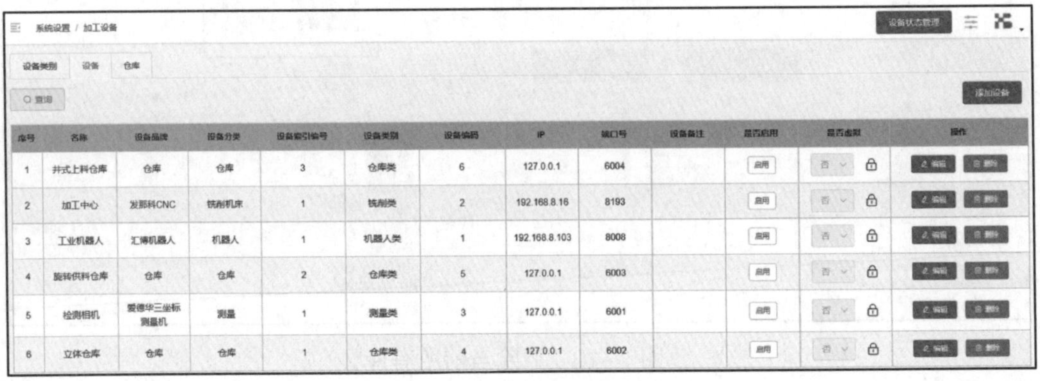

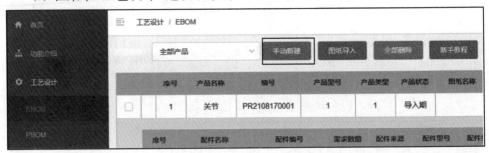

图 7-13 设备一览

7.1.5 关节产品 EBOM 创建

通过对关节产品的 BOM 分析,关节产品 EBOM 创建步骤如下。
(1) 在菜单"工艺设计"选项下单击"EBOM",如图 7-14 所示。

图 7-14 EBOM 选项

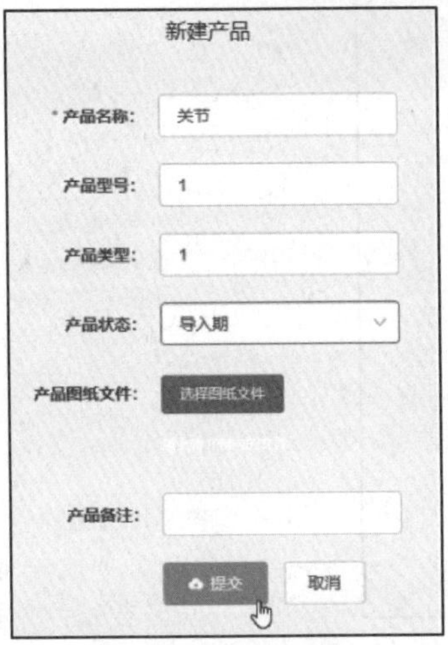

(2) "产品名称"输入"关节","产品型号"输入"1","产品类型"输入"1","产品状态"选择"导入期",单击"提交"按钮,如图 7-15 所示。

(3) 单击"新增配件"按钮,如图 7-16 所示。

(4) "配件名称"输入"基座","需求数量"输入"1","配件来源"选择"自制","配件型号"输入"1","配件类型"输入"1","装配顺序"输入"1",单击"提交"按钮,如图 7-17 所示。

(5) 重复步骤(4)的操作,依次添加"电机""减速器""法兰"三个配件,创建的关节产品的 EBOM,如图 7-18 所示。

图 7-15 新建产品

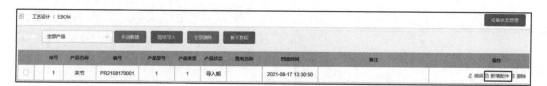

图 7-16　新增配件

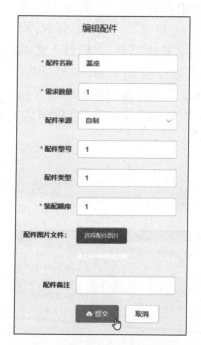

图 7-17　添加基座配件

	序号	产品名称	编号	产品型号	产品类型	产品状态	图纸名称	创建时间
☐	1	关节	PR2108170001	1	1	导入期		2021-08-17 13:30:50

序号	配件名称	配件编号	需求数量	配件来源	配件型号	配件类型	装配顺序	配件备注
1	法兰	PA2108170004	1	委外	1	1	4	
2	减速器	PA2108170003	1	委外	1	1	3	
3	电机	PA2108170002	1	委外	1	1	2	
4	基座	PA2108170001	1	自制	1	1	1	

图 7-18　EBOM 清单

7.1.6　关节产品 PBOM 添加

在关节产品的 EBOM 创建完成后,关节产品的 PBOM 添加步骤如下:

(1) 单击"PBOM",进入 PBOM 界面,单击"基座"配件下的"新增工艺"选项,如图 7-19 所示。

微课
关节产品 PBOM
添加

图 7-19　PBOM 界面

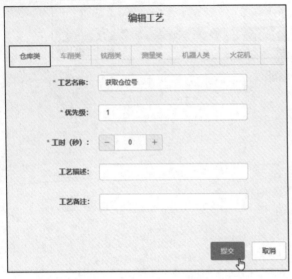

图 7-20　第一道工艺

（2）选择"仓库类"，"工艺名称"输入"获取仓位号"，"优先级"选择"1"，单击"提交"按钮，完成第一道工艺的设置，如图 7-20所示。

（3）重复步骤（2）的操作，依次添加"机器人去仓库抓取基座毛坯""机器人将基座毛坯放入机床并加工""加工完成，机器人从机床夹取基座零件""机器人将基座放入相机测量位置并测量""测量后，机器人夹取基座""机器人将基座放入仓库"的工艺步骤，添加关节产品的 PBOM，如图 7-21 所示。

序号	工艺名称	优先级	工艺描述	工时（秒）	末端名称	自定义参数	设备类型	焊接焊缝	NC程序	仓库类型	工艺操作
1	获取仓位号	1		0			仓库类	0			✎编辑 🗑删除
2	机器人去仓库抓取基座毛坯	2		0			机器人类	0			✎编辑 🗑删除
3	机器人将基座毛坯放入机床并加工	3			虎钳夹具		铣削类	1	A011CNC-01.nc		🗊工步信息 ✎编辑 🗑删除
4	加工完成，机器人从机床夹取基座零件	4		0			机器人类	0			✎编辑 🗑删除
5	机器人将基座放入相机测量位置并测量	5		0			测量类	0			✎编辑 🗑删除
6	测量后，机器人夹取基座	6		0			机器人类	0			✎编辑 🗑删除
7	机器人将基座放入仓库	7		0			仓库类	0			✎编辑 🗑删除

图 7-21　PBOM 清单

任务 7.2　订单与物料管理

教学课件
任务 7.2

任务提出

　　企业根据销售的预测或基于客户的订单形成企业的销售计划或销售订单，根据订单要求制订生产计划。生产计划是一个企业生产经营活动的重要组成部分，对企业的生产任务做出统筹安排，安排企业在计划期内生产产品的品种、质量、数量和进度等指标,是企业在计划期内完成生产目标的行动纲领,是企业制订其他计划的重要依据。

企业的生产活动是把物料转化为产品的过程,在转化的过程中会产生中间产品,从广义的角度讲,物料管理的对象包含三项内容:物料、中间产品和最终产品。物料管理主要实现收料管理、物料仓储管理和发料管理三个基本功能。对于面向库存的生产企业,生产是按照基于销售预测的生产计划进行的,物料管理活动的目标是要满足计划性的生产要求,因此企业要维持一定的库存量,包括物料库存和产品库存。对于面向订单的生产企业,生产是按照客户订单进行的,因此物料的采购是拉动式的,属于精益生产方式,精益生产方式的核心是准时制生产,企业追求零库存,包括物料库存和产品库存,但必须保证物料能够及时满足生产企业的物料需求。

本次任务通过学习手动录入订单的方法与物料的管理相关知识,在 MES 中完成两个关节产品生产订单的创建,并在仓料管理中对仓位进行物料设置。本任务包含以下三项内容:

1. 生产订单的创建;
2. 仓位添加;
3. 料仓管理设置。

知识准备

7.2.1 订单来源

在智能制造系统中,通常会提供"从 ERP 导入""从数据文件导入"和"手动录入"三种销售订单数据的导入方法。

1. 从 ERP 导入

在拥有中、大型的智能制造系统的企业中,一般都包含 ERP(企业资源计划)系统,如果企业在实施 MES 时能够做到与 ERP 系统形成很紧密的集成,则可以实现销售订单从业务层的 ERP 向生产执行层的 MES 的自动传输。MES 与 ERP 系统的紧密集成需要一些条件,如 MES 与 ERP 系统可能分别来自不同的软件厂商,需要协调好不同的厂商,让 MES 与 ERP 系统互相开放接口,以实现企业的分层计划管理流程在 ERP 和 MES 系统之间能够整合。

2. 从数据文件导入

如不能实现 ERP 与 MES 系统的紧密集成,MES 系统通常会采取基于数据文件的订单导入方式,数据文件一般采用特殊的格式(与 MES 系统有关),如图7-22所示。数据文件一般包含订单号、货号、生产序号、型号、数量、交货日期等内容,可使用 Excel 等软件制作模板文件。只要提供的订单数据文件符合模板的要求,就可以将订单直接导入 MES 系统中,从而实现订单数据的导入。

NO.	订单号	货号	生产序号	型号	数量	客户要求货期	生产要求
				2021/7/12			
1	HB0001	H001	AB/10001	CA001	5	2021/9/20	
2	HB0002	H002	AB/10002	CB225	10	2021/9/21	
3	HB0003	H003	AB/10003	CD336	5	2021/9/22	
4	HB0004	H004	AB/10004	CE552	10	2021/9/23	
5	HB0005	H005	AB/10005	CF661	5	2021/9/24	
6	HB0006	H006	AB/10006	CG887	10	2021/9/25	

图 7-22　订单模板

3. 手动录入

在 MES 系统中也会提供手动录入订单的方式,一般而言,MES 系统都会提供一个手动录入订单的界面,供使用人员手动录入订单。在汇博智能制造 MES 系统中,订单的方式采用的是手动录入,如图 7-23 所示。根据订单的情况,在该界面新建订单,选择需要生产的产品,输入生产的数量,即可完成订单的创建。

图 7-23　MES 订单创建界面

7.2.2　物料管理

物料管理是对企业在生产中使用的各种物料的采购、保管和发放环节进行计划与控制等管理活动的总称。物料管理是企业生产执行的基础,它接收来自生产执行层的物料请求,通过一系列物料活动的执行,对生产执行层做出及时的物料响应,生产执行层再根据物料响应结果做进一步的生产执行决策。

在汇博智能制造 MES 系统中,毛坯、零件和产品均存放在仓库之中。其中立体仓库有 6 个仓位,用于存放基座、基座毛坯和关节产品;旋转供料仓库有 6 个仓位,用于存放电机,井式上料仓库有 12 个仓位,用于存放减速器、法兰,如表 7-3 所示。

表 7-3　仓　库　信　息

序号	仓库名称	仓位数量	状态	类别	备注
1	立体仓库	6	正常使用	原料＋成品	存放基座、基座毛坯和关节产品
2	旋转供料仓库	6	正常使用	原料	存放电机
3	井式上料仓库	12	正常使用	原料	存放减速器、法兰

1. 仓位管理

每个仓库包含若干的仓位,在汇博智能制造 MES 系统的仓库界面中,提供查看、编辑、删除、添加仓位功能,如图 7-24 所示。根据表 7-3 实际仓库的仓位数量进行仓位设置,创建对应数量的仓位及类别信息。

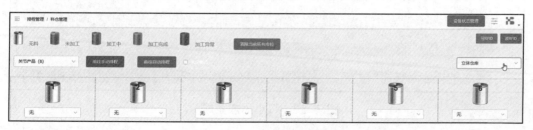

图 7-24　仓位管理界面

2. 料仓管理

仓库是企业物资供应体系的一个重要组成部分,是企业各种物资周转储备的场所,同时担负着物资管理的多项功能。在汇博智能制造 MES 系统料仓管理界面中,该界面可以对每个仓库的仓位进行物料信息的绑定,每个仓位物料信息的状态可根据颜色来区分:白色表示无物料,灰色表示未加工,蓝色表示加工中,绿色表示加工完成,红色表示加工异常。料仓管理界面如图 7-25 所示。

图 7-25　料仓管理界面

📟 任务实施

7.2.3　生产订单的创建

根据生产任务创建生产订单,操作步骤如下:

(1) 选择"排程管理"下的"订单管理",进入"订单管理"界面,单击"增加订单",如图 7-26 所示。

(2)"订单名称"输入"关节产品","产品"选择"关节","产品件数"输入"2",单击"确定"按钮,如图 7-27 所示。

(3) 订单添加完成如图 7-28 所示。

微课
生产订单的创建

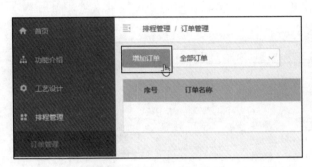

图 7-26 订单管理

图 7-27 新增订单

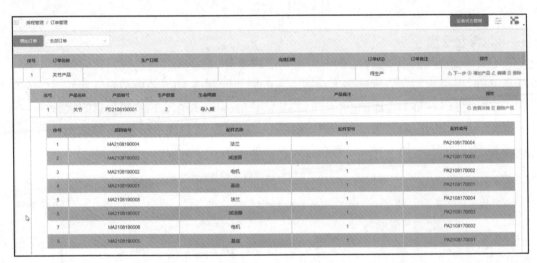

图 7-28 订单添加完成

7.2.4 仓位添加

根据表 7-3 的内容,对仓库的仓位进行添加,操作步骤如下。

(1) 单击"系统设置"下的"加工设备",如图 7-29 所示。

(2) 单击"仓库",进入仓位设置的界面,单击"添加仓位"按钮,如图 7-30 所示。

图 7-29 加工设备

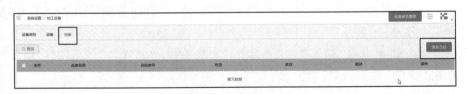

图 7-30 添加仓位

(3) 选中"批量新增","仓库名称"选择"立体仓库","仓位序号"输入"6","状态"选择"正常使用","类别"选择"原料+成品",单击"提交"按钮,如图7-31所示。

图7-31 添加立体仓库的仓位

(4)"立体仓库"的仓位添加完成,如图7-32所示。

仓库名称	仓位序号	状态	类别
立体仓库	1	正常使用	原料+成品
立体仓库	2	正常使用	原料+成品
立体仓库	3	正常使用	原料+成品
立体仓库	4	正常使用	原料+成品
立体仓库	5	正常使用	原料+成品
立体仓库	6	正常使用	原料+成品

图7-32 "立体仓库"的仓位添加完成

(5) 再次单击"添加仓位"按钮,选中"批量新增","仓库名称"选择"旋转供料仓库","仓位数量"输入"6","状态"选择"正常使用","类别"选择"原料",单击"提交"按钮,如图7-33所示。

(6)"旋转供料仓库"的仓位添加完成,如图7-34所示。

(7) 再次单击"添加仓位"按钮,选中"批量新增","仓库名称"选择"井式上料仓库","仓位数量"输入"12","状态"选择"正常使用","类别"选择"原料",单击"提交"按钮,如图7-35所示。

(8)"井式上料仓库"的仓位添加完成,如图7-36所示。

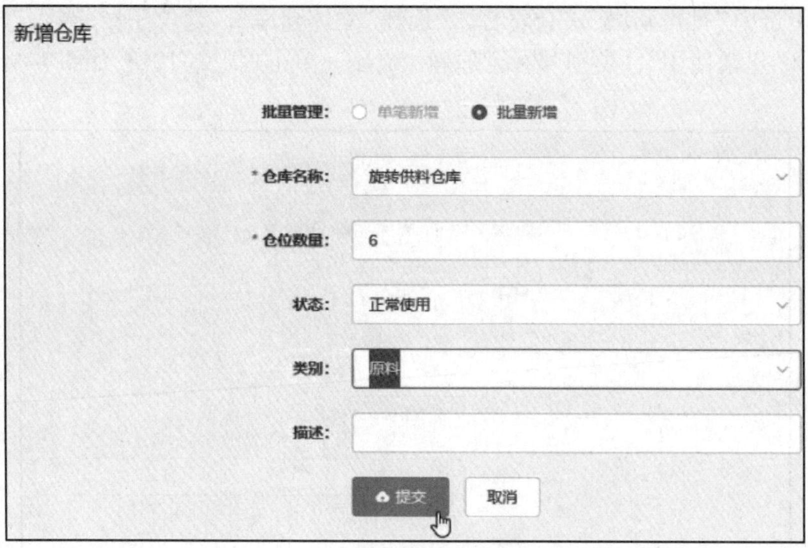

新增仓库

| 批量管理: | ○ 单笔新增 | ● 批量新增 |

* 仓库名称: 旋转供料仓库

* 仓位数量: 6

状态: 正常使用

类别: 原料

描述:

◎ 提交　取消

图 7-33　添加旋转供料仓库的仓位

旋转供料仓库	1	正常使用	原料
旋转供料仓库	2	正常使用	原料
旋转供料仓库	3	正常使用	原料
旋转供料仓库	4	正常使用	原料
旋转供料仓库	5	正常使用	原料
旋转供料仓库	6	正常使用	原料

图 7-34　"旋转供料仓库"的仓位添加完成

新增仓库

| 批量管理: | ○ 单笔新增 | ● 批量新增 |

* 仓库名称: 井式上料仓库

* 仓位数量: 12

状态: 正常使用

类别: 原料

描述: |

◎ 提交　取消

图 7-35　添加井式上料仓库的仓位

井式上料仓库	1	正常使用	原料
井式上料仓库	2	正常使用	原料
井式上料仓库	3	正常使用	原料
井式上料仓库	4	正常使用	原料
井式上料仓库	5	正常使用	原料
井式上料仓库	6	正常使用	原料
井式上料仓库	7	正常使用	原料
井式上料仓库	8	正常使用	原料
井式上料仓库	9	正常使用	原料
井式上料仓库	10	正常使用	原料
井式上料仓库	11	正常使用	原料
井式上料仓库	12	正常使用	原料

图 7-36　"井式上料仓库"的仓位添加完成

7.2.5　料仓管理设置

根据 MCD 中仓库的物料信息,在 MES 料仓管理中对仓位进行物料信息绑定,操作步骤如下。

(1) 单击菜单栏"排程管理"下的"料仓管理",如图 7-37 所示。

(2) 仓库选择为"立体仓库",如图 7-38 所示。

图 7-37　料仓管理

图 7-38　选择立体仓库

(3) "仓位 1"绑定为"基座",如图 7-39 所示。

(4) 重复步骤(3)的操作,将"仓位 2"绑定为"基座",立体仓库的仓位设置完成,如图 7-40 所示。

(5) 仓库选择为"旋转供料仓库",将"仓位 1"和"仓位 2"绑定为"电机",旋转供料仓库的仓位设置完成,如图 7-41 所示。

(6) 仓库选择为"井式上料仓库",将"仓位 1"和"仓位 3"绑定为"减速器","仓位 2"和"仓位 4"绑定为"法兰",井式上料仓库的仓位设置完成,如图 7-42 所示。

图 7-39　绑定基座

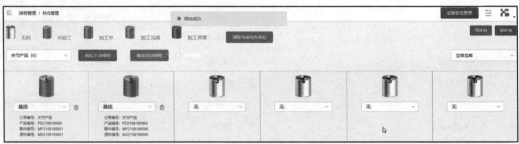

图 7-40　立体仓库仓位信息

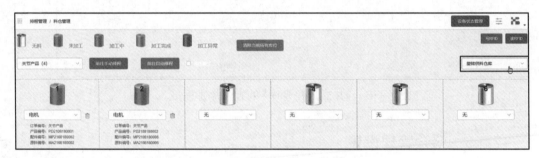

图 7-41　旋转供料仓库仓位信息

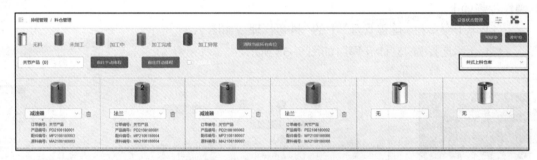

图 7-42　井式上料仓库仓位信息

任务 7.3　生产运行与控制

任务提出

生产运行与控制是指对生产运作全过程进行监督、检查、调查和控制。它是生产与运作管理的重要职能之一,是实现生产运作主生产计划和生产作业计划的手段。主生产计划和生产作业计划仅仅是对生产运作过程事前的"预测性"安排,在计划执行过程中,注定会出现一些预想不到的情况,管理者必须及时监督、检查、发现出现的偏差,并进行必要的调节和校正,也就是对生产系统实行实时监控,以确保生产计划的顺利完成。

本次任务通过学习生产排程和产品装配的相关知识,在 MES 系统中通过自动排程方式加工生产第一个基座零件,使用手动排程的方式加工生产第二基座零件。零件加工完成后,使用 MES 系统的产品装配功能,对零件进行装配,完成两个关节产品的生产。本任务包含以下内容:

1. 加工生产基座零件;
2. 关节产品装配。

知识准备

7.3.1 生产排程

生产排程是指将生产任务分配至生产资源的过程。在考虑能力和设备的前提下,在物料数量一定的情况下,合理安排各生产任务,优化生产顺序,优化选择生产设备,减少生产任务等待时间,平衡各机器和工人的生产负荷,从而优化产能,提高生产效率,缩短生产周期。在汇博智能制造 MES 系统中,零件加工生产的方式有手动排程和自动排程两种排程方式。

微课
生产排程

1. 手动排程

手动排程是由企业的计划人员根据其经验或者一定的规则来制订企业的生产计划。假设有 A、B、C、D 四个订单需要进行排产,见表 7-4,算法按照最短工期(效率高)、最早交货期、按照工期和交货期之差 3 种方式进行排程,比较这 3 种排程算法,按照作业逾期天数为评价标准(越小越优)。

表 7-4　订　　单

作业	需要天数	交货期	交货期与工期之差
A	6	10	4
B	2	5	3
C	12	14	2
D	9	16	7

(1) 见表 7-5,按照最短工期进行排程,其中逾期天数合计为 16 天。

表 7-5　最短工期排程

作业	需要天数	完成天数	交货期	逾期天数
B	2	2	5	0
A	6	8	10	0
D	9	17	16	1
C	12	29	14	15
合计				16

（2）见表 7-6，按照交货期先后进行排程，其中逾期天数合计为 19 天。

表 7-6　交货期排程

作业	需要天数	完成天数	交货期	逾期天数
B	2	2	5	0
A	6	8	10	0
C	12	20	14	6
D	9	29	16	13
合计				19

（3）见表 7-7，按照工期和交货期之差进行排程，其中逾期天数合计为 32 天。

表 7-7　工期和交货期之间的距离排程

作业	需要天数	完成天数	交货期	交货期与工期之差	逾期天数
C	12	12	14	2	0
B	2	14	5	3	9
A	6	20	10	4	10
D	9	29	16	7	13
合计					32

按上述三种算法，最短工期法是最优的排程方法，其总逾期天数是最少的。本次算法具有偶然性，不是每次排程最短工期法都是最优解。

在汇博智能制造 MES 系统手动排程界面中，选择一个生产任务，单击"下单"按钮后，系统开始生产加工零件，如图 7-43 所示。在生产时系统每完成一步加工工艺，需要确认一次，并同时下达下一步生产指令，直到完成零件加工。

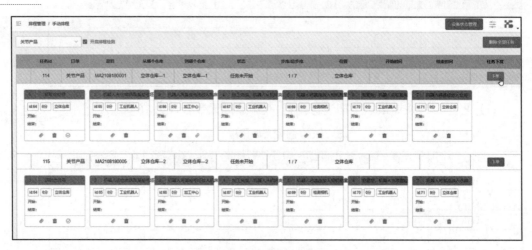

图 7-43　手动排程界面

2. 自动排程

自动排程通过软件来进行排程,软件将计划人员的手工排程经验进行整理、提炼,并抽象为相应的自动化排程规则(算法)。自动排程的算法既有简单的算法,也有复杂的算法,如神经网络、模拟退火法、遗传算法、禁忌搜索法等。这类复杂的算法需建立数学模型,求解过程复杂,为解决多工序、多资源的优化调度问题而引入高级计划排程(Advanced Planning and Scheduling,APS)软件工具。APS 在做出生产排程决策时,会充分考虑能力约束、原料约束、需求约束、客户规则以及其他各种各样的实物和非实物约束,它是一个实时的排程工具。APS 可以是一个独立的软件工具,与企业的 ERP 系统和 MES 系统集成后发挥高级排程的作用;APS 也可以作为 MES 系统的一部分,为企业的生产执行提供高级排程功能。

在汇博智能制造 MES 系统自动排程界面中,按照勾选零件生产任务的先后顺序自动加工生产零件,如图 7-44 所示。

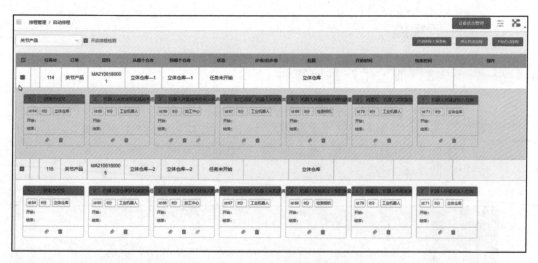

图 7-44　自动排程界面

7.3.2　产品装配

产品一般都由若干零件和部件组成,按照规定的技术要求,将若干零件组合成部件,再将若干零件和部件组合成产品,这个过程称为产品装配。本项目的关节产品由基座、电机、减速器和法兰四个零件组装而成,先将基座零件进行加工生产,再使用 MES 中产品装配功能进行零件装配,完成关节产品装配。如图 7-45 所示,在产品装配界面中,选择需要进行装配的订单,单击"开始装配"按钮,系统会对该订单中的零件进行装配。

微课
产品装配

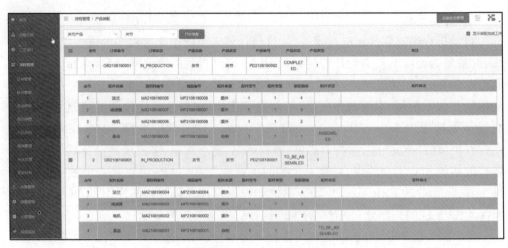

图 7-45 产品装配

任务实施

7.3.3 加工生产基座零件

本次任务需要加工生产两个基座零件,第一个基座零件使用自动排程方式加工生产,第二个基座零件使用手动排程方式加工生产,具体操作步骤如下。

(1) 在"设备管理"下的"总控操作"界面中,依次单击"停止""复位""启动"按钮,如图 7-46 所示。

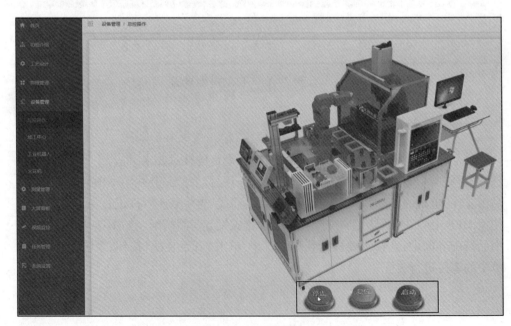

图 7-46 总控操作

（2）单击"开始自动排程"按钮，如图 7-47 所示。

图 7-47　自动排程

（3）进入到自动排程界面，等待程序运行结束，第一个基座零件加工完成，如图 7-48 所示。

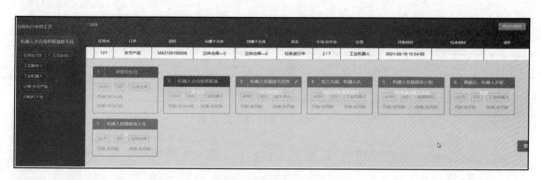

图 7-48　加工运行

（4）用手动排程方式加工生产第二个基座零件，单击"排程管理"下的"手动排程"，进入"手动排程"界面，选择其中一个基座零件进行加工，单击"下单"按钮后，系统会弹出"此操作将开始任务，是否继续？"的提示框，单击"确认"按钮，基座零件加工开始执行，如图 7-49 所示。

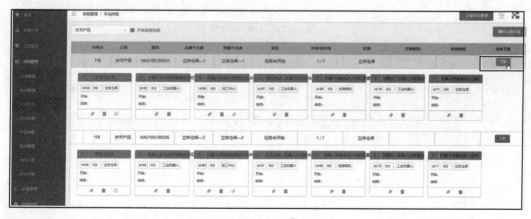

图 7-49　下单

（5）单击"确认完成"按钮后，系统会弹出"是否确认工艺加工完成？"的提示框，单击"确认"按钮，如图 7-50 所示。

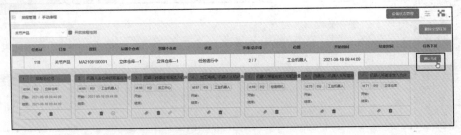

图 7-50　工艺确认

（6）单击"继续下单"按钮，执行下一步加工工艺，如图 7-51 所示。

图 7-51　继续下单

（7）加工流程继续执行，重复步骤（3）、步骤（4），直到加工工艺流程结束，如图 7-52 所示。

图 7-52　流程继续执行

（8）单击"结束任务"按钮，第二个基座零件也加工完成，如图 7-53 所示。

图 7-53　结束任务

7.3.4 零件装配

基座零件加工生产完成后,使用 MES 系统装配功能,完成关节产品的生产,操作步骤如下。

(1) 单击"排程管理"下的"产品装配",进入"产品装配"界面,勾选序号为"1"的订单,单击"开始装配"按钮,如图 7-54 所示。

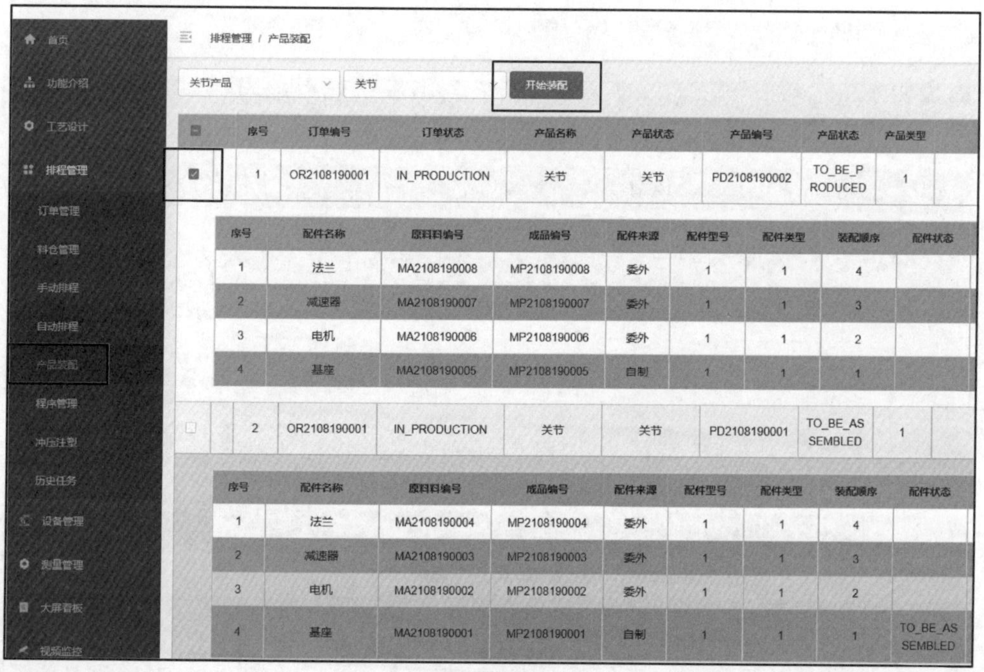

图 7-54 装配界面

(2)"选择仓库"设为"立体仓库","仓库位置"设为"1",单击"确认"按钮,开始装配,如图 7-55所示。

(3) 等待装配程序运行,每完成一个零件装配,进度条会前进 25%。若系统弹出"装配完成"的提示框,则说明第一个关节产品已完成生产,如图 7-56 所示。

图 7-55 装配位置选择

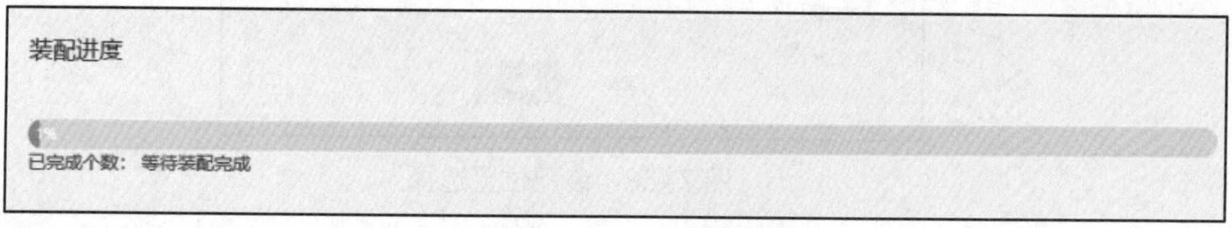

图 7-56 装配进度

(4) 开始生产第二个关节产品,勾选序号为"2"的订单,单击"开始装配"按钮,如图 7-57 所示。

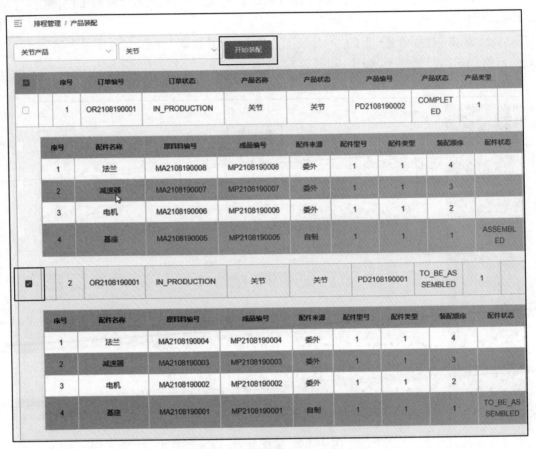

	序号	订单编号	订单状态	产品名称	产品状态	产品编号	产品状态	产品类型
☐	1	OR2108190001	IN_PRODUCTION	关节	关节	PD2108190002	COMPLETED	1

序号	配件名称	原料料编号	成品编号	配件来源	配件型号	配件类型	装配顺序	配件状态
1	法兰	MA2108190008	MP2108190008	委外	1	1	4	
2	减速器	MA2108190007	MP2108190007	委外	1	1	3	
3	电机	MA2108190006	MP2108190006	委外	1	1	2	
4	基座	MA2108190005	MP2108190005	自制	1	1	1	ASSEMBLED

	序号	订单编号	订单状态	产品名称	产品状态	产品编号	产品状态	产品类型
☑	2	OR2108190001	IN_PRODUCTION	关节	关节	PD2108190001	TO_BE_ASSEMBLED	1

序号	配件名称	原料料编号	成品编号	配件来源	配件型号	配件类型	装配顺序	配件状态
1	法兰	MA2108190004	MP2108190004	委外	1	1	4	
2	减速器	MA2108190003	MP2108190003	委外	1	1	3	
3	电机	MA2108190002	MP2108190002	委外	1	1	2	
4	基座	MA2108190001	MP2108190001	自制	1	1	1	TO_BE_ASSEMBLED

图 7-57　装配第二个产品

(5) "选择仓库"设为"立体仓库","仓库位置"设为"2",单击"确认"按钮,开始装配,如图 7-58 所示。

图 7-58　装配位置选择

(6) 第二个关节装配完成，如图7-59所示。

	序号	订单编号	订单状态	产品名称	产品状态	产品编号	产品状态	产品类型
☐	1	OR2108190001	IN_PRODUCTION	关节	关节	PD2108190002	COMPLETED	1

序号	配件名称	原料料编号	成品编号	配件来源	配件型号	配件类型	装配顺序	配件状态
1	法兰	MA2108190008	MP2108190008	委外	1	1	4	
2	减速器	MA2108190007	MP2108190007	委外	1	1	3	
3	电机	MA2108190006	MP2108190006	委外	1	1	2	
4	基座	MA2108190005	MP2108190005	自制	1	1	1	ASSEMBLED

	序号	订单编号	订单状态	产品名称	产品状态	产品编号	产品状态	产品类型
☐	2	OR2108190001	IN_PRODUCTION	关节	关节	PD2108190001	COMPLETED	1

序号	配件名称	原料料编号	成品编号	配件来源	配件型号	配件类型	装配顺序	配件状态
1	法兰	MA2108190004	MP2108190004	委外	1	1	4	
2	减速器	MA2108190003	MP2108190003	委外	1	1	3	
3	电机	MA2108190002	MP2108190002	委外	1	1	2	
4	基座	MA2108190001	MP2108190001	自制	1	1	1	ASSEMBLED

图7-59　装配完成

任务7.4　数据采集与分析

教学课件
任务7.4

任务提出

智能制造通过规划企业的信息化系统，逐步提升自动化水平，最终形成纵向集成、横向集成、端与端集成，实现智能化制造。信息化系统将协助企业进行管理，让生产大数据不落地采集，对其数据分析及应用，才能回馈生产、指导生产，并能够持续优化，按需分配、按需生产。数据采集作为生产过程信息的收集手段，而数据采集系统也就成为连接底层自动化系统与高层信息化系统的桥梁，为企业信息化提供有效的基础数据，包括工艺参数、设备数据、质量数据、能源数据、干预干扰数据

等,通过对这些数据进行合理的分析,将管理与生产紧密结合,使得信息一体化系统形成"信息源于生产,又最终指导生产"的有效闭环系统。

本次任务通过学习数据采集和数据分析的相关知识,在 MES 中查询在线设备的基本信息,分析设备运行状态,查看生产过程中产生的数据信息,完成对数控铣床设备的排故和维护。本任务主要包括以下内容:

1. 视频监控查看;
2. 设备状态信息查看;
3. 数控铣床故障维护。

知识准备

7.4.1　数据采集

数据采集面向上下层级,将下层各种对象中的数据源按照一定规律采集并进行预处理后,与上层系统进行交互,因此数据采集系统通过对基础数据的处理后,又派生出生产数据、能耗数据、质量数据、设备运行数据、异常信息数据、物流跟踪信息以及逻辑处理与接口信息。数据采集关系到各个生产流程中信息的连续性,最终影响上层一体化信息系统的决策、追溯、判别和分析。数据采集派生数据与管理系统的计划、标准、财务、成本、仓库、采购、决策等相关联,构成整体信息化的信息流,覆盖智慧工厂业务流转与智能制造执行。

1. 数据分类

采集的数据可以分为工艺数据和过程数据。工艺数据如温度、压力、在线检测、电流电压以及介质流量,这些工艺数据会影响产品质量,对产品质量追溯和持续优化能起到进一步的分析作用;过程数据比如工序的所有状态信息,比如物料、介质消耗量等消耗,这些信息作为物料跟踪的属性,便于生产过程的节奏把控、单位能耗分析以及成本分析。

2. 采集对象

采集数据可由人工或自动化装置进行处理。数据本身之间是没有关联的,只有给这些数据赋予了各种机制或规律属性后,才有质量实绩收集与分析的意义,也变成为信息。数据采集的主要对象包括:基础自动化(PLC、DCS 等系统)通信、智能仪表通信、机电一体化设备或系统(在线检测等)、周边各通信系统设备等。这些采集对象通过各自交互能力,比如相关协议、接口标准化、文件或数据库表单互通等途径,能够获取大量零散又毫无关联的数据信息,这些信息是智能制造大数据应用平台及生产、质量分析的基础。

3. 数据分析

数据采集的目的不同,所采取的数据处理方法也就存在差异,包括采集频率、采集触发条件、存储时间以及展现形态。对全流程质量数据的采集及处理,形成一体化质量管理系统,用来质量异议追溯查询及分析;在局部或相关区域对能源介质数据采集、分析及管理,形成能源监控或能源管理系统,目的是能耗分析与统计比对,有助于能源分配及节能减排;单独对检化验或计量进行数据采集与应用,形成计量、检化验系统,是将物料计量及过程成分进行有效采集和管理。制造业企业应利用这些基础数据,解决现场信息孤岛问题,使得整体效应信息化,生产过程透明流转,提高企业效率。

7.4.2 设备数据采集

为准确及时掌握设备运行状态、生产的情况,防范和减少设备事故和故障的发生,提高设备运行可靠性,通过 MES 系统采集各个单元设备的信息,主要记录设备运行的数据,包括设备运行、故障停机、设备故障等数据。

1. 加工中心数据采集

MES 系统提供加工中心的状态监控界面,如图 7-60 所示。该界面显示了加工中心的运行状态、工作模式、主轴转速、进给倍率、机床坐标、报警记录等重要的运行参数;展示机床当前加载的程序编号、程序名称以及刀具号。利用这些可视化的数据,设备管理人员可随时随地准确地掌握该设备的生产信息、故障信息等关键信息。

2. 工业机器人数据采集

MES 系统提供工业机器人的状态监控界面,如图 7-61 所示。该界面显示了工业机器人的在线状态、状态信息、待机位置、工作模式、机器人速度、各个关节轴的角度等信息。为设备管理人员提供了工业机器人的实时状态信息。

微课
设备数据采集

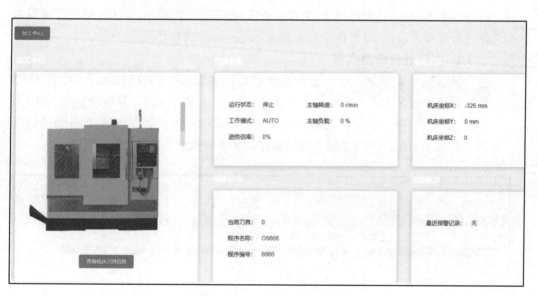

图 7-60　铣床的监控界面

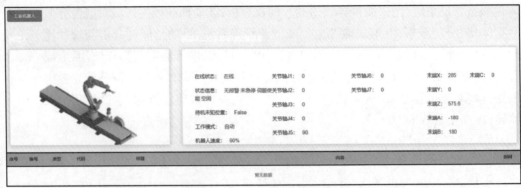

图 7-61　工业机器人监控界面

图 7-62　数控铣床视频监控画面

3. 监控数据采集

MES 系统提供视频监控界面,如图 7-62 所示。该界面能够提供现场的实时画面,在关键设备上安装监控摄像头,通过实时或者回调视频的方式来远程监控设备的生产状态,便于对产线上的重点环节进行实时把控,对突发事件进行及时指挥处置。

7.4.3　生产数据采集

企业在进行生产过程中,会产生大量的生产数据,通过 MES 系统采集各生产过程控制系统(包括生产单元、生产设备等)的实时生产数据,对采集的生产过程信息进行处理和监控,以便各生产流程进行统一的监控和管理。

1. 生产过程数据采集

MES 系统提供加工生产过程的状态监控界面,如图 7-63 所示。该界面能够提供系统在加工生产零件时的生产情况如任务 id、订单、原料、从哪个仓库、到哪个仓库、状态、步序/总步序、位置、开始时间、结束时间等信息,可查询零件当前处于哪一道加工工艺,已完成加工工艺的时间、对象等信息,未加工的工艺信息等。

图 7-63　生产过程状态界面

2. 生产数据统计

MES 系统提供生产看板界面,如图 7-64 所示。该界面能够查看系统每天接受任务的数量以及任务完成率。

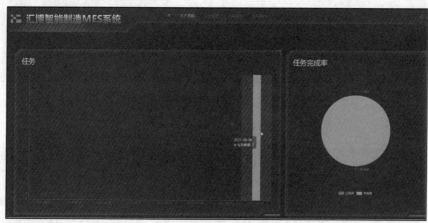

图 7-64　生产看板

MES 系统提供刀具看板界面,如图 7-65 所示。该界面能够查看加工中心的基本信息:机床运行状态、机床工作模式、当前使用刀具,并能查看加工中心刀具的详细信息:刀具号、长度形状补偿、长度磨损补偿、半径形状补偿、半径磨损补偿信息。

图 7-65　刀具看板界面

MES 系统提供仓库看板界面,如图 7-66 所示。该界面能够查看料仓中每个仓位的信息和状态,在系统加工生产时,根据零件的加工情况实时更新仓位的信息,可分为无料、未加工、加工中、加工完成、加工异常。

MES 系统提供设备看板界面,如图 7-67 所示。该界面能够查看机床和机器人设备的基本信息。

图 7-66　仓库看板界面

图 7-67　设备看板界面

任务实施

7.4.4　视频监控查看

在汇博智能制造 MES 系统中查询机床实时视频监控画面,操作步骤见表 7-8。

表 7-8　查询机床实时监控画面操作步骤

步骤	操作说明	示意图
1	展开"设备监控"菜单栏,单击进入"视频查看"界面。单击"选择分屏"按钮,可根据设备需要进行分配分屏个数,最多可分九个屏幕,单击"选择相机",可自由选择不同录像设备	

步骤	操作说明	示意图
2	单击"相机1",进入实时监控画面	
3	单击"相机2"进入实时监控画面	
4	单击"相机3"进入实时监控画面	
5	单击"相机4"进入实时监控画面	
6	单击"相机5"进入实时监控画面	

步骤	操作说明	示意图
7	单击"相机6"进入实时监控画面	

7.4.5 设备状态信息查询

在汇博智能制造 MES 系统中查询相关看板画面,监控各设备实时运行参数数据,操作步骤见表 7-9。

表 7-9　查询看板画面与设备实时运行参数数据操作步骤

步骤	操作说明	示意图
1	展开"设备管理"菜单栏,单击进入"加工中心"界面,该界面展示了加工中心状态信息和运行参数信息	
2	单击"查看铣床刀具信息",进入加工中心的刀具信息界面,该界面展示了该机床刀具补偿数据	
3	展开"设备管理"菜单栏,单击进入"工业机器人"界面,该界面展示了汇博机器人运行参数信息	

7.4.6　数控铣床故障维护

应用 MES 系统的设备监控功能,对数控铣床进行故障分析并解除报警,操作步骤见表 7-10。

微课
数控铣床故障
维护

表 7-10　对数控铣床进行故障分析并解除报警操作步骤

步骤	操作说明	示意图
1	展开"设备管理"菜单栏,单击进入"加工中心"界面。查看加工中心的机床的"最近报警记录",如果显示"无",则表示机床一切正常	最近报警记录:　无
2	在加工中心面板上按下"急停"按钮,机床产生报警"EX1000 紧急停止 -X8.4/R1000.0"	FANUC　Series 0i-MF　Plus 报警信息　　　　06001 N00000
3	在 MES 系统查看加工中心界面,加工中心的"最近报警记录"显示"紧急停止 -X8.4/R1000.0Y"	最近报警记录:　紧急停止-X8.4/R1000.0Y
4	将铣床急停按钮复位,单击面板"Reset"按钮,将机床报警复位;在 MES 系统查看加工中心界面,加工中心的"最近报警记录"显示"无"	最近报警记录:　无

项 目 拓 展

项目背景

随着市场需求的不断变化,某公司将使用智能制造加工与装配单元对电机产品进行定制化生产,并基于生产管控 MES 软件,实现智能制造加工与装配单元的生产管控。

设备介绍

智能制造加工与装配单元如图 7-68 所示,主要由工业机器人模块、立体仓库模块、快换工具模块、变位机模块、装配模块、搬运模块、数控系统及面板、数控加工中心组成。

立体仓库模块　　快换工具模块　　工业机器人模块　　数控加工中心

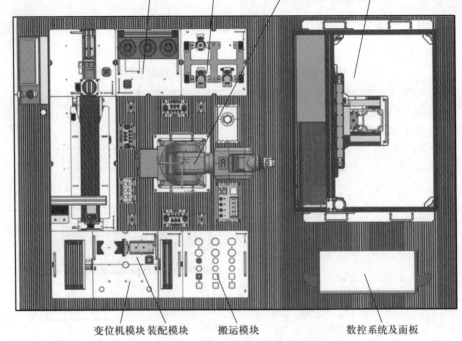

变位机模块　装配模块　　　搬运模块　　　　　数控系统及面板

图 7-68　智能制造加工与装配单元

（1）电机产品主要由电机外壳、转子和端盖零件组成，如图 7-69 所示。

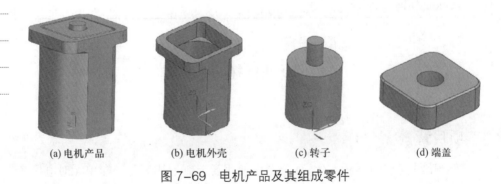

(a) 电机产品　　　　　(b) 电机外壳　　　　　(c) 转子　　　　　(d) 端盖

图 7-69　电机产品及其组成零件

（2）立体仓库仓位号定义如下图 7-70 所示，在立体仓库中放入电机外壳零件毛坯。

（3）电机转子、电机端盖各 1 个存放在电机搬运模块中，如图 7-71 所示。

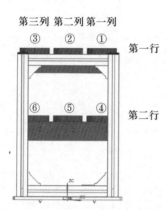

第三列 第二列 第一列

③ ② ①　第一行

⑥ ⑤ ④　第二行

图 7-70　立体仓库仓位号定义

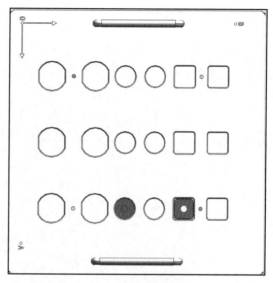

图 7-71　搬运模块

任务描述

操作智能制造生产管控软件（简称"MES 软件"）进行产品及其零件创建、零件加工工艺创建、生产订单创建、料仓盘点、排产和工单下发，完成电机外壳零件加工生产管控。操作 MES 软件，完成电机产品装配生产管控。

任务 1　电机外壳零件加工生产管控

操作 MES 软件，创建电机产品及其零件、创建电机外壳零件加工工艺、创建电机产品生产订单、料仓盘点、自动排产、工单下发，完成电机外壳零件的加工。

（1）创建电机产品及其零件。电机产品零件包括电机外壳、电机转子和电机端盖，其中电机外壳为自制零件，电机转子和端盖为委外零件；

（2）创建电机外壳加工工艺。加工工艺包括毛坯出库、机器人取毛坯放入 CNC、CNC 加工、机器人从 CNC 取成品、成品入库等工艺；

（3）创建电机产品生产订单。生产产品为电机产品，生产数量为 1；

（4）料仓盘点。选择电机外壳毛坯、电机转子和电机端盖零件所在仓库及其仓位；

（5）自动排产、工单下发完成电机外壳零件的加工。

任务 2　电机产品装配生产管控

操作 MES 软件，选择电机成品放置的仓库及其仓位，完成一套电机产品的装配。

（1）操作 MES 软件选择电机成品放置的仓库及其仓位，要求和加工时选择的电机外壳零件毛坯的仓库和仓位一致；

（2）操作 MES 软件启动电机产品装配，工业机器人自动运行程序，完成一套电机产品的装配任务。

参考文献

［1］刘强.智能制造概论［M］.北京:机械工业出版社,2021.

［2］周济,李培根.智能制造导论［M］.北京:高等教育出版社,2021.

［3］李河水.数控加工编程与操作［M］.北京:机械工业出版社,2018.

［4］赵国增,岳进.机械制图与计算机绘图［M］.北京:高等教育出版社,2010.

［5］王志强,禹鑫燚,蒋庆斌.工业机器人应用编程(ABB)［M］.北京:高等教育出版社,2020.

［6］王红军.计算机辅助制造［M］.北京:机械工业出版社,2018.